"十三五"国家重点出版物出版规划项目

## 知识产权经典译丛（第4辑）

国家知识产权局专利复审委员会◎组织编译

# 知识财产概要（原书第5版）

[美] 阿瑟·R. 米勒
[美] 迈克尔·H. 戴维斯 ◎著

周　林　刘清格◎译

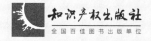

知识产权出版社
全国百佳图书出版单位

**图书在版编目（CIP）数据**

知识财产概要：原书第 5 版/（美）阿瑟·R. 米勒（Arthur R. Miller），（美）迈克尔·H. 戴维斯（Michael H. Davis）著；周林，刘清格译. —北京：知识产权出版社，2017. 10

书名原文：Intellectual Property：Patents，Trademarks，and Copyright in a Nutshell

ISBN 978 - 7 - 5130 - 5092 - 0

Ⅰ.①知… Ⅱ.①阿… ②迈… ③周… ④刘… Ⅲ.①知识产权法—研究—美国 Ⅳ.①D971. 23

中国版本图书馆 CIP 数据核字（2017）第 211547 号

**内容提要**

本书结合多个诉讼案件全面介绍了美国的知识财产相关领域（专利、商标和版权）的基础理论，并就值得特别说明的法律问题作出自己的解读，在全书的最后，作者还特别提及全球的知识财产问题，使读者可以比较深入地了解美国的知识财产法律制度及其实践。

读者对象：从事知识产权相关领域的研究人员和相关从业人员。

| | | | |
|---|---|---|---|
| 责任编辑：龙　文 | | 责任校对：王　岩 | |
| 执行编辑：可　为 | | 责任出版：刘译文 | |

知识产权经典译丛

国家知识产权局专利复审委员会组织编译

**知识财产概要（原书第 5 版）**

[美] 阿瑟·R. 米勒　　　[美] 迈克尔·H. 戴维斯　著

周　林　刘清格　译

| | | | |
|---|---|---|---|
| 出版发行：**知识产权出版社**有限责任公司 | | 网　　址：http：//www. ipph. cn | |
| 社　　址：北京市海淀区气象路 50 号院 | | 邮　　编：100081 | |
| 责编电话：010 – 82000860 转 8123 | | 责编邮箱：Longwen@ cnipr. com | |
| 发行电话：010 – 82000860 转 8101/8102 | | 发行传真：010 – 82000893/82005070/82000270 | |
| 印　　刷：三河市国英印务有限公司 | | 经　　销：各大网上书店、新华书店及相关专业书店 | |
| 开　　本：720mm × 1000mm　1/16 | | 印　　张：16. 5 | |
| 版　　次：2017 年 10 月第 1 版 | | 印　　次：2017 年 10 月第 1 次印刷 | |
| 字　　数：305 千字 | | 定　　价：76. 00 元 | |
| ISBN 978 -7 -5130 -5092 -0 | | | |
| 京权图字：01 -2015 -1127 | | | |

# 序

当今世界，经济全球化不断深入，知识经济方兴未艾，创新已然成为引领经济发展和推动社会进步的重要力量，发挥着越来越关键的作用。知识产权作为激励创新的基本保障，发展的重要资源和竞争力的核心要素，受到各方越来越多的重视。

现代知识产权制度发端于西方，迄今已有几百年的历史。在这几百年的发展历程中，西方不仅构筑了坚实的理论基础，也积累了丰富的实践经验。与国外相比，知识产权制度在我国则起步较晚，直到改革开放以后才得以正式建立。尽管过去三十多年，我国知识产权事业取得了举世公认的巨大成就，已成为一个名副其实的知识产权大国。但必须清醒地看到，无论是在知识产权理论构建上，还是在实践探索上，我们与发达国家相比都存在不小的差距，需要我们为之继续付出不懈的努力和探索。

长期以来，党中央、国务院高度重视知识产权工作，特别是十八大以来，更是将知识产权工作提到了前所未有的高度，作出了一系列重大部署，确立了全新的发展目标。强调要让知识产权制度成为激励创新的基本保障，要深入实施知识产权战略，加强知识产权运用和保护，加快建设知识产权强国。结合近年来的实践和探索，我们也凝练提出了"中国特色、世界水平"的知识产权强国建设目标定位，明确了"点线面结合、局省市联动、国内外统筹"的知识产权强国建设总体思路，奋力开启了知识产权强国建设的新征程。当然，我们也深刻地认识到，建设知识产权强国对我们而言不是一件简单的事情，它既是一个理论创新，也是一个实践创新，需要秉持开放态度，积极借鉴国外成功经验和做法，实现自身更好更快的发展。

自2011年起，国家知识产权局专利复审委员会携手知识产权出版社，每年有计划地从国外遴选一批知识产权经典著作，组织翻译出版了《知识产权经典译丛》。这些译著中既有涉及知识产权工作者所关注和研究的法律和理论问题，也有各个国家知识产权方面的实践经验总结，包括知识产权案件的经典判例等，具有很高的参考价值。这项工作的开展，为我们学习借鉴各国知识产权的经验做法，了解知识产权的发展历程，提供了有力支撑，受到了业界的广泛好评。如今，我们进入了建设知识产权强国新的发展阶段，这一工作的现实意义更加凸显。衷心希望专利复审委员会和知识产权出版社强强合作，各展所长，继续把这项工作做下去，并争取做得越来越好，使知识产权经典著作的翻译更加全面、更加深入、更加系统，也更有针对性、时效性和可借鉴性，促进我国的知识产权理论研究与实践探索，为知识产权强国建设作出新的更大的贡献。

当然，在翻译介绍国外知识产权经典著作的同时，也希望能够将我们国家在知识产权领域的理论研究成果和实践探索经验及时翻译推介出去，促进双向交流，努力为世界知识产权制度的发展与进步作出我们的贡献，让世界知识产权领域有越来越多的中国声音，这也是我们建设知识产权强国一个题中应有之意。

申长雨

2015 年 11 月

# 致　谢

感谢佐薇和伊兹。本书第五版的出版同前几个版次一样，要归功于达娜·尼克苏博士。她的脑瓜总是充满了一些带有挑衅意味的想法，而那些想法却是装备着一位新晋博士的定见，时刻提醒着我，好的想法源自它的刺激。感谢她的爱心，正是由于她的陪伴与帮助，我才能得以跟本书的合著者一道享受着持续的工作的乐趣。

我还要感谢阿斯特里克·威廉，作为巴纳德学院的法学预科生，他的能力与水平同三年级法律研究生一样出色。

# 译者前言

细心的读者在购买并阅读本书之前，可能会对本书的译名《知识财产概要》产生疑问：为什么要弃用学界普遍采用的"知识产权"而选择不那么常用的"知识财产"？这种选择究竟有什么道理？

这个道理其实很简单，那就是做人要诚实，译事要认真。

原作者在导论中，是从 property（财产）概念开始引入本书主题——intellectual property（知识财产）问题的。如果一词两译，当 property（财产）前面加上定语 intellectual 的时候，就抛弃财产的含义而将其译为产权，这样做不仅涉嫌擅自改动原文，更重要的是有可能对读者产生误导，让读者以为原文在这里使用了两个不同含义的单词。请看原书导论中这句话 *The 'property' of intellectual property is not the concrete form that characterizes the area of real property, for instance.* 我们把它译为"例如，知识财产当中的'财产'不具有作为有形财产特征的具体形式。"在这句话中，"property"只能译为"财产"，不能译为"产权"，因为"property"一词被这句话后面的成分限定了，如果把"property"译为"产权"则发生逻辑和事实错误，因为产权不可能像这句话后半段说的那样"具有……具体形式"。

本书第二十八章出现了 intellectual property rights 一词，这个词才应当译为知识财产权，或简称知识产权。如果 intellectual property 译为知识产权，那 intellectual property rights 该如何翻译？如果生硬地不加区分地把 intellectual property 和 intellectual property rights 都译为知识产权，那岂不是有误导读者之嫌？它们是两个英文词，二者意思明明存在差异，难道视而不见，大差不差就那么糊弄过去？

在现代汉语里面，有很多词是外来词。在近现代两三百年的中外信息沟通和文化交流历史当中，中国从外国学习了很多知识，引进了很多制度，发明了很多新词。当然，这种交流和学习是相互的。举例来说，在与文学艺术创作成果法律保护的有关制度中，"版权"这个词，可能正是由于中国人首先发明、应用、推广印刷术，在历史上产生了"刻版""雕版""活版印刷""本宅所有，复板必究"等词汇和用语❶，对日本人发明"版权"一词产生影响。❷ 日本人在 1876 年学习西方法律、制订相关规则时，首先使用了"版权"一词来概括涉及美术、摄影复制出版利益。而日本人发明的"版权"一词，对中国人随后在翻译相关书籍、缔结国际条约时，先于"著作权"一词而使用"版权"提供了参考和借鉴。

intellectual property 一词在外国也是一个"新词"，❸ 它的广泛使用，始于 1976 年"World Intellectual Property Organization"（WIPO）（笔者将其译为"世界知识财产组织"，而现在通行的译名是"世界知识产权组织"）的建立。1976 年《建立世界知识产权组织公约》第二条（Ⅷ）规定，intellectual property 包括有关下列各项的权利：

　　—— 文学、艺术和科学作品；

　　—— 表演艺术家的表演以及唱片和广播节目；

　　—— 在人类一切活动领域内的发明；

　　—— 科学发现；

　　—— 工业品外观设计，

　　—— 商标、服务标记、商业名称和标记；

　　—— 制止不正当竞争；

以及在工业、科学、文学或艺术领域内其他一切来自智力活动的权利。

如果仅从上面一段关于 intellectual property 一词的定义来看，把它翻译为"知识产权"似乎也说得通。可是，如果结合这个组织 1988 年正式出版的 *Background Reading Material on Intellectual Property* 来看，把 intellectual property 翻译为"知识产权"就不能成立了。

该书第一章第一节专门提出了 intellectual property 概念：

intellectual property 的客体是人的心智、人的智力的创造。这就是为什么这类财产叫做"知识"财产的原因。用一种简单化的方式，人们可以说知识财产是与信息有关的财产，这个信息能够同时包含在全世界任何地方无限数量复制件的有形物体当中。这种财产并不是指这些复制件，而是指这些复制件中所包含的信息。知识财产与可移动物中的财产（property in movable things）、

---

❶ 有关史实，请参阅周林，李明山. 中国版权史研究文献［M］. 1 版. 北京：中国方正出版社，1999.

❷ 请参阅萩原有里. "版权"与"著作权"两个词在日本的来龙去脉［M］//唐广良. 知识产权研究（第十七卷）. 北京：中国方正出版社，2005：94 – 125.

❸ 余俊撰文详细考证"intellectual property"最早起源，请参阅余俊. 知识产权称谓考［M］//刘春田. 中国知识产评论（第三卷）. 北京：商务印书馆，2008：1 – 29.

不可移动财产（immovable property）一样，也有受到某些限制的特点，例如，就版权和专利而言，是有一定期限的。❹

在 *Background Reading Material on Intellectual Property* 编者 WIPO 看来，财产（property）一般分为三类，即可移动财产、不可移动财产和知识财产。其英文原文中的复合词均使用"property"一词。翻译离不开具体的语境，每一个词在一个新的语境都是一个新词。在 property（财产）语境下，property 这个词就应该只有"财产"一个译名。如果把前两类 property 翻译为"可移动财产（动产）、不可移动财产（不动产）"，而把 intellectual property 翻译为"知识产权"，这种翻译已经违反了翻译规则。

intellectual property 在另一份重要的国际法律文件中也有类似的定义。从这个定义看，intellectual property 和 intellectual property rights 是有重大区别的。

在世界贸易组织（WTO）1993 年 *Agreement on Trade – Related Aspects of Intellectual Property Rights*（《与贸易有关的知识财产权协议》）中，其第 1 条第 2 项规定：出于实施本协议之目的，intellectual property 一词系指第二部分第 1 节至第 7 节所列举所有种类的 intellectual property。

第二部分第 1 节至第 7 节所列举了哪些种类的 intellectual property 呢？

——第 1 节版权及相关权利。其中第 10 条规定了计算机程序和数据汇编，第 12 条规定了电影艺术作品和实用艺术作品，第 14 条规定了录音（音像录音制品）、表演者的表演；

——第 2 节商标；

——第 3 节地理标志。其中第 22 条规定地理标志，第 23 条规定葡萄酒和烈性酒地理标志；

——第 4 节工业设计；

——第 5 节专利。其中第 27 条规定可取得专利的事项包括所有技术领域内的任何发明，无论是产品还是工艺；

——第 6 节集成电路的外观设计；

——第 7 节未泄露的信息。

从第 1 节至第 7 节的内容可见，它们均符合世界知识产权组织关于 intellectual property 的定义，都是"人的心智、人的智力的创造"，都是"与信息有关的财产"。

WTO 给 intellectual property 作这样的规定和解释是有道理的，因为，就一

---

❹　参见世界知识产权组织. 知识产权法教程［M］. 高卢麟，等，译. 北京：专利文献出版社，1990.

般常识和一般语言表达而言，例如，计算机程序、电影艺术作品、商标、地理标志、集成电路的外观设计、未披露的信息等，不能直接把它们与某种权利画等号，例如，不能说计算机程序是"知识产权"，而只能说，计算机程序作为"人的心智、人的智力的创造"，是一种智力劳动成果（或者说是一种智力财产、知识财产），对该成果/财产的支配和控制，才产生所谓"权利"问题。计算机程序可以等同于某种智力成果/知识财产，但不能跟"知识产权"画等号。

在《与贸易有关的知识财产权协议》的序言部分，要求 WTO "全体成员"承认"intellectual property rights 为私权"。注意，这里的英文原文为"intellectual property rights"，而非"intellectual property"。这两个词在该协议中多处出现，均各有所指，不能混淆。在一份重要的国际法律文件中区分"intellectual property rights"和"intellectual property"，这决不是协议起草者的疏忽或文字游戏，而恰恰体现了起草者对待这样一份将对各国产生重要影响的法律文件的严谨和确信，而且还体现出其有区分的必要和逻辑规范的要求。我们不应在该法律文件出现"intellectual property rights"和"intellectual property"的地方，生硬地、含糊地、不加说明地把它们统统翻译为"知识产权"，这样的翻译与该法律文件的原意似有不符。

由于上述两份国际重要法律文件中译本存在的问题，加上一些有关法律专业书籍不严谨的解读，中国公众对普遍应用的"知识产权"一词的认识是不清晰的。尽管在日常生活和一般报刊宣传中笼统地使用"知识产权"一词，不去深究其确切含义，似乎也没有什么很大的不良影响。但是，如果是在学术研究的场合，甚至在制订中国国内的法律文件和政策中，对国际有关法律文件中对"intellectual property"与"intellectual property rights"的区分视而不见，对可能产生的混淆不加以澄清，将阻碍对有关法律和政策的理解和实施。

一般认为，intellectual property 制度包括"创造""利用""保护"三个组成部分。如果我们接受"知识产权"的中文翻译，说利用和保护"知识产权"没有问题，说创造"知识产权"可能就不对了。对公民、法人、其他组织来说，他们可以去争取权利，但难以自己去创造权利。作为公民、法人、其他组织，对于某项诉求或某个物（包括无形物），要想得到法律保护，需要由立法机关通过某种形式来确认。当然，立法机关也可以依照一定程序"创设"一项权利，而公民、法人、其他组织显然不具有创设权利的权力。

根据这样的分析，下面这句话可能就值得商榷了。

"为提升我国知识产权创造、运用、保护和管理能力，建设创新型国家，实现全面建设小康社会目标，制定本纲要。"

这是 2008 年发布的《国家知识产权战略纲要》开篇第一句话。这里所说的"知识产权创造"主体是谁？是立法机关吗？显然不是。应当指的是我国公民、法人、其他组织。但是如何"提升"他们创造某项权（利）的能力呢？讲提升某种能力，似乎应当说"提升我国（公民、法人、其他组织）智力创造的能力"，或者把这句话改为"为鼓励智力创造，提升在智力创造成果的运用、保护和管理等方面的能力，建设创新型国家，实现全面建设小康社会目标，制定本纲要"方可避免这个语法和逻辑瑕疵。这个瑕疵应当跟"知识产权"一词的不当翻译有关。

由于知识产权学界在知识财产基本概念上长期"大差不差"不作深究及不许深究的态度，其严重后果终于在《民法总则》制订过程中充分暴露出来。

《民法总则》第 123 条第 1 款规定："民事主体依法享有知识产权。"这一款规定的行文逻辑和规则，跟第 114 条第 1 款关于物权的规定相同。但是，第 2 款及以下关于知识产权的定义，就完全偏离了这个逻辑和规则。第 2 款规定："知识产权是权利人依法就下列客体享有的专有的权利：

（一）作品；

（二）发明、实用新型、外观设计；

（三）商标；

（四）地理标志；

（五）商业秘密；

（六）集成电路布图设计；

（七）植物新品种；

（八）法律规定的其他客体。"

一般而言，任何一项民事权利，总是附着于它的对象的。例如物权，附着于物。物权，即"权利人依法对特定的物享有直接支配和排他的权利，包括所有权、用益物权和担保物权"。从逻辑来说，物权因物而生，物权所对应的是物；物的内容包括不动产和动产，以及法律规定的权利。人格权是一项重要的民事权利。人格权客体不论是指人格利益，还是指"人之本身"，都遵循"一权一客体"规则。债权之客体亦如此。

由《民法总则》关于知识产权定义的规定可以看出，很明显，立法者是把知识（财）产权与知识财产当成一回事。知识产权作为一项民事权利，附着于知识财产，所对应的也是知识财产，这个原本很清楚的二元概念，被刻意模糊了；先有知识财产创造，后有知识（财）产权产生，这个并不复杂的法学逻辑关系，也被抛弃。立法者绕过知识产权所指向的知识财产，绕过 WIPO 所说的，"人的心智、人的智力的创造"，或者"与信息有关的财产"，从有关法条的行文看，知识产权似乎就是指权利人对八类客体所享有的权利，这种表述十分模糊，并没有明确规定知识产权所对应的客体！这种对概念的模糊和对逻辑关系的抛弃，使得多年来学界希望知识产权"入典"，❺ 在未来的民法典中找到知识产权清晰且合乎逻辑的法律位置的企图成为泡影。

显然，现实中上述两种错误跟当年把 intellectual property 翻译为知识产权有关。❻ 如果当年 intellectual property 一词的首译者知悉并且仔细研究过 WIPO 所说的 intellectual property 指的是"人的心智、人的智力的创造"，或者"与信息有关的财产"，而把它译为"知识财产"，该等财产的权利译为"知识财产权/知识产权"，上述两种错误或许就不会发生。但是，这份责任不应全部推给首译者。学界在明知 intellectual property 跟 intellectual property rights 存在差异的情况下，仍然大差不差地放任使用，在基本概念上不下功夫，才是铸成大错的关键。

知识财产原本可以自成体系，就像《法国知识财产法典》那样。但是，如果坚持把知识产权纳入民法中，那么，一个合乎逻辑的知识产权的概念，可以这样表述：知识产权是权利人对其所创造或拥有的知识财产的专有权利，或者参考 WIPO 关于知识财产的解释以及《民法总则》第 114 条关于物权的定义，规定知识产权是权利人对其所创造或拥有的特定信息的专有权利。接下来再去规定知识财产的范围或内容，才能够既简单又不会违反逻辑。

在笔者以往的翻译实践中，也曾发生过误译的情况。检讨起来，主要原因是不够认真，没有下功夫去仔细研究、辨析和订正。在此要向曾经购买我的译

---

❺ 知识产权"入典"的前提是，知识产权作为一项民事权利，在逻辑上跟物权具有可比性。它们都是出于"定分止争"目的，把特定物或者特定财产（知识财产）通过法律规定，变为可以通过法律许可的方式获得救济的权利。所不同的只是，某些（有形）物可以通过实际占有来实现其价值，也可以靠私力救济保护权利不受侵害，但知识产权的客体即知识财产，因其只是借用财产概念，实际上并不存在对该财产占有的问题，其价值只能通过使用来实现，所以不可以靠私力救济保护权利不受侵害。至于在特定物或者特定财产上设定何种权利，那些权利究竟是永续的，抑或是有期限的，已经不是同一个逻辑层次的问题，立法者可以根据实务需要加以规定了。

❻ "Intellectual Property"一词，最早是在 1973 年由王正发先生翻译为"知识产权"。王先生详细地解释了这种译法的理由：当时，日本和我国都已将 1883 年的"Paris Convention for the Protection of Industrial Property"译成《保护工业所有权巴黎公约》。他未将"property"译成"所有权"而译成"产权"，主要考虑 WIPO 方面把"intellectual property"理解为继"动产"（property in moveable things）和"不动产"（immovable property）之后的第三种财产。他把"property"译成"产权"而非"财产"，主要是因为在《建立世界知识产权公约》中把"intellectual property"释义为包括文学艺术作品、发明、商标等在内的与之相关的权利。至于为何将"intellectual"译成"知识"而非"智力"，主要是考虑我国已将作为名词使用的"intellectual"普遍译作"知识分子"（尽管我国对"知识分子"范围的理解比"intellectual"一词所指含义要宽得多），而"脑力劳动者"的说法在我国并不太普遍。参见王正发. 中国专利制度的叩门人［M］//知识产权与改革开放 30 年. 北京：知识产权出版社，2008：347–364.

著的读者表达深深的歉意。学海无涯，曾经的错误可能难以弥补，但新的错误当尽力避免。

在知识产权学界，不管承认还是不承认，intellectual property 和 intellectual property rights 的区别是客观存在的。我们坚持把 intellectual property 译为知识财产，最重要的原因，是出于对学术研究的信仰和谦卑。既然学界存在知识产权法学一说，既然我们把知识产权法学的体系化当作科学对待，就应当首先明确且清晰地界定它的基本概念。根据 WIPO 和 WTO 关于 intellectual property 的定义及解释，知识财产跟"人的心智、人的智力的创造"，或者"与信息有关的财产"是同义语，知识财产是知识财产权或其简称知识产权的逻辑起点。否认这个逻辑起点，所谓知识产权法学的体系化根本就是空话。

我要感谢本书的合作译者刘清格女士，我邀请她加入这个翻译项目，原本只是希望她能增加历练，挑出个把错误，如同我曾经邀请其他年轻人参加我的项目那样。但是这次很不同，她不仅发现和订正了译稿中的错误，还有很多专属译者的贡献。她年轻，有很好的外语和法律专业训练，并且更重要的，她在学习上的专注和认真，这是她开辟属于她的更加美好的未来的坚实基础。

最后，我要感谢本书的执行编辑可为女士。她是我翻译出版实践中遇到的最为负责任、最为认真的编辑之一。她及时发现了个别翻译技术层面的问题，她对学术研究工作的理解和支持令人敬佩。

周　林

2017 年 6 月 12 日于北京

# 目　　录

## 第二编 商 标

# 导　　论

撰写一本介绍有关知识财产基础知识的读物总要碰到两个难题。第一，知识财产传统上包括专利、商标和版权三个法律领域。然而，除了传统的原因以及三者通常在一起讲授这一事实，有人也许要问，为什么在一本书中要包括三个性质不同的科目。它们的共同之处是都具有一种无形的特点且都出自一种非常抽象的财产概念。三个科目中只有两个，即专利和版权，具有共同的宪法渊源。这就提出了第二个难题，如知识财产当中的"财产"不具有作为有形财产特征的具体形式。有人曾经说过，就学习侵权法而言，学生们要领会其基本知识还是容易的，就像观看拳击比赛，任何人都能看到拳头打在鼻子上那样。然而，知识财产却与此不同，一下子很难说出这一拳打在哪里。知识财产的力量更像巴克·罗杰斯的激光枪所射出的射线一样难寻踪影。"专利和版权的理论，与任何其他属于法庭辩论的案件类型相比，它们更接近那种可以被称作法律玄学（metaphysics of law）的东西，而区别在于，或至少可以说，它们高深莫测，难以捉摸有时几乎是稍纵即逝的。"（Folsom v. Marsh（1841）（Story, J.））这种抽象性有时会给初学者带来一些麻烦。

然而，基于以下两种考虑，我们的任务更容易了。首先，专利、商标和版权都属于实定法的范畴。尽管这意味着对法律的理解需要经常参考法规，但这还意味着，某些法规或至少某些"白纸黑字"的法律是直接可以利用的。最近，随着知识财产作为本国和国际贸易的重要内容而扩张，随之而来的法律变化也大幅度增加。这对紧跟变化的学生和从业人员提出了挑战。其次，尽管知识财产相当抽象，但并不是说它是陌生的。

例如，商标可以说比拳头打在鼻子上更为人所常见。我们都见过施乐静电复印机，见过厂家为增强其品牌的吸引力而定期发布的广告。我们用过阿司匹林，这种药物名称曾经是一种商标，但现在不再是了。同样，尽管大多数人没有见过专利文献材料，但我们都见过、用过并得益于专利产品、方法、组合及其他类似发明。我们都见过和使用过包括本书在内的各种有版权的材料，并从许多有版权的作品中获益。如果没有专利产品及有版权作品，我们的生活将是完全不同的另一个模样。它们丰富了我们的生活内容，这就是保护知识财产的正当理由之一（尽管我们永远应当记得，版权并不是激发莎士比亚写作的必要条件，专利制度也不是鼓励第一个车轮的发明者的必要条件）。

最后，一本关于任何学科的基础读物都不能说是尽善尽美的。如同所有法律科目那样，知识财产这个学科与其他法律学科，诸如侵权法和财产法缠绕在一起，难解难分。它又极其繁杂地与反垄断法以及政府法规联系在一起。它还要受到联邦主义思想的影响以及面对在同一个法律领域中由于州法和联邦法同时并存所产生的冲突。尽管要取得一个良好的开端离不开这些基本知识，但掌握了这些知识并不意味着这项任务已经完成。

# 第一编

# 专　　利

# 第一章
# 专利保护的基础

## 第一节 美国专利法的起源与发展

美国专利法的发展历程可以追溯到古希腊时代。不过公认的具有现实意义的起点是 1623 年英国通过的《反垄断法规》（the Statute of Monopolies），那部法律所谈到的一系列基本的专利问题至今仍有现实意义。

从中世纪起，欧洲商业的某些领域中就开始出现了集中化趋势，并逐步由不同的集团所垄断。这些集团中最著名的就是那些早期的行会，每一个行会至少部分控制着一个特定的商业领域，如皮革业、玻璃制造业和其他产品加工业。这些早期的"垄断权"与当代授予发明创造的专有权毫无共同之处。他们根本上是一些工匠团体，在某种意义上，垄断了市场。

一段时间之后，控制市场各个领域的权利变成了一种皇家特权，由皇家授予，换取各种好处。这些早期的"专利"垄断与发明创造无关，而仅涉及商业活动。因此"引进型专利"在当时很常见：对于一个将新工艺技术带进境内的外国人，君主常常会授予他从事某种工艺生产或加工的特许权。专利权人常常需要训练一批本地人从事新工艺。专利期限通常也只有限定的几年。

到伊丽莎白女王一世时代，皇家特许这一做法已成为自由竞争的障碍；这种障碍所造成的影响随着封建经济向商品经济的逐步转化而日趋严重。因为专利不是授予新的发明创造的，因此获利人只有君主与专利权人。随着普通法法庭权力的增长，法官可以将大多数严重滥用皇家特许权的行为宣布为非法。但是这些具体的、有限的努力并未能有效地消除由皇家特许而造成的垄断性经济局面。而解决问题的关键便是立法。

这样，在 1623 年，《反垄断法规》就有效地结束了在主要货物与商品中影响自由贸易与竞争的重大垄断行为。尽管这部法律的效力并不完备，但它毕竟中止了皇家大批量地授予垄断权的行为。值得一提的是，作为专利法发展过程中最重要的起点，《反垄断法规》的产生却正是为防止无限制地授予专利垄断而采取的措施。既然法律一般并不支持垄断，而专利却带有垄断的性质，因此《反垄断法规》中反垄断的主旨就值得注意了。

这种反垄断的英国法及普通法传统，必须与专利的激励理论的逐渐发展相平衡。至少从专利引进开始，人们就意识到：如果专有权鼓励权利人在国内发挥技能，那么授予一个具有技术特长的人以专有权，将有益于整个社会。这种通过鼓励新技术引进的方法，成为发展欧洲工业化的有效手段。

新大陆接受了普通法以往对反垄断的反感，而且逐渐地，美洲各殖民地对垄断的反对虽然带有选择性，但总的说来也许比英国同行们的态度更为激烈。这种选择性是由于发明专利与引进型专利之间的不同而产生的。一项在外国已经存在的新工艺，如确有价值，就算不授予专利，最终也会传进国内，但殖民地开拓者认识到：授予那些发明了新的、具有实用性东西的人们以专有性的专利，往往会鼓励发明创造。

独立战争爆发时，实际上所有的殖民地都已在授予专利。在实施《邦联条例》期间，各州专利的实践已根深蒂固并有了进一步的发展。由于没有一个全国性的法律，这里就存在着一个严重的问题，一个发明人要想使自己的专利得到实际有效的保护，就必须到许多不同的州去申请专利。

在1787年的制宪会议中，提出了一项提案，将授予有规定期限的专利权与版权的权力并入联邦政府的新的权力之中。该提案立即被采纳而无异议。该提案宣布：

> 国会应有权……通过保障作者与发明人对其相应作品与发明在限定期间内拥有专有权的方式来促进科学与实用技艺的发展。（参阅《美国宪法》第1条第8款第8项。）

宪法上所规定的保障专利的权力不仅对当时而且对未来都产生了重大影响。举一例来说，与制约着商标法的商业条款相比，有关专利的条款更为明确地说明了它的目标与意图，至少是把专利法置于更加刚性的宪法性约束范围之内。

从条款可以看出，专利权入宪以法律形式对国会的执法范围产生了明显的限制。尽管最高法院已经裁决国会几乎拥有无可争议的、在合理范围内审慎行事的权力。参阅 Eldred v. Ashcroft, 537 U. S. 186 (2003)；Golan v. Holder, 132 S. Ct. 873 (2012)。不过虽然界定了使用的范围，但宪法有关条款所赋予国会的有关专利的权力还是很大的。例如，商标法就与专利法不同，它是以宪法中有关州际商业条款为依据的，因此联邦有关商标的立法就必须与州际之间的商业活动有关才能成立。而国会所拥有的保障专利的权力就不受这种州际限制。表述明确的专利条款所拥有的优势还在于由此而产生的法律有优先于州法的地位。简单地说，就是在这个领域内，联邦法有绝对的优先权。因此，州一级的立法如以任何方式干扰阻碍了联邦保障专利的权力所要达到的目标，该州法即为无效。但也有人认为，联邦法对州法都有优先权，只不过规定明确的权限，例如专利条款，要比规定不那么明确的权限，例如州际商业条款，具有更大的优先权而已。

虽然，宪法有关专利的条款是保障专利权力的最根本的来源，但其本身并无任何效力。如果没有一部国会所通过的专利法，则该条款仅仅是一种潜在的权力来源而已。第一部《专利法》产生于 1790 年。《专利法》诞生之后，仅在 1793 年、1836 年和 1952 年进行过三次重大的修订。当然，从现行《专利法》来看，已经有许多章节发生了变化，事实上最近 10 年左右的这些变化往往具有重要意义，本书将在后面加以论述。

《专利法》多年来几乎没有什么变化的主要原因在于，直到最近几年，在科技进步和全球化成为政治和科学研究的重要话题之前，它从来就不是一个政治上敏感的问题，也并非复杂多变。因此，在这样一种社会急剧变化而法规却相对稳定的情况下，在专利领域内如果说法规有什么变化的话，也是来自法院。这一点当然就引起了争议。有些评论家坚持说，法院改变法律的有关规定是不合法的。他们认为，只有国会才有这种权力。在过去的十余年里，国会相当活跃，并且引起了一场深刻的司法变革。

在 1836 年以前，并没有一个综合性的行政机构负责审查专利的合法性。1836 年，专利局被授权审查专利，并在专利申请人递交申请时有权裁定其申请是否符合法律规定。显然，没有一部相应的法规，这样一个机构是不可能建立的。事实上英国直到 1905 年才有了这样一个相应的机构。

现行的《专利法》是在 1952 年通过的，已完整地纳入《美国注释法典》第 35 编，其中包括外观设计专利与植物专利，并按逻辑顺序阐明了有关专利申请、授予、使用和异议的法律规定及实际操作的步骤。这些都是根据一个半世纪以来立法与司法的实践经验制定的。2011 年的"美国发明"法案彻底改变了美国《专利法》的某些方面，用"首先申请"制度，完全取代早先的首先发明制度，自 2013 年 3 月 16 日起生效（某些程序性变化生效时间还要早些）。它的主要变化将在以下部分中讨论。一些条款，包括最重要的首先申请条款，在该法案通过后 18 个月方能生效，并且只会对在该法案生效日或之后提出申请的专利或者公布的专利产生影响。这些条款将在下节讨论。

## 第二节　专利的基本要件

按照《专利法》的要求，要想取得专利必须符合有关规定。一般来说，申请专利的人必须准备好资料以证明他已经研制出了一种具有新颖性、实用性和非显而易见性的方法或产品。《美国注释法典》第 35 编第 101 条。这项说明应借助于专利申请书作出。申请书中应包括说明该发明如何实施的详细资料。专利申请的第二部分，也就是在紧接说明的资料之后，应为"权利要求"，即该发明中实际享有专利保护的特征。这些"权利要求"应为在该"发明"所属技艺领域内超出现有水平的具有新颖性、实用性和非显而易见性的进步之处。说明部分与权利要求部分的关系是：权利要求指明了在说明材料中哪些部分需予以专利保护。"临时性"申请是一种特殊的申请，该申请未经专利局审查，没有权利要求，它给予发明人 12 个月的宽限期，在该宽限期内，发明人可以提交一份正式的、非临时性的申请。《美国注释法典》第 35 编第 110 条（b）款。尽管发明者基于临时性申请获得国内优先权，但最终获得的 20 年的专利保护不是从提交临时申请之日起计算的，而是从随后最多 12 个月内提交的非临时性申请之日开始计算的。

建立专利制度的目的之一，就是要将专利申请公之于众，将新发明的信息向所有的人公布，借以促进工业技术的发展。公布信息的目的是通过法律规定来实现的。按照法律规定，申请书的说明材料应包括对新发明的完整描述，并详尽说明它如何实施，如何复制。《美国注释法典》第 35 编第 111 条。这样就有效地向从事这一行业的人们公布了所有技术上的进步。

专利申请递交专利局后，权利并没有立即产生。与一部享有版权保护的作品不同，就一项发明而言，在专利局实际授予专利之前，该发明不享有任何垄断权。（不过，根据州一级的普通法，诸如商业秘密法或反不正当竞争法，可以享有其他一些权利。）专利局对该专利申请进行审查，并通过查阅已有专利及相关技术资料，以确定所提权利要求是否真正具有新颖性、实用性和非显而易见性。换句话说，也就是审查新发明是否具有获得专利的资格。专利局审查员常常会否决部分或全部所提出的权利要求，这时可根据审查员的否决修改申请书。有时还可以重新递交申请，并附上一份说明审查员何以会误解的解释材料，证明该申请原有内容符合要求。

这个过程经常要来回进行若干次，直到专利权人与审查员的意见一致为止。专利申请的文件有时会变得极为繁杂。

在审查过程中，可能会发现，一个或多个提出类似或同样要求的专利申请正在审查之中，或已于上一年度内被授予专利。在这种情况下，专利局就会开始一种抵触审查程序，目的是要确定哪一份申请首先设计出了该项专利并将其付诸实践。这个先后问题由专利局抵触审查委员会来裁定。截至 2013 年 3 月 16 日，根据最近的"美国发明"修正案（将首先申请制度引入美国专利法），不过优先权将不再是按照发明的日期，而是按照申请的日期来确定。因为法律显然允许有更早的发明者这种可能出现，这时抵触审查程序将被推衍调查程序❶取代，通过该程序来决定后发明者不可能从先发明者处推衍得到该发明。

最终，一项专利在专利保护期内将给予专利权人制造、使用、许诺销售或销售其发明的专有权，一种绝对的、不容他人染指的专有权（严格来说，从最实际的目的出发，专利权人只能得到排除他人这么做的权利，除非存在与之冲突的第三方专利权，这才赋予专利权人相当于制造、使用、许诺销售、销售的垄断权），这个期限目前为 20 年，从最初提出申请之日起计算。《美国注释法典》第 35 编第 154 条。但由于某些享有专利的发明，诸如药物、医疗器械及添加剂的市场销售常常因政府的有关管理规定而被推迟，它们的专利期在特定条件下可以被延长 5 年之久。如果这种推迟是由专利局自身造成的，而申请人没有过错，则不受延长期 5 年的限制。《美国注释法典》第 35 编第 156 条。在相应条款中《美国注释法典》第 35 编第 271 条（e）款（1）项，国会规定，在专利保护期内，为进行法律所规定的药物检测而使用享有专利之药品不构成侵权。最高法院业已裁定，此类豁免亦适用于医疗器械。参阅 Eli Lilly & Co. v. Medtronic, Inc., 496 U. S. 661（1990）。此外，还有一些条款，在申请审查和申诉程序中，也允许类似的、有限的延长。重要的是，专利局发布的专利是推定有效的，这意味着挑战者必须提供明确和令人信服的证据来证明其无效，虽然专利局在审查过程中可能从未考虑过非常重要的、新的证据。参阅 Microsoft Corp. v. i4i Limited Partnership, 131 S. Ct. 1843（2011）。

专利的有效期不能续展，因此期满后，一度新颖的研究成果便进入"公有领域"。这就意味着，专利权人已丧失了对该专利的专有权，其他任何人都有权制造、使用、许诺销售或销售该发明。

在专利保护期内，专利所有人（patent owner）有全权决定由谁来使用、制造、许诺销售或销售该专利项目，见《美国注释法典》第 35 编第 261 条，而且，在一定程度上，有权决定以何种方式或在何处首先使用该专利项目。然

---

❶ 原文为"derivation proceeding"，也有译为"历程调查程序""派生程序""溯源诉讼程序"，说的都是"发明法案"中的这个程序。

而，根据《美国发明法案》关于首先申请的规定，专利的授予，将受制于在先使用人的权利，这些在先使用人虽然不能申请专利，却能够在申请日之前一年对该发明进行商业利用。这里重要的是，我们必须看到，美国法律并没有规定专利权人必须将专利付诸实施或允许他人使用。这前一种将设计付诸实用的规定被称为"实施"专利，这种规定带有几分历史色彩和浓厚的外国专利法的影响。第二种有关允许他人使用专利的规定，被称为"强制许可"。正如实施一样，美国没有强制许可的硬性规定（在一定程度上，通过政府资助的研究所获得的发明除外），但其他方面的法律，特别是反垄断法可能会有要求一位专利所有人许可他人使用其专利的功效。专利的这个相当绝对的财产权的性质，在易趣公司诉米克交换公司（eBay, Inc. v. MercExchange, 547 U. S. 388（2006））一案中受到侵蚀，法院裁定，专利持有人并不能自动取得禁止他人侵权的权利，他可能被要求用接受损害赔偿来替代，如果这样裁判能够实现公平的话。

虽然并没有法规要求专利所有人必须实施其专利或许可他人使用其专利，但通常权利人将发现如不把专利付诸实施会产生副作用。而且，从全社会的角度来看，专有权本身就是专利制度为新专利所有人提供的一种鼓励，鼓励其实施该专利，并以其所产生之效益造福于公众。

专利权人有不同的使用专利的方式，可以自己使用，也可以允许他人使用。专利可以卖断，将所有权利一起卖断；或许可他人使用；这种许可或是专有性的，即只允许一个人使用它，保证不允许其他人使用；或是非专有性的，即将专利权授予不同的人使用。《专利法》明文规定，专利权人也有权以地域为界，通过许可使用或其他方式授予专利特权。《美国注释法典》第35编第261条。但以地域为界的使用许可涉及反垄断法，因此专利权人一定不能超越《专利法》所授予的权利范围，以避免触犯反垄断法。

专利权人对于未经授权而使用了其专利的部分或全部核心内容的任何人，都可以提起诉讼。《美国注释法典》第35编第281条。面对侵权指控的有效辩护是证明专利的授予不当。被告必须提供证据，证明专利局的失误，证明权利所有人的专利不具备法律所要求的足够的新颖性、实用性和非显而易见性《美国注释法典》第35编第282条。以专利权人在专利授予前或获得专利后的不当行为为由提出抗辩也是一种方法。受到指控的侵权者在对专利提出质疑这方面一直很成功。在联邦巡回上诉法院中，有争议的专利常被判为无效而不是有效。这也正是创设联邦巡回上诉法院的一个原因，就目前来看，落实对专利上诉案件的专属管辖权，使得更多的专利与之前相比更容易被裁定为有效。

对专利的有效性提出异议并非仅有侵权诉讼一种途径。任何人都有权请求专利局重新审查一项专利；如果专利局接受该请求，将对专利申请书进行第二次审查，但第二次审查将局限在更为有限的范围之内（事实上第二次审查的范围仅限于第一次审查未纳入考虑的那些文件）。《美国注释法典》第 35 编第 302 条。根据《美国发明法案》，重新审查制度（reexamination）将既包括单方审查制度又包括双方复审制度（inter partes review），这将是一个行政性的判决程序，而不是审查程序，同时其时间限制与现行的重新审查程序不同。依据该法案还创设了一个新的授权之后的复审程序（post-grant review）。认为某项专利无效而想使用它的人，也可以向联邦法院提出确认之诉，请求法院判决该专利无效。寻求公告判决者必须提出证据，证明在提起诉讼之前，该项专利确实就有争议，也只有这样法院才会受理——这也就说明，此项救济通常只能对商业竞争者适用，而非面向一般公众。而且法院在受理后，寻求公告判决者必须提出如侵权诉讼中被告抗辩时所提出的一样的证据。

## 第三节　有关专利保护的两种理论

对专利制度的合理性有两种基本的说法。对于这些说法的合法性，"拥护"与"反对"专利的派别之间有着根本的分歧，并不时地爆发论战。这些理论是（1）"交易"或者契约论，（2）"自然权利"论。

交易论是以这样一个前提为其出发点的，即如果有奖励作为刺激，将会鼓励人们从事新的发明创造。当然，这个理论，最少可以从《宪法》本身的文字表述中找到部分根据。《宪法》阐述了这种潜在交易的基本点，即通过授予发明者在一定期限内使用其发明的专有权的方式来促进实用技艺的发展。这一点似乎也能得到人们常识的支持以及支撑自由企业制度的基本理论的支持。

自然权利论的侧重点则不同，根据这种理论，精神劳动的产品自然是其创造者的财产，对其创造发明拥有全部产权，发明者没有公开其内容的义务，而一旦公开，他便拥有为此而获得补偿的权利。为了使发明人公开其发明——使其他后来的发明人能在前者创造发明的基础上取得新的成就——政府便保障从发明中获得利益的专有权。同样，这种理论至少也可以在宪法中找到部分依据，因为宪法提到了发明人的"权利"，而且声明促进实用技艺的发展是其目标，而实现这一目标的最佳方式就是公开所有的发明创造。

当然，这两种理论都是不完整的，有其片面性。交易论否认发明人对其创作有绝对的权利——他必须接受政府的交换条件，否则就得不到任何保护。同样，自然权利论在有限垄断这一观念上也有自相矛盾之处，如果发明人对其发明拥有全权，那么就说不清楚在专利期满之后，政府怎么能将发明宣布为公有财产。

但是，这两种理论都有巨大的实用价值。交易与公开的观点解释了专利法的目的，似乎也得到了人们常识与理智的认同。评论家们所积累的资料数据似乎也支持这样一种说法，即美国的专利制度在提供刺激因素，促进更多、更伟大的发明方面，一直是极为成功的。在那些专利制度不那么发达、不那么完善的国家中，可获专利之发明的产生数量似乎也远不如美国那么多，尽管这些研究严重站不住脚，因为那些国家几乎都在经济上欠发达。而研究越多就越能证明：取得技术发明的能力与经济及发展之间，但并非和法律之间更为清晰的联系。美国专利巨大的压倒性的数量也支持了这样一种说法，发明创造的公开使得后来的发明人能够在原先专利所构筑的基础上取得新的成就。

当然，这些政策性问题的争论，同样是对现行专利法的有力支持，从而反对进行任何重大的修改。那种认为专利制度应进行改造，比如应缩短专利期限的提议遭到了反对。反对者认为，任何刺激因素的削弱都将造成一个不利于发明与进步的社会环境，因而会对美国社会各方面目标的实现产生不利影响。

有关自然权利的理论上的争论对于仍在进行中的有关专利制度的讨论也有着巨大影响。持反对态度的人坚持说，专利制度所起的作用不过是增加了拥有大量专利的大型公司的垄断能力，政府并未尽其全力为其公民争得什么利益。但持拥护态度的人指出，宪法提到了发明人的"权利"。他们坚持说，发明人对其发明有一种天然的权利，缩短专有权的期限，或提高对创造性的认定标准都无异于剥夺发明人的产权，这是不公正的。

这些说法本身并不全面，也不具有说服力。确实，有些观点甚至会推导出相反的结论。例如，正像某些人以专利的数量来证明专利制度促进了更多发明的出现一样，其他人则可以说，正是由于专利标准过低，使得专利数量没有任何意义，没有什么专利是真正的发明创造。一些反对者指出，许多历史上最伟大的发明是在根本没有什么专利权的情况下创造出来的，例如印刷术、早期的炸药，还有车轮。许多专利是在政府合同项目中产生的，并没有最终获得专有权的绝对保障。原子弹和爱因斯坦的工作成果是在没有专利保护的刺激因素下研制出来的，本杰明·富兰克林将其全部发明成果都捐献给了大众，而根本就没有试图去获得专利。显然，断言某一理论比其他理论更为"有效"，或肯定地说促进发明创造的刺激量应为多少的说法都是没有根据的。

# 第二章
# 专利的主题●

## 第一节　发明构思与专利申请

　　《专利法》将可获得专利的种类作了详细列举。简单地说，基本上可分为产品专利与方法专利。具有新颖性和实用性的技术改进也包括在内，还包括植物专利及外观设计专利。如果说一项产品或一种制作方法有资格获得专利保护，那么接下来的问题是，由于专利法确定了受保护的范围（产品和制作方法），同时也就确定了不予保护及禁止授予专利的范围。一般来说，构思不受专利保护。参阅 Gottschalk v. Benson, 409 U.S. 63 (1972); Parker v. Flook, 437 U.S. 584 (1978)。但在产品和方法与构思之间划一个界限难度极大。

　　法律上列举的类别是相当宽泛的，而且包括了大多数——但不是全部——新颖的、且通常被外行人认为是"发明"的改进。但是，有一种类别被明确排除在专利保护之外：如果一项申请专利的发明不能确切地被描述为一项产品或一个方法，而十分接近那种范围广泛的被禁止授予专利的类别——抽象的构思，就不能获得专利。

　　尽管构思不具备专利主题的资格，但构思的应用却并非如此。其实，正是由于构思与构思应用的不同，才确定了专利授予的范围。仅靠新颖性、实用性或非显而易见性尚不足以获得对构思的保护。所有能够获得专利保护的东西至

---

　　● "专利的主题"原文是"The Subject Matter of Patents"。"Subject Matter"有译为"客体"的。但在现代汉语里"客体"有两个义项：（1）哲学上用语；（2）法律上指主体的权利和义务所指向的对象，包括物品、行为等。专利并非法律上的主体。本章主要讨论哪些东西可以授予专利，或者说，可以获得专利的内容、主题和范围，或者说，专利涉及哪些内容或者主题。本书将"subject matter"均译为"主题"。——译者注

少比构思阶段更进一步。因此，例如，爱因斯坦的 $E = MC^2$ 的公式就仅仅是一个构思而已。它不是对原子能原理的具体的应用，而正是构思本身。这一点有时被说成是"自然定律"学说。参阅前述 Gottschalk v. Benson，409 U. S. 63（1972）；Parker v. Flook，437 U. S. 584（1978）。一个特定的原子能发电站，某种测量原子能的方法，大量根据该构思而产生的其他应用项目完全可以获得专利，但可以授予专利的东西不包括构思本身。

# 第二节　法律保护机制

一项发明要获得专利，必须符合《专利法》的规定。《专利法》第 101 条规定：

> 凡发明或发现任何新颖而实用的方法、机器、制品、物质的组成，或其任何新颖而实用之改进者，可按本编所规定之条件和要求取得专利。

这四项分类详细列明了可获得专利的事物。其中"方法"可理解为达到某种目的的手段，其余三类（机器、制品、物质的组成）都可理解为以其自身为结果的"产品"。这样，基本说来，专利的主题只有两类：方法和产品。产品是有形的实体——机器的发明或许是这三类产品中最为明显的。制品是符合专利性要求的制成品。最后，物质的组成在多数人看来是实验室里发明家的事，因为它通常是一项新的化学发明，尽管可能是任何材料成分构成，而不只限于化学成分。

方法比产品更具无形特点，因而更难以限定。从某种意义上讲，它们是从一个起点到达另外一点的方法，也可能是开发某项具有发明意义的事物的方法，也可能是开发某项已知事物的发明方法。典型的就是化学方法，它可以通过一系列体现在特定机器中的步骤生产一种化合物。在这种情况下，方法和机器都可能获得专利，虽然情况并不总是如此。

除了专利保护主题的四种类别外，还有一种总括性的补充解释适用于上述各种情况。这种解释使方法、机器、制品和物质的组成四种主题中任何"新颖的、实用的改进"都可以获得专利。显然，一项技术革新在被认定是一项新颖的实用的改进之前，仍然必须首先符合上述类别中的一类。

最后，法院在司法上常明确设立了不能被授予专利的例外情况。这些例外情况曾经包含有印刷品、商业方法、记账系统和计算方法。然而，联邦巡回上诉法院声称，在戴蒙德诉查克拉巴蒂（Diamond v. Chakrabarty，447 U. S. 303（1980））一案中，最高法院的判决意味着，法院将不授予专利的例外也解读进《专利法》所表述的大致范围内并不合适。参阅 State Street Bank & Trust Co. v. Signature Financial Group, Inc., 149 F. 3d 1368（Cir. 1998）。最高法院在比尔斯基诉卡波斯一案（Bilski v. Kappos, 130 S. Ct. 3218（2010））中似乎同意了上述说法，但却是在附带说明中表明的。因此，除了源于戴蒙德诉迪尔（Diamond v. Diehr, 450 U. S. 175（1981））一案中的"自然定律、自然现象和抽象概念"三个类别以外，（联邦巡回上诉法院有点令人费解地承认了一些例外，尽管其拒绝了大部分司法上的例外）大多数司法上不授予专利的例外都不再有效。这个规则似乎说明，不能授予专利的例外必须在这三个余下的主要类别中才得以继续存在。这些不授予专利的例外因而还可能包括：天然物质、自然定律、自然力量、原理（参阅 In re Taner, 681 F. 2d 787（Cust. & Pat. App. 1982））、纯粹的化学公式（与化学物质本身相对）（参阅 Petisi v. Rennhard, 363 F. 2d 903（Cust. & Pat. App. 1966））、基本事实、起因、动机、思维步骤（参阅 Gottschalk v. Benson, 409 U. S. 63（1972）），当然还包括构思，但不一定包括计算方法和记账系统（参阅 Parker v. Flook, 437 U. S. 584（1978）），并且几乎可以确定不包括商业方法。尽管如此，商业方法仍在特殊审查下并须依照《美国发明法案》。因为要通过执行一个过渡的授予后审查程序（以及到该审查程序时的司法程序）来重新检查金融业中数据处理的专利。这个程序之所以是过渡的，是因为法规从成立到生效间有 8 年的预计期限。

专利只保护某一抽象原理的应用，这个原则所确立的只是一个大致标准。这一标准与专利法的目的一致，它给予专利所有者应得的权利，但（1）不给予超过他在专利申请书中所具体说明了的权利，以及（2）将公有领域中人人皆可利用的基本构思从其专利申请书中删除，对于专利保护主题的范围，以及公众与发明人之间的利益分配，则须用尽可能清楚的方式加以说明。能够获得专利的发明必须由人类所制造。对于从前不为人所知的某种自然存在的动物或植物的发现者来说，他不能以该发现申请专利（非天然的植物和人工改良后的生物，如果符合其他要求，则可能有权获得专利）。参阅前述戴蒙德诉查克拉巴蒂一案（Diamond v. Chakrabarty）。

例如，虽然自然产品不能获得专利，但并非所有自然产品都不能获得专利。自然产品这个概念容易把现有的或将来的自然产品都包括在内。就化合物以及新的生命形式而言，其实都不完全是由人制造的，因为所有事物都是由自然存在的物质形成的。对自然产品范畴的定义不可太广。因此，法院摒弃了自然产品不能获得专利这个一刀切的规定。如果一项自然产品具有新颖性、实用性和非显而易见性，并在其形成过程中掺进了人的劳动，就可以获得专利。见前述戴蒙德诉查克拉巴蒂案。

因此，如果浓缩的是人类参与的结果，而且，如果该产品形式在自然状态下并不存在，而假定它在该阶段符合获得专利的其他要求，那么经人工浓缩或提炼的自然产品就可以获得专利。参阅 Merk & Co. v. Olin Mathieson Chem. Corp., 253 F. 2d 156 (4th Cir. 1958)。在野外发现的和在实验室里研制的，这两者之间的区别不是完全清楚的。然而，至少就新的化合物而言，诸如经过高度提纯的维生素或阿司匹林这类药物，自然产品的理论并不妨碍它们获得专利。对于真正自然产生的事物来说，"自然产品规则"实际上正是以间接的方式说明，那些声称是发明（的真正自然产生的事物）缺少新颖性或非显而易见性。

## 第三节　除产品专利外作为专利保护主题的专利方法

方法就是做一件事的方式。如果是可以获得专利的方法，那么这种做事的方式就必须具有新颖性、实用性和非显而易见性。如果该方法可以获得专利，那么应用该方法而产生的结果——其结果本身——不一定具有新颖性、实用性和非显而易见性。换句话说，一个创造性方法的结果本身不一定就是发明。然而，如果通过一个创造性（可获得专利的）方法生产出一件（能获专利的）发明，那么该方法将格外具有显著价值。方法和产品都获得专利，实际上就使发明人获得了完全的保护。

所有受专利保护的主题，包括方法，都要符合这样一条规则，即禁止给予构思、自然定律、自然力、原理、思维步骤及纯粹的印刷品以专利保护。这样一来，方法专利的范围不能太广，以至连做一件事的构思都包括在内。方法专利的范围必须具体、详细。例如，一台裤子熨烫机可以说是新颖的，可以申请专利，然而，熨烫裤子这种构思却显然不能获得专利。但是某种特定的裤子折缝方法却可能获得专利，因为作为制作裤缝的方式可包括在专利法所保护的方法当中，但专利法不保护折缝这个构思。

这样，一种方法的结果或产品的专利性与一种方法的专利性无关。显然，这种方法所产生的产品，即经过熨烫的裤子是不能获得专利的。经过熨烫的裤子虽然实用，但它既不具有新颖性，也不具有非显而易见性。不过，生产折缝的独创方法如具有新颖性、实用性和非显而易见性，则可能符合专利性的要求。

化学方法就是一种典型的方法专利。发明人发明了新药，他就可以将在实验室研制药物的方法——具有创造性的制药方法——以及药物本身申请专利。当然，该药物也许被认为不具有创造性，因为该药物不具有新颖性，属于明显的衍生物，或许尚未在临床上证明其实用性或疗效如何。然而，授予创造性方法专利亦会使发明人得到实际的保护。（不过，一种只能产生非实用产品的方法要获得专利，其难度同该非实用产品要获得专利是一样的。见第四章：专利性与实用性。）

另一方面，如果是一个特别抽象的方法，例如，把二进制数字转化为十进制数字的数学方法，一般就不能得到专利保护。参阅前述戈特沙尔克诉本森案（Gottschalk v. Benson, 409 U. S. 63（1972））。这并不是说这个方法不具有新颖性、实用性或非显而易见性，而是说这个方法本身只是一种抽象的原理，非常普通，非常简单，并不是什么发明人真正发明出来的东西。从某种意义上讲，这个原理一直就存在。这类方法也许不能被授予专利，因为它很像思维过程、商业方法、自然定律、原理或构思。因此，正像某些自然产生的产品不能受专利保护一样，某种方法也可能不受专利保护，因为它过于简单，在某种意义上被认为是自然产生的。虽然该方法是由发明人首先公布的，但仍然不能受专利保护。一个公式、方案或方法，正如地下矿藏一样，是一直存在的；发明人只不过是发现了它，而不是发明了它。或者说，一个过于抽象的方法也许不能获得专利，因为它包括的范围太广。一个方法如果过于抽象，甚至把在该方法基础上所产生原理的已知和未知的应用都包括在内，那么，这个方法就不能获得专利。参阅前述帕克诉弗洛克案（Parker v. Flook, 437 U. S. 584（1978））。

## 第四节　三种产品分类的界限

一项发明往往可以归入不同的类别，这一点并不重要。重要的是，一项发明虽然在类别上有争议，但至少属于某一类。例如，物质的构成也可被认为是一种制成品或机器。只要产品本身具备独创性，就不必只限于某一类。但如果产品可以是任意一类，它必须至少是三类中的一类。比如，单一的"信号"就不属于产品的类别之中。参阅 Nuijten v. Dudas, 555 U. S. 816（2008）。

戴蒙德诉查克拉巴蒂一案涉及新的生命形式，具体地讲，涉及细菌在遗传学上的变化以分解石油废料和溢出物。这些人造的及合成的生命形式，虽然都是由自然材料组合而成，但它们都很像新的化合物，可以准确地被认定为工业产品和物质的组成。最高法院没有明确把细菌归入可受专利保护的主题当中的一类。但是，它却默许细菌可以属于专利保护主题当中的一类或两类。最高法院指出：新的生命形式，虽然明显地接近植物专利范围，更接近不能受专利保护的自然生长物质的范围，但却属于专利保护的主题。最高法院裁定：即使是国会制定《专利法》时未考虑在内的那些新技术，也可获得专利保护，对此无须在《专利法》中专利主题一节专门阐述。因此，如果一项新技术被认定是工业产品、物质的组成或是机器，便有可能获得专利，尽管国会对此没有明确的规定。《专利法》规定发明必须具备新颖性和非显而易见性，这样的规定将会刺激产生新的技术，而这些新的技术将可能属于《专利法》尚未作出规定的类别。虽然查克拉巴蒂表面上只是说对发明进行多样化的分类并不被禁止是因为法律没有特定明确规定，联邦巡回上诉法院将这个理由演绎得更广泛。比查克拉巴蒂的观点更激进，联邦巡回上诉法院认为如果没有法律明确规定一个发明的分类归属，那就自动找个合适的分类，即使与先前判例矛盾。参阅 State Street Bank & Trust Co. v. Signature Financial Group, Inc., 149 F. 3d 1368（Cir. 1998）。

## 第五节 物质的组成

物质的组成，属于三种产品类别当中的一种，指的是实实在在的物质。顾名思义，它必须由其他几种物质组合而成，只有这种组合才属于发明。自然物质，如自然存在的矿物质，不能受专利保护，因为矿物质并不是真正的发明，发现人通常不是发明人。但是，发明人如果能根据已知的基本材料组成一种新的物质，则这种物质是受专利保护的。新的物质组成将可能成为专利保护的主题。参阅 Schering Corp. v. Gilbert, 153 F. 2d 428（2nd Cir. 1946）。因此，发明人可以把最基本的、众所周知的事物，如碳、氢、氧等，以一种特别新颖的及具有非显而易见性的形式组合成为某种具有实用性的物质，此时该发明人就可以为其所产生的化合物申请专利。这种化合物就是物质合成后变化的实例。如果基本元素是自然的，那倒无关紧要。问题是，正如最高法院所指出的："发明人的发现不是大自然的杰作，而是发明人本人创造的结果。"参阅前述戴蒙德诉查克拉巴蒂一案（Diamond v. Chakrabarty）。

## 第六节 制 品

制品，简而言之，就是人类制造的任何东西或物品。所以，制品就是"非自然的东西"。顾名思义，制品是指除自然物品以外的东西。并非所有制成品都能获得专利。一件印刷品需要具有新颖性、非显而易见性和实用性方可获得专利。但法院认为诸如此类的印刷品是不能授予专利保护的。参阅 In re Russell, 48 F. 2d 668（Cust. & Pat. App. 1931）。如果某一印刷品可获得专利，那么必定是其结构而非内容具有创造性。

一个制品必须具备一定的结构，只有该结构具有可获专利的特点，才可授予专利。毕竟制品只是产品专利中的一种类型，因此，它必须是"东西"而不是"方法"或"手段"。总之，一项可被授予专利保护的制品是任何具有独创性的人造结构制品。

## 第七节  机  器

机器是能从事创造性工作的物体。我们对机器非常熟悉，所以我们对它比较容易理解。但这种表面的容易往往带有欺骗性。因为实际上，机器包含了潜在的方法，所以在那些专利保护类别之间在区分上大有重叠的可能。因此，对方法专利的限制也同样适用于机器。

正如一种方法过于概括和抽象，就不能授予专利一样，如果一种机器采用了这种抽象的方法也不能授予专利。在一定程度上，发明人把一系列普通的步骤作为机器申请专利，该机器就能够反映出为获得专利而付出的努力；如果所申请的仅仅是一种方法，显然是不能授予专利的。因此，如果电子计算机具有创造性，它就可能属于一种机器。但如果计算机的程序当中包括一般规则或自然数学法则，如基本的算术，在那种意义上，其使用者就可能与试图使抽象方法获得专利者一样引出两个相同的问题。第一，他们试图垄断现实存在的事物；第二，他们试图要求在其保护的范围内包括更多的内容。然而，计算机包含在机器内，并同样可获得专利权是毋庸置疑的。见下面第八节。

## 第八节  与计算机有关的专利

无可争议的一点是，自然法则，包括数学证明在内，是不能获得专利的。这是因为自然法则是科学的基本建筑材料，不应被垄断。近年来，计算机软件的普及已经迫使法院作出了明确限定，涉及计算机应用或数学公式（或"算法"）的发明不符合《专利法》第101条的规定。

1972年，美国最高法院断然宣布了与计算机有关的专利权获得问题。在戈特沙尔克诉本森一案（1972年）中，法院裁定把二进制代码的十进制（BCD）转化成纯二进制数字的方法不能被授予专利。法院指出，这种转化过程只是一种十进位计数法，并声明，如果连数学公式都可以获得专利的话，那么结果就会对科学事实形成垄断。法院不允许对该方法授予专利，其原因在于，如果授予专利，就会使算法脱离公众领域，因为本森的方法极其抽象与广泛，以至于覆盖了所有算法的应用。最高法院特别声明，它并不认为所有计算机程序都属于不能获得专利的主题。

在帕克诉弗洛克（Parker v. Flook, 437 U. S. 584（1978））一案中，最高法院裁定，一项采用科学原理的方法，只要"该方法本身（具有新颖性和实用性）不只限于计数法运算"，即可获得专利。弗洛克曾在碳氢化合物催化转化上提出了采用"报警线"的方法，为此申请了专利。弗洛克采用了十进制计数方法，并考虑了计算机的应用。法院裁定该申请不能被授予专利，理由是"所有申请只是提供了一项经过修订的报警线的公式"，而一旦授予该申请专利，就等于对自然法则给予专利保护。如同本森案一样，最高法院声明，法律不允许给予一种算法以专利保护。但法院承认，一项方法并不是简单地因为涉及算法就不能授予专利保护。相反地，法院要求专利的申请，应说明其新颖性是独立于自然法则的。

那些非得使用数学公式、计算机程序或计算机的专利申请能否获得批准，回答是不确定的，这种不确定性导致最高法院重新审议了戴蒙德诉迪尔一案（1981 年）。起初，法院重申了本森一案中对于一项方法的专利性的检验标准："一件物品'向一种状态或形式'的变化或还原，是方法专利申请可授予专利的明证，其中不包括特定的机器设备。"（引自戈特沙尔克诉本森案（1972 年））法院的推断是，被告的硫化橡胶方法，从头至尾所作的详细描述，正涉及这种变化。这种简单而又无懈可击的分析直接得出结论：这项申请"属于第 101 条规定的有可能获得专利的主题"。法院强调指出，采用数学方程、计算机程序都不能改变这个结论。

法院指出，第 101 条对哪些发明可以获得专利有明确规定，而特别排除了自然定律、物理现象及抽象构思。本森和弗洛克两起案件均被称为"仅仅是由于那些长期公认的原则"而得到确定的判例。法院认为，本森一案是有区别的，因为在该案中，适用该算法的唯一方式就是连同计算机使用。法院解释说，由于没有哪个人能够在计算机程序中使用算法而避免侵犯本森的专利权，那么对运算方法授予专利实际上就等于允许对某种构思实行垄断。关于弗洛克一案，法院声明，该案中的专利申请不过是计算报警线的一个公式，而该公式在法院看来"不过是一个数字而已"。

在前述戴蒙德诉迪尔（Diamond v. Diehr）一案（该案中最高法院认为，在另一个可获专利的方法中仅出现计算机不会使该发明失去获得专利的权利）和美国道富银行信托公司诉签名金融集团公司案（State Street Bank & Trust Co. v. Signature Financial Group, Inc., 149 F. 3d 1368（Fed. Cir. 1998））（该案中联邦巡回上诉法院除其他外还认为，以计算机程序为形式的数学算法如果具有实用性是可获得专利的）之后，尽管一个不涉及特定法定方法的单独计算程序被认为仅仅是一种计算方法，且因此不会被授予专利（参阅 In re Grams, 888 F. 2d 835（Fed. Cir. 1989），In re Iwahashi, 888 F. 2d 1370（Fed. Cir. 1989）），但发明者不必再去在方法甚或产品中（作为机器的一部分）避免使用计算机。因为，发明人不必担心计算机的出现会影响专利保护主题的地位。事实上，联邦巡回上诉法院似乎已尝试将计算机或计算机程序的出现作为不相干的事实，同时只就是否能实际应用、能固定且有实际的效用来确定是否授予专利：即该计算机或计算机程序，哪怕称之为算法的应用方式是否会产生具有实用性、固定且有形的结果。参阅前述 State Street Bank & Trust Co. v. Signature Financial Group, Inc.。只要发明包含计算机或计算机程序的结果是具有实用性、能固定且有形的，那么这种合并形式其本身并不重要。然而，《美国发明法案》除了为商业方法设立了过渡程序外（见第二章第二节），该法还绝对禁止对税收策略授予专利权。尽管该法允许授予编制纳税申报表的程序以专利权，同时也允许授予财务管理中与税收策略不相干的那部分功能以专利权。

为了避免对于关于计算机程序抽象概念或者其他算法概念的专利申请，法院应用了"机器或转化测试"（"machine-or-transformation" test）。根据这个测试，当一个方法与一个机器结合，或者把一个事物转换为另一种状态或另一事物时，这个方法就是可被授予专利的。这个测试方法确定了这样一个原则：计算机专利不能脱离实体，不能仅作为抽象概念独立地不被约束地存在。但是，最高法院更加灵活，拒绝进行"决定性"的测试，"机器或转化测试"既不明确又不是决定性的，仅仅作为一种线索，仅被用于对可专利性进行测试。参阅 Bilski v. Kappos, 130 S. Ct. 3218（2010）。

## 第九节　罕见病药物法

《罕见病药物法》（《美国注释法典》第21编第360条 aa 至第360条 ee），对于治疗患病人数低于20万人的疾病所必需的药物，规定了一项为期7年的专有权（尽管当销售额不能覆盖提供药品所需的成本时，实际患病人数将远超过这一数字）。粮食和药物管理局裁定，该法的适用范围包括由于缺少法定的专有权利和该法规定的其他经济援助，而无法使需要它的患者得到的药物。尽管该法并未明文授予某种药物专利，但其专有权的作用与那些获得专利保护的药物毫无区别。不管该药物是否已获得专利，或者能否获得专利，均适用该法。正是由于这个原因，该法存在着一个严重的宪法上的缺陷：对非创造性产品也授予等同于专利的权利。比如，贸易条款是否可以作为国会授予专利的权力来源，也是一个悬而未决的问题。

有人曾争论说，《罕见病药物法》对药物并没有给予真正的专利保护，因为它只限于用来治疗某种特定病症的药物；由于经销商不能大量供应该药物，因而使这种保护显得无力。参阅 Genentech, Inc. v. Bowen, 676 F. Supp. 301（D. D. C. 1987）。然而，许多方法专利也都当然被非常具体的应用范围所限制，那么，不能利用该法进行大规模的药物生产，（这一局面）所面临的挑战，也正是所有在应用上受到限制的专利制度的特点。

## 第十节 植物与外观设计专利

除实用专利❷以外，《专利法》还规定了植物专利（《美国注释法典》第35 编第 161 条），以及外观设计专利（《美国注释法典》第 35 编第 171 条）。尽管这两种专利的作用实际上与实用专利的作用相同，但其特定要素不同，因为它们用另一个条件替代了作为法律保护先决条件的实用性。

植物专利性的要素与实用专利不同。植物专利性所要求的不是新颖性、实用性与非显而易见性，而是新颖性、识别性和非显而易见性。参阅 Yoder Brothers, Inc. v. California-Florida Plant Corp., 537 F. 2d 1347（5th Cir. 1976）。可被授予专利的植物，必须是在能够栽培它的州内，而非在野外被发现的。同时这些植物不可以属于块茎类，比如马铃薯或者洋姜。此外，植物专利只对新的能够区分的无性繁殖植物的变种给予保护。无性繁殖是指不用种子进行的繁殖，包括诸如嫁接、芽接、剪枝、压枝或分蘖等。植物专利所提供的保护是赋予发明人繁殖这类植物的专有权利。

因此，识别性在植物专利的保护方面，就相当于一般发明专利的实用性。某个植物品种是否具有识别性，要考察其各种特征，看这些特征能否把它与其他已有的植物品种明显地区别开来。这些特征包括生长习性、健壮程度、适应土壤、颜色、滋味、产量、贮藏性、气味及形状等。一种植物不一定非具有实用性才可取得专利；而一种植物的识别性也不要求该植物优于其他植物。为获得专利所必需的只是它能够区别于其他植物。

一种新开发或新发现的植物品种，其非显而易见性很难衡量，因为植物开发的原因不同于实用专利。因此，显然不能与实用专利按同一标准来加以衡

---

❷ 此处"实用专利"原文为"utility patents"。在美国《专利法》中，"实用专利"与外观设计专利和植物新品种专利并列，为美国专利法保护的三类客体之一，实际上相当于中国《专利法》中的"发明专利"。——译者注

量。植物专利的非显而易见性要看该新品种比现存品种先进多少或变化程度大小。因此，关于植物专利的非显而易见性具有重复植物专利识别性要求的倾向。

与植物专利相关的重大的、悬而未决的问题在于能否对诸如细菌这种有争论的生命形式给予专利保护。参阅 In re Arzberger，112 F. 2d 834 (Cust. & Pat. App. 1940)。相反，新的生命形式在实用性方面是否符合专利保护的要求，直到最近，仍然由于植物能否获得专利这一点而没有答案。然而，该问题最终通过戴蒙德诉查克拉巴蒂一案彻底解决。法院在此案中裁定，植物专利制度并不意味着其他生命形式不能获得实用专利保护，只要其符合专利要求即可。

外观设计专利可用来保护一件制成品的设计具有新颖性、创造性和装饰性。外观设计专利不同于普通实用专利，它不要求具备新颖性、实用性和非显而易见性，而是要求具有新颖性、装饰性和非显而易见性。由于用装饰性替代了实用性，所以对新颖性和非显而易见性的要求也必然发生变化而显得不太重要了。外观设计的新颖性通常由"普通观察者"的实验来检验；非显而易见性则由在相关领域有普通技能的"普通设计人员"来确定。参阅 In re Nalbandian，661 F. 2d 1214 (Cust. & Pat. App. 1981)。一些法院把外观设计的非显而易见性限定为对于"具有普通智力的人"来说是非显而易见的东西。参阅 Schwinn Bicycle Co. v. Goodyear Tire & Rubber Co.，444 F. 2d 295 (9th Cir. 1970)，引自 In re Laverne，356 F. 2d 1003 (Cust. & Pat. App. 1966) 一案。另一些法院则严格地以类似于实用专利的方法对外观设计的非显而易见性标准作出限定，由相关技术领域具有普通技能的设计者来看是否具有非显而易见性。参阅 Fields v. Schuyler，472 F. 2d 1304 (D. C. Cir. 1972)。但是联邦巡回上诉法院认定"普通观察者"检验是唯一合理恰当的，而另两种检验"新颖性"和"显著进步"缺乏执行的法律依据。参阅 Egyptian Goddess，Inc. v. Swisa，Inc.，543 F. 3d 665 (Fed. Cir. 2008)。

外观设计专利的主要问题是该领域对版权法及实用专利法所产生的影响。由于对外观设计专利的保护是不能复制，因而在这点上与版权极为相似。同样，顾名思义，外观设计专利主要是产品设计，它们与实用专利的主题有交叉，而且对不能授予实用专利保护的其他非专利保护对象有影响。结果，具有唯一功能的外观设计不能被授予外观设计专利。参阅 Barofsky v. General Electric Corp.，396 F. 2d 340 (9th Cir. 1968)。此外，当一项外观设计同时含功能性和单独的装饰性元素时，发生侵权所要求的实质性相似的要件必须仅以非功能性为依据，即该外观设计的单纯装饰性元素方面。参阅 Richardson v. Stanley

Works, Inc., 597 F. 3d 1288（Cir. 2010）可以确定的是，只要外观设计专利保护的是一个产品的非功能性方面，那么在同一产品上就既可以申请外观设计专利也可以申请实用专利。参阅 Berry Sterling Corp. v. Pescor Plastics, Inc., 215 F. 3d 1351（Fed. Cir. 1999）。

# 第三章
# 专利性——新颖性及其法律上的限制

## 第一节 概 述

  《专利法》中有三个章节明确阐述了专利性的基本要素——新颖性、实用性和非显而易见性。第 101 条规定一项发明必须具有新颖性与实用性。第 102 条为新颖性下了定义，同时也规定了除缺乏新颖性之外的其他一些不能予以专利保护的"法定限制"。第 103 条规定，发明必须是超出已有技术水平之上的技术进步。《美国发明法案》改变了以下规则，使得确认一项发明是否具有新颖性及非显而易见性以有效的申请日为时间界限，而不是以发明日为时间界限。该法消除了国内与国外登记在先公开（anticipation）的分歧。

  第 102 条中有关新颖性的规定侧重讲到了可能出现于发明之前的构成在先公开事件的情况。如确有这类情况，发明的专利性将因缺乏新颖性而不能成立。法律限制则侧重讲到那些在发明人递交专利申请 12 个月之前所出现的、足以使专利性不能成立的事件。换句话说，在这种事件发生后，发明人拥有 12 个月的宽限期（grace period）。在此期间，他仍可申请专利；但过了宽限期，法律限制就会生效，哪怕发明仍具有新颖性，发明人也会丧失所谓的申请优先权和获取专利权。在新颖性条款里所界定的在先公开事件中没有这类宽限期；如果在先公开事件早于发明而出现，发明人就无权获得专利。

  第 102 条多少有些令人困惑不解的原因在于，它并未明确划分出法律限制与在先公开之间的区别。读者必须非常仔细地加以区分。虽然说明法律限制某些条件的措辞和有关新颖性的措辞相似，但这些措辞显然也不一定就具有相同的含义。最后还应注意的一点就是，国内发生的事件与国外发生的事件也有所不同，但它们之间的区别并无一个固定的标准。

下列事件如早于专利申请 12 个月，法律限制就会生效：

国内：他人已拥有该项专利，有关技术资料已印刷出版，已公开使用或销售。

国外：他人已拥有该项专利，有关技术资料已印刷出版，或申请人已就该技术递交了专利申请（但只有在专利的授予早于国内申请的条件下生效）。

下列事件无论何时发生，只要早于发明的产生都构成在先公开，都将使新颖性不能成立：

国内：他人已拥有该项专利，该技术资料已印刷出版，其他人已拥有有关知识，或其他人已拥有同类发明，且该发明一直未被放弃、禁止和隐匿，其他人对该技术的使用，或其他人在所递交、最终被接受的专利申请中已有陈述。

国外：他人已拥有该项专利，或该技术资料已印刷出版。

所有上述情况都受实质相同原则的限制。专利法的目的是要将发明公之于众，就这一点而言，现有的使用，现有的知识，或其他方面，必须在实质上与发明相同。不管在国内还是国外，在先公开都必须完全涵盖权利要求书中所说的发明。如果仅说有关文献能够启示发明，或者仅说有关文献使得发明必然产生，都是不够的，那仅仅涉及非显而易见性的问题。除了一项重大例外，衡量这类问题的标准是，有关发明的内容是否已被泄露得足以使相关技术领域内的技术人员能够复制该产品或方法。

这项重大例外是公开使用。未将发明内容完全公之于众的公开使用，即使未公开发明的秘密，只要公开了发明的益处，便不能再获得专利。专利制度并不倾向于将专利授予一项至少其益处早已众所周知的发明。因此，如果一位在先的发明人公开使用一项发明，即使他不曾完全公开发明的基本内容，只要其公开使用早于申请日一年以上，发明人就显然会受到法律限制而不能获得专利。另一个人们未曾注意到的问题是，尽管此发明并没有被真正地完全公开，但对一个后来的勤奋的发明人来说，他仍会受到法律限制而不能获得该发明的专利。参阅 Dunlop Holdings Ltd. v. Ram Golf Corp., 524 F. 2d 33 (7th Cir. 1975)。

国外在先公开只能有两种形式：在现有专利或出版物中可查阅到的对该发明的文字性描述。上述任何一种与有争议的发明有关的情况，如发生时间早于发明人专利申请所称发明时间，都将构成在先公开，从而限制专利的授予。但国内的在先公开可有五种形式：现有专利、出版物、使用、知识或发明。同样，上述任何一种与有争议之发明有关的情况，如发生时间早于发明人专利申请所称发明时间，都将构成在先公开，使新颖性不能成立，因而不能授予专利。就构成文字性在先公开的"印刷出版物"而言，其概念正在扩展，现已包括诸如计算机、缩微胶片等现代信息重现技术。问题的侧重点不在于信息的"印刷"或"出版"，而在于其是否被公开传播，或者是否可以被公开获知。参阅 In re Wyer, 655 F. 2d 221（Cust. & Pat. App. 1981）。然而，如果有严重的怀疑，是否缺少一个法定机会，专利局将接受计算机数据库信息，该信息与印刷出版物等同。然而，由于立法存在一定的空白，对于专利局能否将计算机数据信息与印刷出版物等同对待，仍然存在严重的争议。参阅 In re Epstein, 32 F. 3d 1559（Fed. Cir. 1994）。

简要地说，国外在先公开纯粹是文字性的，基本要求是发明已被阐明；国内在先公开的基本条件是发明或已被阐明，或已众所周知。因此，尽管一项美国专利被外国法令所否决，但只要其实质上是文字性的，或仅仅是一种知识，或是能披露知识的行为，只要其发生在国内，都构成在先公开。另外，尽管非文字性的行为——现有知识、发明或使用——在国内构成在先公开，但如其发生在国外，就不能限制一项美国专利的授予。如前述，《美国发明法案》已经消除了这种区分。

如两个或两个以上发明人对同一产品或方法提出互相抵触的权利要求，在先公开的概念将对纠纷的解决产生影响。值得注意的是，一项在先的发明，只有在未被放弃、禁止或隐匿的前提下，才对一项后来的发明构成在先公开，从而拥有获得专利保护的优先权《美国注释法典》第35编第102条（g）款。另外，一位发明人要想避免由于发明被放弃、禁止或隐匿而输给一位后来的发明人，倒也不一定要立即公布自己的发明。不过发明人必须付出一定的努力去维护自己的权利。这样，人们就会发现，在专利保护问题上，权利要求互相抵触的发明人，到底能赢得多少权利，不仅取决于谁首先作出了发明——这一原则促进了只对作出真正发明者予以奖励的政策——同时也取决于在先的发明者在作出发明之后，是否为维护权利付出了足够的努力——这一概念强化了鼓励人们公开其发明的政策。当然，这种情况将在很大程度上得到改变，因为《美国发明法案》明确规定，如果在后发明人首先申请了专利，则可以取得专利权。根据该法，推衍调查程序将取代抵触审查程序，以确定申请人是否从更早的发明人处获得衍生发明。

## 第二节 国外在先公开

国外在先公开只包括现有专利或出版物，可以被准确地归纳为文字性在先公开——也就是说，它采用了印刷的形式。一个范围十分有限的出版物，诸如存在某家图书馆内的原稿，可能就足以构成一个符合在先公开条件的印刷物。口头发布不足以构成在先公开，尽管手抄的信息却可能符合条件。就国外在先公开理论而言，一份印刷出版物是否符合条件，取决于该理论所要实现的目的：文件的公布是否已到了能丰富已有技术的程度，该信息必须是特定技术领域内有专业知识者可以获知，至少是有可能获知的。也就是说，该信息应足以或至少可能成为一个可获知的知识体系的组成部分。这种可获知性往往取决于，例如在一个文献资料库的情形下，该信息资料是否已被编目。参阅 In re Hall，781 F. 2d 897（Fed. Cir. 1986）。

## 第三节 国内在先公开

对于那些以文字性在先公开为前提条件的国内在先公开而言，其标准与国外在先公开的标准基本相同。在先使用、知识或发明，是国内在先公开所独有的形式。国外文字性在先公开的决定性要素是出版，而出版所必备的条件也正是衡量国内在先公开独特形式所依据的基本要点。因此，在先使用必须是所涉及的实际方法或产品；在先知识必须足以涵盖所涉及的整个产品或方法。同样，一个在先的发明也必须是一个未被抛弃、禁止或隐匿的发明。参阅 Ansul Co. v. Uniroyal, Inc., 301 F. Supp. 273（S. D. N. Y. 1969）。

国内非文字性在先公开的推动力在于，它使发明进入了相关技术领域的知识体系中，并能为该领域内技术娴熟者所获知。因此，无论国内还是国外，在先公开的基础总的来说是与专利制度的目的平行的。如果说垄断性专利权的授予是作为对丰富知识宝库所作贡献的一种交换，在先公开已经作出了这种贡献。既然专利的奖励已不再需要，保护也就无须再授予了。

对于三种非文字性国内在先公开——在先使用、知识或发明——的司法解释，确保了这三种在先公开形式能满足提高现有技术水平的要求。因此，一种在先使用必须是能动的或具有连续性的，足以使特定技术领域内的人们加以利用。但因为知识并不是一个能动的概念，因此它必须可以公开获得，才能以新颖性为由制止专利的授予。对于一项在先发明未被放弃、禁止或隐匿的要求，与在先使用或知识必须可以公开获知的要求一样，都满足了同样的将发明公之于众的职能要求。例如，一项在先使用必须包含可以实际操作的内容，这样该发明就可以被实际应用。当一项在先使用并没有被人们广泛知晓时，这一点格外重要。同样，在先的知识如果处于保密状态的话，就不符合作为国内在先公开的条件，因为公众并不能获知。参阅 General Tire & Rubber Co. v. Firestone Tire & Rubber Co., 349 F. Supp. 345（N. D. Ohio 1972）。尽管保密的知识一般来讲不足以制止专利的授予，但由于有关原子能的信息可能被列为保密材料，因而作为一个法律问题，这样被置于保密状态的信息，虽未向公众公布，依然可构成在先的知识。参阅 In re Borst, 345 F. 2d 851（Cust. & Pat. App. 1965）。

当一项发明向公众公开时，公众便有权获得该发明。也就是从逻辑上说，任何已处于公有领域的发明，都禁止后发明人意图对其主张专利权。

## 第四节　现有出版物中的参考文献

根据《专利法》第 102 条，如果在已有技术中有足够的内容使得一位在该技术领域内的技术人员能去使用或制作专利申请中所阐述的方法或产品，该专利便因缺乏新颖性而不能成立。专利局将引用现有出版物作为"参考文献"。如果一份参考文献被裁定是一份"能够实施的公开性文献"，专利性便不能成立。如果该参考文献中所公布的信息足以使相应技术领域内普通技术人员复制出该发明，那么参考文献便会被视为是可实施的，对发明便已构成在先公开，从而使专利性不能成立。有关"可实施"的公开性文献的规定不是来自《专利法》第 102 条，而是来自第 112 条。

在专利申请书中向公众提供足够的信息，使他人得以再现其发明，是专利交易中发明人方面必须履行的职责。《专利法》第 112 条明确谈到了这个问题。该条规定，说明书必须"能实施"，能使他人再现发明。既然公众靠已有技术并不能"实施"发明的复制，也就是说已有技术不会危及专利交易给公众所带来的利益，那么从司法角度讲，第 112 条中有关"可实施"的公开性文献的规定，也就成了只明确谈到新颖性与在先公开问题的第 102 条的一部分。从这个角度看，不能复制发明的已有技术并不妨碍专利授予这一点和将第 112 条有关规定并入第 102 条一样，都进一步促进了同一目标，也就是确保专利制度能丰富公众实用知识内涵的目标。

有时，一份参考文献虽然单独来看，本身并非是能实施的公开性文献；严格地讲，该文献中并不含有生产该产品或使用该方法的每一个具体细节，但该参考文献对该发明依然可能会产生致命性的影响。既然衡量一份公开性文献是否能实施的标准是在相关技术领域内，普通技术人员在该参考文献的基础上是否能复制该发明，因此从这个意义上讲，在阅读参考文献时，这类操作人员本身应具备一定的知识和技术。所以，一份具体的参考文献，即使不含有这类人员本身所拥有的技术以及预定应拥有的知识体系，也不妨碍该文献的可实施性。换句话说，可以引用其他参考文献来证明该技术领域内的技术水平。正如在威金斯案（In re Wiggins，488 F. 2d 538（Cust. & Pat. App. 1973））中法院判决所说，有关一种新的提炼石油产品的方法的参考文献，虽然并没有阐明冶炼厂所需螺栓与铆钉的制作方法，但仍不失为一份可实施性文件。

根据这个标准，如果原有技术与参考文献充分结合后，作为一个整体，能构成一份可实施的公开性文献，那么这种结合就能使一项发明丧失获取专利的资格。一份参考文献本身（至少对一个法院，或对一名非技术人员而言）也许并不能构成一份可实施的公开性文献，但与已有技术结合之后，人们"借助于"已有技术便能理解该文献。在前述威金斯案中，一份在先的出版物描述了一种新的化合物，但有争议的是，它并没提供足够的细节对一项发明形成在先公开，它只说明了化合物的名称，而并没有阐明制造的方法。不过一份在后的专利阐明了生产该化合物的一种方法，把在先的文件和在后的这份专利申请中所披露的已有技术结合起来看，就构成了一份真正的可实施的公开性文献。因此，一份参考文献，虽然必须阐明所在先公开的发明，但无须是一份完整的可独立实施的文献，只要该参考文献和其他已有技术及参考文献能形成一份实际上可实施的公开性文献即可。

一份现有的可实施的公开性文献实际上并不是一项新的发明。不过一份参考文献不能仅仅提出一种假想的可能性。第102条申明，一份参考文献必须"阐明"了后来的发明。因此，尽管在威金斯一案中法院裁定已有技术可以被用来解释一份出版了的参考文献，但已有技术不能替代参考文献本身。要确定一份参考文献是否含有完整的信息，需要把参考文献本身与已有技术所提供的补充资料的数量作一比较。如已有技术是主要的资料来源，那么就不存在在先公开问题。如果已有技术仅填补了一些空隙，那么（从已有技术角度看）参考文献显然是阐明了该发明，那么该发明便已被在先公开。例如，如果一份出版物仅列出了一些假想的或推测性的化合物，就不会对一项发明形成在先公开。这样一份清单并非法律上所规定的对化合物的"阐述"，它只不过更近乎一种猜测而已。就参考文献而言，一位成功地阐明了新化合物的发明人，实际是创造出了某种新颖的、没有先例的物质。

因此说，一项发明是否已被在先公开——是否具有新颖性——不仅仅取决于在此之前干了什么，做了什么，发表了什么，同时也取决于法律文件的撰写水平。至少作为第一步，它将取决于发明人如何界定其权利要求，发明实际上是什么。具体地来说，该发明是否已被在先公开将取决于发明人或律师撰写专利申请的技巧。一位精明的发明人及其代理人，会尽力避免用一种可能会与以前任何所存在之事物雷同的方式来阐述自己的发明。因为权利要求界定了发明的外缘，有时，就需要绕开已有技术来撰写。

## 第五节　在先公开的实质性与有意识性

一份构成在先公开的公开性文献必须与所说的发明实质相同，才能阻止专利的授予。大致相似是不够的。正如一个有关专利的法律格言所说："在后，就是侵权；在前，便是在先公开。"参阅 Polaroid Corp. v. Eastman Kodak Co.，789 F. 2d 1556（Cir. 1986）。有时人们对一种后来的产品或方法是否侵犯了某一专利常会产生疑义，因为"侵权行为"并未完全不走样地重复发明。同样人们有时也会说，一份参考文献因为某些细节上的不同也并未构成在先公开。而实际上一份构成在先公开的参考文献无须与发明在每一具体特征上都相同，只需实质相同即可。参阅 Deep Welding, Inc. v. Sciaky Brothers, Inc.，417 F. 2d 1227（7th Cir. 1969）。因此说，在先公开的标准类似于侵权问题中有关实质性的标准。见下面第八章第一节。然而，在先公开者给出的参考文献必须包含前文提到的 4 个方面的内容，所有的权利要求都要在声明中有所列举，并且以相同的方式排列或结合。参阅 Net MoneyIN, Inc. v. VeriSign, Inc.，545 F. 3d 1359（Fed. Cir. 2008）。

另一方面，完全相同的在先公开也并不一定总能限制一项后来的专利。无意识的或偶然产生的在先公开可能就是根本无效的。正如在克诺尔诉皮尔森一案（Knorr v. Pearson, 671 F. 2d 1368（Cust. & Pat. App. 1982））中，当产品或方法被研制出来，研制者并未意识到其存在时，就不能构成在先公开。在该案中，一位在先者宣称创造出了一种防火的工字形横梁，其具有创新性的特征在于一条由于偶然原因而形成的空气通道。一位在后的发明人认识到这样一条通道存在的必要性，有意识地进行设计，使该产品拥有这样一条通道，法院于是把优先权授予了后者。

当一项权利要求所发明的机械（当一项机械发明的权利要求中）含有一个结构上的特征，而此特征又是发明的重要界限、概念及付诸实践的手段，那么对该发明的陈述就应同时谈到这一特征。不过这一点也有限度。例如，一项在先公开要限制专利的授予就无须证明对其实用性或新颖性的认识。如某人在先制造出一种产品，虽未觉察到其实用性或新颖性，只要意识到产品的存在，便可构成在先公开。在（印第安纳）标准石油公司诉蒙蒂迪森 S. p. A. 公司一案（Standard Oil Co. (Indiana) v. Montedison, S. p. A., 664 F. 2d 356 (3rd Cir. 1981)) 中，法院裁定，虽然"'发明者们'并未觉察到产品所具有的晶体状态"，但由于晶体状态是产品所固有的形态，而且发明人对产品本身的存在有明确的认识，因而这些在后的发明者们享有一种晶体聚丙烯的发明权。一项偶然的发现，如人们并未意识到它的存在，便不是一种在先公开；但一项有根据的发现，虽然因发现者缺乏天分而未能认识到它所具有的创新性特征，依然是一种不折不扣的在先公开。

因此，在先公开必须是已被认知了的行为。这就是说，它必须是一种有意识的或被注意到了的、以致可以被重复的行为。如果某现有知识作为一个可识别的现象，任何人对其性质都没有有意识的认知，那么它就不具有在先公开的性质。由于对在先公开的要求是，它必须是为已被认知的现象提供一种相对的保证，保证在先公开能丰富已知的实用技术知识体系，因而对同一现象，后来再授予专利，就不会产生任何益处。如果不这样掌握标准的话，就意味着带有纯粹偶然性、且未被人们所认知的在先公开将会限制一项后来的专利，而作为限制的理由是由于该在先公开的性质并未被认知，因而就不可能对实用技术作出任何贡献。换句话说，在先公开作为可识别的现象必须被认知，尽管在先的观察者并不需要去发觉它的专利性。

## 第六节　法律限制

读者必须避免将对新颖性的要求与法定限制相混淆，法定限制是一个完全不同的理论。在第 102 条中有关新颖性的一些规定在外表上与有关法律限制的规定相似。但实际上，这里面有着根本性的区别。最基本的区别是：新颖性的排除事项与发明日相联系，而那些法定限制与申请日相联系。例如，根据第 102 条（a）款中有关新颖性的规定，在发明之前，除发明人之外任何其他人对发明的使用都将使专利性失效。根据第 102 条（b）款中有关法律限制的规定，只要使用具有公开性，便可使专利性失效，并且更为重要的是，这种公开发生在申请日之前的 12 个月内。不过，虽然根据新颖性条款，只有使用是由他人进行的，才会使专利性失效，但有关公开使用的法律限制却规定即使是发明人自己使用发明，只要是公开的，也会使专利性失效。实际上，法律限制中所列举的大多数情况都更有可能是由发明人而不是其他人所为——法律限制的目的在于促使发明人在发明之后立即申请专利，而且在任何情况下都不要拖延到所列举的情况发生后 12 个月以上。另一方面，查阅第 102 条（a）款的规定可以发现，从定义上讲，决定新颖性问题的都是他人的行为。已有知识或使用都是明确针对他人而言的，而且有关新颖性的其他规定也只有在行为人是第三者时才有意义。一项原有专利或印刷出版物只有在行为人是除发明人外其他什么人时，才能成为新颖性问题的有意义的例证。显然，发明人自己不可能在真正的发明日之前阐述自己的发明，或为自己的发明申请到专利。（不过，一位发明人试图就自己已获专利再申请专利的问题与重复授权专利的限制问题有关。见第六章：重复授权专利。）

如果一位发明人最先作出了发明，但等待了一年之后才申请专利，在此期间如果别人作出了同样的发明，并在国内阐述、公开使用、销售了发明或获得了专利，那么第一位发明人便不能再就发明获得专利，虽然他才是真正的最先发明人。这一点说明，专利政策鼓励尽快公布发明，而不鼓励那种看着发明人"坐在其权利上"（或者说坐在其发明上）不动的专利制度。如果发明人在等待，想拖延其专利申请，以便在实际上延长其专利垄断期，使其超出 20 年的最高年限，而与此同时，其他人采取了前述行动中的任何一种，发明人肯定都将会违背专利所要实现的目标，同时也会受到法律的限制。重要的是，法律意义上的"销售"并不等同于发明者将其发明售出。任何试图销售发明的行为，即使未能实现销售，仍违反有关禁止非法延长专利垄断的规定。即使将发明置于投标程序中，也构成前文所述的试图销售。参阅 Envirotech Corp. v. Westech Engineering Inc., 904 F. 2d 1571（Fed. Cir. 1990）。并且，构成前文所述的试图销售并不要求该发明能够在实践中实现，只要形成完整的概念即可。参阅 Pfaff v. Wells Electronics, Inc., 525 U. S. 55（1998）。

放弃是在第 102 条中所能发现的最后一条法律限制。它可能是一种真正意义上的放弃——而且人们常会发现，发明人有时会将发明无偿交给公众使用。有时当发明人未去积极寻求其专利权时也会发生放弃现象，例如，在递交申请一年之前，为谋求商业利益而使用发明。不过，值得注意的是，放弃仅限制发明当事人，一位后来者并不会因前一位发明人放弃发明而受限制。只要在前的发明人被裁定为已放弃了发明，同时又未透露发明的秘密，那么后来的发明人虽不是首先发明人，仍能享有专利。这就是说，一位在先发明人丧失了权利，一位后来的发明人并不一定也会丧失权利。

## 第七节　有关法律限制的一些规定

法律限制的功效之一就是提醒发明人，如在作出发明后 12 个月内不提出专利申请，他就将处于完全不受保护的危险境地，在这段时期内就有可能发生一些会使专利无效的事件，而发明人可能要等事件发生 12 个月后才会知晓。

更为不幸的是，这里甚至还存在他人剽窃发明的可能性。不过《专利法》中也有对发明人的明确警告，要求发明人或在一年之内，或在可能情况下，尽早提出专利申请；同时发明人还有请求并获得政府通过专利垄断予以全面保护的机会，这些都缓和了上述法规的严厉性。

有关新颖性（从某种意义上讲也就是发明的优先权问题）和法律限制（在同样的意义上，也就是申请优先权的问题）的一些规定，起源于虽互有关联，但却是完全不同的原则。新颖性奖励的是首先作出发明的人，而发明优先权奖励的是积极申请专利者。一位面对可能与已有技术雷同问题的发明人必须设法应付有关新颖性的规定，也许要借助于起草其权利要求的技巧。另一方面，一位准备申请专利的发明人也必须去应付那个完全不同，却同等重要的法律限制问题：即使发明人是最先作出发明的，但如果他或其他什么人（尽管其他什么人可能至多只是个在后的发明人）在 12 个月的宽限期过后，公开使用并销售发明，或公开阐述或已获取了专利的话，他仍有可能受到法律的限制而不能获得专利。

奖励积极申请与奖励发明之间法规的冲突在第 102 条（g）款中达到顶点，该款所规定的是在不同时间"作出发明"的发明人当中，确定谁享有优先权的问题。该款承认，尽管（在先）发明人可能早于后来（在后）者之前构思出了某一发明，甚至将它变为现实，但基于后者在申请专利问题上更为积极，后者倒有可能获得优先权。涉及 3 个或 3 个以上的发明人对优先权提出互相抵触的要求的案子虽很罕见，但在这类案子中，第 102 条（g）款所设立的优先权系统就会演变为复杂得实际上无法操作的系统。见下面第九节。

# 第八节　公开性与有限的公布

不同形式的法律限制都涉及两个中心问题，其一是限制对已处于公共领域的信息授予专利的规定，甚至对一位真正的发明人在其他方面都合法的权利也不例外。其二是更为重要的问题是有关鼓励积极、迅速地寻求垄断性保护，以及不鼓励以拖延 20 年专利期开始时间的方式来延长专利有效期的法规。在公开使用及印刷出版问题上这一点尤为重要。法律限制，尽管涉及公开性行为，但有关公开性的规定并不仅仅立足于其他人可以获知的公开性知识，还要主要立足于某些能证实发明人有以不光彩的手段延长 20 年专利期限开始时间意图的公开性行为。

对公开性的程度有何要求？一般来讲，仅仅有一种起码的最低要求，它是和这样一种情况相对应的，这就是：法律限制并不要求公开到足以使公众获知的程度，而是要求公开到足以表明发明人方面有不能接受的行为的程度即可。例如，在公开使用方面，就是这种情况。法律限制认为，最低限度的公开使用，哪怕它并未泄露一项发明的秘密，也将促使一位发明人必须启动开始专利诉讼程序的 12 个月的时间期限。由于专利法的职能之一是鼓励发明的公布以促进技术的进步，这个最低限度的公开性就足以限制一项在后的专利。因而，举例来说，从法律限制的角度讲，发明人仅需使用其产品中的一个样品而无需更多，即可构成公开使用。而且无需许多人参与使用便可适用于公开使用理论。参阅 Egbert v. Lippmann, 104 U. S. 333（1881）。

不过，如使用是在一定范围之内或有局限性的，其目的在于防止泄密，诸如在实验中使用，那么这类"在一定范围之内"或"有局限性"的使用，就不适用于法律限制。参阅 Illinois Tool Works, Inc. v. Continental Can Co., 273 F. Supp. 94（N. D. Ill. 1967）。如发明人是在进行合法的实验，法律并不会把旨在对付非法拖延专利程序的惩罚加诸于发明人身上。举例来说，一位发明人决定以某种方式对有限数量的产品进行实验，这样使用的人数有限而且使用人保证保守秘密，从法律限制的角度讲，这种做法就不会构成公开使用。实验性使用不仅对公开使用的说法是一种抗辩，同时对有关"出售"的法律限制也是一种抗辩。如一位发明人试图"进一步改善其装置"，法律限制并不生效。实际上，实验性使用是十分合法而且理想的抗辩，它的持续显然使得发明人对优先权的权利要求，在实验完成前不受到破坏。参阅 Poole v. Mossinghoff, 1982 WL 63773（D. D. C. 1982）。但构成实验性使用的前提是，该实验设计是用来实现对发明的改进，而并非为了应付审查，参阅 Clock Spring, L. P. v. Wrapmaster, Inc., 560 F. 3d 1317（Fed. Cir. 2009），并且最终由发明者控制。参阅 Atlanta Attachment Co. v. Leggett & Platt, Inc., 516 F. 3d 1361（Fed. Cir. 2008）。

因此，有关公开使用的法律限制是受制于司法过程中所创造出的实验这一例外情况。这一例外旨在授予发明人更多一些时间去完善其发明。这一例外允许发明人进行一种不会导致第 102 条（b）款中法律限制生效的有限的公开使用。同时，通过一种比较方式来判定使用的目的是真正的实验，还是单纯的公开使用。公开使用的程度是和实际所进行的实验进行对比的。如果公开占主导地位以致与目的在于实验的说法相互矛盾，例外便不能成立。相反的情况是，公开使用必须主要是为了试验或实验的目的。在实验中通常可以见到的保密措施一般应被明示。实验性例外的期限只能以需要为准，而且应在实验已不是使用的主要目的时结束。对一项所谓试验的目的及其必要性的衡量，应通过对事实的调查来进行，要调查的事实包括这样一些内容，诸如试验持续的时间，试验进行的次数等。参阅 Dix-Seal Corp. v. New Haven Trap Rock Co., 236

F. Supp. 914（D. Conn. 1964）。

实验中使用的产品常与专利申请书中所描述的产品不尽相同。因此，在一系列对其他事实的调查中，依据实质同一原则公开使用的产品与寻求专利之产品间相似程度问题，就变得十分重要了。不过调查还是以公开使用理论的职能为基点的。调查必须从促进已有技术的角度来衡量发明的内容是否已泄露得使专利的授予成为多余。如果已公开使用的产品与所涉及的专利产品实质上完全同一，那么依据公开使用的理论，有关此种产品的专利就有可能受到法律的限制。见前述 Dix-Seal Corp. v. New Haven Trap Rock Co. 案。正如在侵权案中实质同一是唯一要素一样《美国注释法典》第 35 编第 271 条，就法律限制问题而言，实质同一也是使有关公开使用之法律规定生效的唯一要素。如果某产品或方法的公开使用早于专利申请 1 年以上，而且该产品或方法与所涉及专利实质相同，那么，这种同一的程度就足以使有关公开使用的法律限制生效。

同样，一份印刷出版物是否能使法律限制生效也取决于它的公开性或者是否能被获取，关键仍在于公开的程度。例如，法院曾裁定，一本未曾编入新书目录的硕士论文集的公开程度不足以使法律限制生效。参阅 In re Bayer, 568 F. 2d 1357（Cust. & Pat. App. 1978）。不过，只要登入了新书目录，哪怕是一篇单一的论文，也是公众可以获知的，法律限制就会生效。参阅 In re Hall, 781 F. 2d 897（Fed. Cir. 1986）。因此，单凭公开性有限这一点，并不能阻止一份出版物使法律限制生效。这里所需的仅是一种可能性，也就是说，关键在于公开的程度是否足以导致有关当事人发现这份出版物。只要未编入图书目录，公众获知的可能性就很低，在拜耳（Bayer）一案中，仅仅是因为缺少一份编目。一份出版物，即使它很难找得到，即使它只能在一个有限范围内流通，为某一部分公众所获知，它仍可能会使法律限制生效。

## 第九节 优先权问题——两个或两个以上发明人对新颖性问题提出互相抵触的说法

如果发明被先后研制出来，但间隔时间很短，或者发明的过程被延长，以致"发明"的时间变得模糊不清时，在首先发明理论体系下，采用一种确定事件发生日期的方法，对于妥善判定优先权问题就变得极为重要，甚至具有决定性。新颖性问题中就包括优先权问题，因为说某物不具有新颖性，也就是说除该物外的其他人或物享有优先权。如果一份参考文献否定了专利性，那么就可以说该参考文献拥有优先权。如果两个或两个以上发明人主张同一专利权，他们之中每一个人都可能会声明说，他本人，而不是某一参考文献，拥有优先权。很显然，在《美国发明法案》中，对于 2013 年 3 月 16 日或之后提交的申请，只要该发明确系由发明人发明，那么首先提交申请的发明人将获得法律认定。

一位发明人如果没有立即申请专利就会处于一种危险的境地，一位作出了同样发明并积极采取行动的后来者就会提出针锋相对的权利要求。后来者可能以其迅速的行动而取代在先发明者应有的地位。在这种情况下，这类在先与后来发明人所处的法律地位，第 102 条（g）款有详细的说明。优先权取决于三个因素：构思产生的时间，付诸实践的时间，以及在寻求专利保护及完善发明方面的努力程度。从定义上讲，在先发明人便是首先构思出发明的人。构思产生的时间从定义上讲是发明人明确无误地在思想上作出发明的时刻。联邦巡回上诉法院认为，只要形成的构思是明确的、持久的、独特的，就足够了。法院认为，发明人没有必要确定该构思已经经过生产实践，只要该构思并非只是凭空设想，能够应用于实践即可。参阅 Burroughs Wellcome Co. v. Barr Laboratories, Inc., 40 F. 3d 1223（Fed. Cir. 1994）。在伯勒斯（Burroughs Wellcome）一案中，法院还认为组成构思的技术方案必须足够明确，可以使所属技术领域的技术人员不需通过超常规的实验手段即能实现该发明。当然，该规定并没有说明清楚，发明人难以在一个构思未经过生产实践的情况下，做到把技术方案描述得足够明确。很显然，需要一个"幸运的猜测"。

因此，总的原则是：在两位发明人中，第一位构思出发明的人通常享有取得专利保护的优先权，但这一原则有两项重大的修正，我们后面将会谈到。同时这项原则也受制于另一项重要原则，那就是在先发明人从构思产生之日起必须作出相应的努力——不过这种努力不是指其构思中的努力。对相应努力的要求，是在后来的发明人也作出构思之前那一刻产生的。从那时起，这种努力就必须保持到将发明付诸实践完成为止，不能中断。因此说，对总原则的第一项修正为：在先发明人基于完成构思在先而对优先权提出的要求，如受到后来发明人的挑战，那么只有在后来者完成构思之前，在先者同时也进行了将其构思付诸实践的不间断的努力的前提下，对优先权的权利要求才能够得以保全。

付诸实践通常是在发明人能够证明产品或方法已被制成或能够成功使用时成立，不过，在任何情况下，它都不能晚于提出专利申请的时刻。参阅 Eastman Kodak Co. v. E. I. DuPont de Nemours & Co., 298 F. Supp. 718（E. D. Tenn. 1969）。从法律角度来看，除非发明人能够提出证据，证明付诸实践有一更早的日期，否则申请日即被推定为付诸实践日。付诸实践这一点极为重要，因为这是一位后来的发明人唯一能对一位在先发明人发起挑战之处。因此说，对总原则的第二项修正为：除非后来的发明人首先将构思付诸实践，否则他不能对在先发明人的权利要求提出挑战。

下列说法可以概括总原则及其两项修正：除非后来发明人首先将构思付诸实践，除非在后来发明人完成构思之前那一刻开始，在先发明人未曾进行过不间断的努力，否则作为首先完成构思的在先发明人将拥有对在后完成构思的后来发明人的优先权。

一位在先完成构思并在先付诸实践的发明人相对于一位后来完成构思、后来付诸实践的后来发明人来说，不存在任何问题。唯一会引起争议的是一位完成构思晚，但付诸实践早的后来发明人。在多数情况下，后来发明人在先付诸实践这一点上通常是由在先提出专利申请这一行动来证明的。在实际操作中，这类在先提出的申请常会导致有关的在先发明人迅速提出自己的专利申请并宣布：（1）在先完成构思并在完成构思后进行了相应的努力；（2）在先完成构思，并且至少在后来者完成构思之前就进行了相应的努力；（3）尽管申请日通常被认为是付诸实践日，但事实上在此之前已付诸实践。根据第102 条（g）款这三种说法中的任何一种都能使在先发明人保有对后来发明人的优先权。

值得注意的是，对于后来发明人完成构思之前这段时间而言，在先发明人无需证明自己曾付出过不间断的努力。这样就涉及在有两个以上互相对立的发明人的情况下，一个潜在的、无法解决的问题的产生。从逻辑角度和数理推论角度都可以证明，第102 条（g）款的框架在只有两位发明人的情况下，才能作出一个前后一致并不自相矛盾的裁决。如果有 3 个或 3 个以上互相对立的发明人，那么，就会有不止一个发明人实际上符合法律所规定的有关优先权的条件。在这种情况下，必须根据一般性原则而不是依据法律条文作出抉择。其原因在于，发明人超出两个以上时，有关法律标准具有不确定性。其结果的不可预测性与出人意料性达到了被人称之为"优先权悖论"的地步。在某些涉及 3 个或 3 个以上发明人的案例中，可能会出现每一位发明人对另一位都拥有优先权，但无一人早于所有其他人的局面。出现悖论的情景可以用下列图例来说明：发明人 A 先于发明人 B，发明人 B 先于发明人 C，但发明人 C 却先于发明人 A。图例的主要作用在于帮助我们一般性地了解优先权的原则，而不在于任何真正的实用性目的，因为在实践中，这类案例即使有，也是不常见的。不过，因为出现悖论的情况确实存在，因而了解在何种情况下会出现悖论也是十分重要的。

C·················································+···············+·······································

构思形成　　付诸实践

B·······+·······················+————————————+·······················

构思形成　进行相应的努力　　　　付诸实践

A·············+······························+—————+·······························

构思形成　进行相应的努力　付诸实践

**图例**

关键：黑线部分显示不间断的努力的持续性。

　　这种现象至少部分可以用这种解释说明原因，即关于优先权的规定并不要求必须是最努力的人，而仅仅要求比构思形成晚的另一个人要更努力。这种比较只是一个人与另一个人之间的事，而对实际情况不作判断。正如图例所显示的那样，（有）一人可能比另一人更努力，但第三人比第一人更努力。虽然第二人可能比第三人更努力，第三人仍旧比第一人努力。这种对相应努力以及比较基点的变化进行相对而非绝对的要求——构思形成的时间，根据三人之间的变化来确定，而不是只看某一时间——将在三个比较对象中产生两种可变结果，在三个比较对象中的这两种可变结果的概率函数，根据严格的逻辑和图形分析规则，将产生两种解释及悖论、不一致（分歧和模糊）。当然，根据《美国发明法案》先登记规则，发明优先权将变得不再重要。

# 第四章
# 专利性与实用性

## 第一节　决定专利性的实用性

专利保护不仅取决于新颖性，而且还取决于实用性。如果说新颖性是发明的大脑的话，那么实用性就是发明的肌肉。对实用性的要求有两个来源：第一，源于宪法条款（赋予"实用技艺"可能的专利保护）；第二，源于《专利法》（仅对"实用"发明提供实际保护，与宪法中的授权条款保持一致）。《美国注释法典》第 35 编第 101 条。即使没有第 101 条的条文，仍然可以提出专利保护须具备实用性要求的论点，理由至少有两个：第一个理由是宪法上的论点，第二个理由是"发明"这个概念中似乎隐含着实用性的意思，尽管关于植物及外观设计专利的条款中没有这个含义。见前面第二章第十节。

一项发明必然具有某种有益性，但对具体的有益性的量并没有要求。参阅 Anderson v. Natta，480 F. 2d 1392（Cust. & Pat. App. 1973）。因此，一项发明如果仅仅具有新颖性或奇特性，还不能获得专利保护。专利的这种质的概念还禁止将专利授予那些非法的或非道德的东西。对于专利实施的要求是，一项发明如果只起损害人类的作用，它就不具有有益性。也就是说，不具有有益用途的危险物品不受专利保护。

如果发明人为了把他的发明推向市场而伪造关于实用性的说明，那么对于有益性就可能提不出本质上的及法律上可以承认的标准。如某种无效药物的发明人就可能得不到专利，道理很简单，因为他使上当的患者看到，这种药根本没有疗效。不授予这种无效药物以专利，原因不仅是由于这种药物缺少最低程度的有益性的量（当然，患者也可能从主观上认为该药物有疗效），而是由于这种药物具有欺诈性。

## 第二节　推定的实用性

实用性不能推定。实用性必须作为专利说明书当中的一部分予以说明。《美国注释法典》第 35 编第 112 条。并且在实际上，如果仅仅在申请书中说明了某种新方法的实用性，而实施的结果却没有证实该方法的实用性，那么这种说明就不能满足取得专利的条件。例如，如果某种化学制品是用一种具有发明性质的方法生产的，而该方法与另一种实用方法十分相似，则该方法或该化学制品就不够取得专利的条件，因为不能推定该新的化学制品同时具有若干相似的实用性。

在专利说明书中要求必须具体地说明实用性，原因之一就是对所申请的专利予以控制，看看所授予专利的发明是否处于未知的申请范围以内。因为我们不可能知道某种方法申请专利的范围是否有宽窄之分，只有从说明书中了解了它的确切范围之后，才可能知道。如果授予某种方法专利而不说明其实用性，那么用这种方法生产出的产品就会把处于这种较宽范围内的一切产品都垄断起来，这种较宽的范围可能仅仅是某种思想，而不是申请书中所载明的内容。

禁止推定实用性使得发明人对他的权利要求必须限定在所阐明的其产品或方法的实用性范围以内。推测性的实用性，正像推定性的实用性一样，最终有可能会将发明人所取得的某种方法或产品的专利垄断整个知识领域。因此，发明人必须确定某个特定的实用性范围。一项产品必须具有可以说明的实用性，它的范围必须具体列入专利申请书中。这是由于不能产生实用产品的方法既不能增加实用知识的积累，也不能带来任何实际利益。

当然，某项不能产生实用产品的方法对于那些未知的专利申请来说可能是有用的，而这正好表明了否定推测或推定实用性的观点。范围未加限定的专利之所以遭到否定，原因在于，正如有关法院所说的，授予这样的专利具有"知识垄断"的危险。参阅 Brenner v. Manson，383 U. S. 519（1966）。

在曼森（Manson）一案中，请求获得专利保护的化学制品生产方法未说明实用性范围。然而，在进行了深入研究之后，法院提出了一种强有力的论点：化学制品方法专利只需表明某种可能的实用性。法官福塔斯（Fortas）支持多数人的意见，认为如果把有关法律进行扩大解释，将产生保护范围过宽的结果。如果专利申请书中未对某种新方法的"具体用途"加以说明，则该方法将会因取得专利而造成"独占……某宽阔领域"的危险，因此，不能授予该方法专利，"专利不是一种打猎执照"。曼森案的关键点在于法院显然想阻止企业通过避开实用性的专利来免受竞争对手研究并以此试图瓜分技术领域的行为，从效果上来看并不完美。

　　除了具体的实用性以外，申请专利的发明还须具有充分的实用性。尽管曼森一案认为，纯属研究范围的实用性并不充分，但按照标准对实验动物表现出理想功效的药物，即使最终被证明对人体无效，也是可以被授予专利的。这是因为没有必要通过展示功效结果来获得专利保护；通过对功效展示一个合理的期望就足够了。这种展示通过推测证实即可。参阅 In re Brana, 51 F. 3d 1560（Fed. Cir. 1995）。

# 第五章
# 专利性——非显而易见性

## 第一节 概 述

从某种意义上讲，非显而易见性是因知识上的新颖性而提起的，但两者之间又有着明显的差异。每项发明都是在某一具体时刻被研制出来的。在该时间点上，它是新的，具有新颖性。但仅凭它以前从未被实际研制出来过这一点，并不能说它是人们所想象不到的。一项发明，如果对一位在相应技术领域内熟悉这类问题的技术人员来说，只要去尝试就能轻而易举地研制出来的话，那么这种"发明"固然新颖，但对那位技术人员来说，就不具有非显而易见性了。读者应该注意的是，根据《美国发明法案》的规定，判断非显而易见性和新颖性的时间界限一样，都是申请日而非发明日。

在美国专利法整个历史的绝大部分时期内，一项发明，如果想获得专利，就必须对该技术领域内技术人员而言具有非显而易见性。这项要求，在1952年首次被明文列入《专利法》第103条以前，就已经存在了。有关非显而易见性或其他类似问题的要求，在司法过程中被认为是对于"发明"的一项基本要求。

判定非显而易见性是以"现有技术"为依据的。重要问题在于如何界定现有技术。现有技术是由许多在审定新颖性时所使用的同样的资料及技术文献所组成，不过在审定非显而易见性时，无须"解说"发明本身。只需向一位在该技术领域内的技术人员提供将会使他认为该发明不具有非显而易见性的必要信息即可。

由一些人们所熟知的部件组合而成的发明常常会涉及非显而易见性的问题。这些部件以前从未被组合到一起，因此发明本身即具有新颖性。但由于所有部件自身在发明产生之前都具有显而易见性，因而要证明组合体本身不具有显而易见性，有时就极为困难。法院认为，一个由众所周知的部件构成的组合体如具有非显而易见性，它的效果必然具有协合性（synergistic）——它所产生的效果必须大于各部件之和。当然这仅仅不过是说这个效果肯定不具有显而易见性而已。但如果各部件的组合体所产生的效果，对于任何一位在该技术领域内的技术人员而言都是显而易见、可以预测到的，那么该发明本身便因不具备非显而易见性而不能成立。其总效果仅仅是各部件效果之和而已。但如果该组合产生了一个完全不同的，或出人意料的效果，则该组合就常常被说成是具有协合性。当然，这只不过是一项发明成立的另一种说法。

例如，在萨克莱达诉阿格·普罗公司（Sakraida v. Ag Pro, Inc., 425 U. S. 273（1976））一案中，法院裁定，一个由原有部件组合而成的专利必须产生一种具有协合性的效果才能得到保护。该法院进一步说明，协合性是通过不同功能的展示来证明的，而不是简单地靠产生"一种比原有组合更为明显的效果"来证明。然而，联邦巡回法庭认为，尽管具有协合性是判断非显而易见性的依据，但是缺乏协合性并不意味着该技术不具有非显而易见性。参阅 Ryko Mfg. Co. v. Nu-Star, 950 F. 2d 714（Fed. Cir. 1991）。

另一个有助于判定非显而易见性的重要概念是"间接证据"（secondary consideration）。间接证据实际上只不过是从侧面支持非显而易见性的事实证据而已。它们大多不是直接表现在产品外在形式上。商业上的畅销就是一种间接证据。如果一种产品投入市场即获成功，而且卖得十分火爆的话，这一点就是产品具有非显而易见性的某种证明。其推论是，如发明具有显而易见性，它立刻就会被其他人研制出来并投放于市场。另一种间接证据是需求早已存在但一直未获满足的论点。如果在某一领域内，需求早已存在，但一直未能予以满足，这一点就可以被视为一项发明具有非显而易见性的证明。同样，其推论为，如发明具有显而易见性，它早就被研制出来了。根据这一理论，还能推导出其他一些不那么鲜明的结论，其中之一就是，如发明具有显而易见性，从需求产生到发明出现之间的时间跨度，长得足以供他人为满足需求而进行各种努力去尝试。还有一个间接证据是他人的复制；这当然可以表示产品或方法具有商业价值，但不一定表明它是一个真正的发明技术进步；这也可能只是表明它在技术上容易复制，或是客户对产品的需求系由于其非技术因素。

一些法院以及美国专利商标局都认为，两个或两个以上现有技术的组合不能表明其具有非显而易见性，除非有某种"启示、建议或动机"的因素起到了对现有技术本身中的这种组合的作用。如今没有制定法对此规则作出规定，在 KSR 国际诉泰利福公司一案（KSR Int'l v. Teleflex Inc., 550 U. S. 398

（2007）中，法院认为在机械领域中此项规则不可适用，显而易见性的判断必须考虑"本领域普通技术人员会采用的推理和创造性方法"，甚至什么是"明显尝试"等因素，因此联邦巡回法庭长期拒绝采用上述标准。如今，联邦巡回法庭已全面接受 KSR 一案所确立的规则，并使其适用于各个技术领域，包括不可预知的（生物技术领域），以及可预测的。参阅 In re Kubin，561 F. 3d 1351（Fed. Cir. 2009）。

有关非显而易见性的最后一个需要考虑的问题就是过时的、对于"创造性天才火花"的要求。在库诺公司诉自动化设备公司（Cuno Engineering Corp. v. Automatic Devices Corp.，314 U. S. 84（1941））一案中，最高法院裁定，一项发明如不具备这一点就不能享有专利权。从这种情况来看，有关"天才火花"的规定似乎是指超越了客观衡量非显而易见性的某种标准。言外之意就是，一项发明必须具有这样一种非显而易见性，即如果没有灵感的突然闪现，无论进行多少研究都无济于事。这样一种主观标准有给发明强加一种非常严格且高不可及的标准之虞，尽管最高法院自库诺案以来一直否认有这种企图。参阅 Graham v. John Deere Co.，383 U. S. 1（1966）。

20 世纪 40 年代，最高法院实际上在所判决的每一个案件中都否决了其专利性。1952 年《专利法》明确否定"天才火花"规定的主要原因，就是人们感到最高法院过于严格。该法规定："专利性不应因其发明的方式而被否定。"《美国注释法典》第 35 编第 103 条。换句话说，一项发明到底是通过反复实验、不断失败而最后研制成的，还是"天才火花"的真知灼见的结果，都不应成为判定其是否具有非显而易见性的依据。考查发明产生时现有技术的状况应成为判定是否具有非显而易见性的唯一客观标准。

## 第二节　发明与非显而易见性

1952 年《专利法》在第 103 条中提出了对"非显而易见性"的要求。过去对此并无明文规定。这一新的客观规定实际上是要降低在司法过程中有关专利性的标准，而这一标准是在原有法规制约下形成的。不过在实际上，新增加的有关非显而易见性的规定对原有标准可能没有什么实质性的触动，因为在没有任何法律明文规定之前，法院在判例中就已经提出了对某种形式的非显而易见性的要求。原有的各专利法规仅明确规定了衡量专利性的标准有新颖性与实用性，但新增加的非显而易见性要求正是从发明的概念本身推导出来的。根据这项规定，若想获得专利，一项发明必须具有在现有技术基础上的某种发展，而这种技术上的发展是现有技术领域内一般机械技术人员所做不到的。"发明"在其研制过程中需要有某种程度非同寻常的主观创造性，设立这一标准的目的是要将仅仅在技术上娴熟的工匠与真正的发明人区别开来。

从功能上讲，有关发明的这项规定是确保在不必要时不授予专利垄断权的有效方式。一个技术娴熟的工匠在日常工作中很自然地会取得一些技术上的突破，这些突破相对比较容易，而且在某方面带有显而易见性。不过，为了鼓励真正的发明，还是需要某些条件的。制订有关发明的规定，正是为了在一般性的技术进步中识别真正的发明，将单纯的技艺与创造性区分开来。这就是说，专利垄断权是提供给发明人的奖励，鼓励他向那些不具备必要创造性的普通工匠公布其发明创造。正因为如此，最高法院在浩特基斯诉格林伍德（Hotchkiss v. Greenwood, 52 U. S. 248（1850））一案中裁定："除非规定……（发明人）应比一个从事本行业日常工作的普通工匠拥有更多的创造性和技艺，否则（该发明）就不具备构成每项发明基本要素所必需的技艺和创造性高度。"有关发明的这一标准被增添到法定的有关实用性与新颖性的标准之中。而后来引起巨大不满的，正是这个带有主观色彩的标准。

这个带有主观色彩的标准更倾向于将注意力集中在发明研制的方法上，而不是发明本身与实用技术的关系上。换句话说，这个"发明"标准衡量的是发明的研制方法与过程，而不是它的结果。在裁定一项发明所表现出的是"技艺还是创造性"时，法院常参考有关技术领域内的现有技术水准，但侧重点不在于发明本身是否超出了预期水准，而在于发明人是否展示出了某种使他超越一般工匠的创造性。这就是说，虽然把现有技术作为参照，但侧重点却是发明人，而不是他的发明。

发明人对这个带有主观色彩的标准日益感到不满，特别是在检测新颖性的标准确立之后。这种新颖性的标准仅仅是为了论证发明具有一定量的创意与独到之处。所以从这个意义上讲，在那些法院仅因缺乏创意便予以否决的专利案中，法院实际上是否决了一项以前从未取得过的技术上的发展与进步。在列举事实并证明了完整的、可获专利的新颖性之后，再对这些事实进行带有主观色彩的审查，有时很难进行抗辩。

不过，无可置疑的是，对于创意的某种标准正是源于有关宪法条文的，而该条文又正是授权保护"发明"的。对于该条文的理解与实施目前仍有争议。在没有严格法律定义的情况下，最高法院可以一种相对不受限制的方式自由地界定构成发明的基本条件。回顾历史，最高法院所裁定的检测标准也时有变化，那是对专利局、下级法院所制订的显得过宽或过严标准的一种校正。司法标准的多变导致了明显的司法矛盾，为解决这一问题，国会最终制定了第103条中有关"非显而易见性"的规定。

技术上一般性的进步由于普通工匠都能想到或做到，因此无须专利保护自然也会变为公开的秘密。但真正的发明，只有获得专利保护的回报，发明人才会将其公之于众。将这两者区别开来，正是司法职能的基点，而制订有关发明的司法标准，正是为了将这个基点纳入专利法体系之中。在考查新的有关非显而易见性的法定标准和非法定的间接证据时，应着眼于它们是否像有关发明的原有标准那样满足了同一司法过程中的规定。

## 第三节　否定发明的规则

在浩特基斯诉格林伍德一案中所裁定的有关发明的标准多少有点含糊，但多年来，在一个又一个的个案中，这个标准一直被引用着。由于对发明没有一个一致的全面的定义，因而就出现了从有关专利的个案中产生的一些特殊的判例。法院以非常笼统的措辞来解释具体案例，通过这种方式，提出了一系列"否定发明的规则"。例如，在现有机械中用一种不同的物质替换已有部件，从法律角度来裁定，不过是一个技术娴熟的工匠应该能做到的。其他否定性规则否决了单纯地将手工步骤改为自动，单纯地将复杂机器的样式、复杂程度或零部件加以改造，以及单纯地将原先不可移动、沉重或巨大的物品制作得更为轻便、小巧、易于移动，或单纯地对现有部件进行删减、替代、倒置、换置、分解或增加。参阅 Merck & Co. v. Chase Chem. Co., 273 F. Supp. 68（D. N. J. 1967）。

但"否定性规则"大多涵盖面过广而且语义含糊。通常，简单的改造确实带有显而易见性，而不具有发明的标志，因为大多数这类改造不过是普通工匠的劳动成果。但以否定性规则的形式予以绝对的否定，就会封杀那些碰巧与否定性规则相吻合，但却具有真正的非显而易见性、新颖性，并在技术上具有创造性的发展。除此之外，日益增多的否定性规则并未能满足人们对一个综合性的，能在所有个案中阐明发明概念的理论方面的需要。过分依赖特例而不是一般性原则就会导致不确定性，人们无法确定，一个根据现存否定性规则不会被否决的新案子会不会被新制订的规则所否决。显然，我们需要有一个概念上的一般性标准。

引起对"否定性规则"争议的部分原因，在于长期以来存在着一个似乎带有更多主观色彩而不是客观性的有关发明的标准。这个在浩特基斯案（Hotchkiss）中所产生的带有自由主义色彩的司法标准，不可避免地滋生出许多有关发明的否定性规则，这些规则虽然貌似严格而精确（事实上，它们有时被称为"客观标准"），但实际上却有着双重缺陷：一是适用面过宽（因为有些发明虽不具有真正的显而易见性，却适用于某个否定性规则）；二是不确定性（没有一个能预防新规则突然产生的、统一的、能适用于所有个案的标准）。这一灵活易变的有关"发明"的司法标准最后导致了库诺公司诉自动化设备公司（Cuno Engineering Corp. v. Automatic Devices Corp.，314 U. S. 84 (1941)）一案中有关"创造性天才火花"的规定，这一标准现已被第 103 条最后一段文字否决。

不过，有关发明的否定性规则依然有生命力。最高法院在格拉汉姆诉约翰·迪勒公司一案（Graham v. John Deere Co.，383 U. S. 1 (1966)）中裁定，尽管《专利法》以非显而易见性这一标题将有关发明的概念列入第 103 条，但"对可获专利之发明的总体要求"并未降低。最高法院说明，所有列入法典的内容都是要具体说明有关非显而易见性的各项要求的。这就将原有的否定性规则永久化了，因为如果第 103 条仅将原来对发明的要求纳入法典而未作改变，那么这些否定性规则就依然有效。虽然根据第 103 条，其侧重点已不在于制作发明的方式，但在一定程度上，一项发明还必须具有某种创造性或创意，只是现在是发明本身，而不是发明人，需要表明其具有某种天分。从这个角度讲，那些依然成立的否定性规则至少有了一种新的客观的色彩。

不过，任何一个否定性规则的持续存在都将有破坏第 103 条普遍性的危险。例如，以"等量替代"的方式创造的新的机械，如效果与以前相同，按传统规则就会被断然否决，因为最高法院已裁定，根据"协合性"理论，只能产生相同结果的单纯性替代，不能被视为具有非显而易见性的发明。参阅 Sakraida v. Ag Pro, Inc.，425 U. S. 273 (1976)。但如果最高法院能采用更为客观的标准的话，也许就会认识到，非显而易见性的检测并不能以这样一种绝对的方式来作出。尽管最高法院对于第 103 条降低了发明标准的说法一直持否定态度，但目前对否定性规则的依赖已大大减少。

联邦巡回上诉法院对否定性规则并不认同，这体现在了其将协合性作为非显而易见性的依据上，尽管其同时认为缺乏协合性并不意味着该技术不具有非显而易见性。

规则的刚性是迷人的，但规则的刚性也是具有张力的，如"易于实施"专利规则以及一般规则的灵活性，很好地体现在了新近制定 103 条的修正案中，该修正案否定了联邦法院的判决。在杜丹（In re Durden，763 F. 2d 1406 (Cir. 1985)）一案中，法院认为，显而易见的生物技术方法都不会获得可专利性，因为他们只是使用了可获得专利的原材料。该修正案产生了一些抱怨：其会降低国外投资者对我国生物技术工业发展的期待，而且该修正案招致许多专利专家的反对，国会因而对此作出解释：对 103 条修正后的含义是某项生物技术方法使用了或产生了具有非显而易见性的产品，那么该方法是具有非显而易见性的。因此，尽管事实展示了刚性规则的缺陷，但它们的吸引力依然很大。

## 第四节　法定检验标准

审查非显而易见性可分三个步骤：（1）核查现有技术的范围与内容，（2）考查发明与现有技术之间的差别，同时（3）确定该技术领域内的一般技术水准。在这个分三步走的程序中，可以判定第二步骤所揭示的差别是否具有非显而易见性。参阅 Graham v. John Deere Co.，383 U. S. 1（1966）。联邦巡回法庭已裁定，各种间接证据可构成第四步骤。参阅 Vandenberg v. Dairy Equip. Co.，740 F. 2d 1560（Fed. Cir. 1984）。见下面第六节。

从程序上讲，现有技术可用两种方式来说明：第一种是真实陈述式，见下面第七章第八节，这种方式需要申请人自己具体说明有关的现有技术。这就是说，申请书本身应包括从不同角度对现有技术的举例说明，以及一份阐明该发明对现有技术有何种重大突破的声明。在审查过程中，专利局引用其所拥有的"参考文献"也属于有关的现有技术。

第一步是核查现有技术的范围与内容，界定哪些现有技术适用并与之有关。适用的有关现有技术必须是或者与发明有联系，或者类似于与发明有联系的技术。因此现有技术并非总是，甚至也不常被局限于一个十分狭窄的范围内。相关技术常常是从功能角度，而不是从商业角度来界定的。例如，就一个房间的封闭技术的发明而言，现有技术就不限于具体商业领域内从事一般性活动的人们所了解的内容，也就是说，不限于木匠或承包商们所了解的内容。专利法更倾向于从功能的、概念的或类别的，而不是从商业的角度来界定现有技术。因此现有技术就不仅仅是有关门的技术，而是有关封闭房间的所有技术。界定现有技术的角度是综合性的，而不是具体的单一的——是从整个类别，而不是从具体项目、品种着眼。所以现有技术通常被界定为与专利要求相关的基本机械和科学领域的技术，有些技术甚至连在该领域内的人几乎都不曾在相应的商业领域内使用过。除了有关的适用技术，以及所有其他"有合理联系"的技术之外，有关的适用技术还包括"类似的"技术领域。类似的技术是指那些在有直接联系的技术领域内的技术人员遇到难题时，自然而然会想到的那些技术。

第二步是考查发明与现有技术之间的差别需要推定现有技术，而现有技术总是从一个事后的角度来推定的。推定现有技术涉及一个假设标准的运用——在过去某一客观时间，该技术领域内一个普通技术人员应知晓的技术。当然事后推定普通技术人员应知晓某项现有技术常常会引起疑义。事后推测常常会导致把发明本身视为现有技术之组成部分的可能性，因为在已获悉发明内容之后，人们很容易认为，相对于某种现有技术或知识而言，发明是显而易见的。在有直接联系的技术领域内，从业技术人员对于那些请求享有专利权的类似领域内已发表的论文或知识，已经有所了解或应当有所了解，这种说法，通常都是没有说服力的。因此在推定现有技术时，一定不能将正在审议中的发明本身的内容混入其间。参阅前述 Graham v. John Deere Co. 案。

第三步所涉及的不仅是对技术水准的评估，而且还包括将评估应用于发明本身的问题。不过，这种考查既不是从机械角度，也不是从结构方面，而是从功能角度出发，将其作为一个整体应用于发明的。虽然某一物体能以某种方式制作也许是显而易见的，但其实用性、新颖性往往不是表现在制作过程中，而是表现在使用功能上。因此，现有技术应被用来判断发明是否具有新的实用性功能，而不是其制作过程是否具有非显而易见性。例如，就一种化学物质而言，显然其结构不过是现有技术合乎逻辑而且显而易见的发展，但如果其创造性不是表现在它那显而易见的结构上，而是表现在它对其他化学物质或物体所起的不具显而易见性的功效上，那么该物质就具有非显而易见性。非显而易见性不是用改造现有技术的程度来衡量的，而是"参照其所追寻目标"而定的。参阅 Carter-Wallace, Inc. v. Otte, 474 F. 2d 529（2nd Cir. 1972）。

因此，检验非显而易见性必须将注意力集中于发明所具有的创造性新功能，而不是其他那些自身具有或不具有非显而易见性的特征。实际上，一项发明自身结构上的显而易见性往往会使该发明出人意料的功能上的非显而易见性更为突出。从理论上讲，一种化学物质很容易被说成是其他已知化学物质的衍生物，但如果合成的实际物质具有出人意料的非显而易见性的特性，那么，化学分子式的类似就会使得一个在其他方面显而易见的衍生物具有非显而易见性。不过，对这种情况而言，目前还有一个尚未解决的问题，即发明到底是仅包括该化学物质的不具有显而易见性的功效，还是整个化学物质都受保护。

非显而易见性并不意味着完全割裂与现有技术的关系；同样，显而易见性也并不一定就意味着发明是唾手可得的。一项研究成果不一定因为它是技术发展中必然会出现的下一步或其下两三步的结果，而被判定为不具有非显而易见性。另外，发明所需要的不仅是创造性，同样也需要进行耐心的必要的实验。专利法不仅奖励创造性的灵感，同样也奖励汗水与勤劳。任何事物都不会与过去有决然的断裂，从这个角度讲，任何东西也不会有绝对的非显而易见性。因此说，在显而易见性与非显而易见性之间只不过是一个程度问题。

类似地，显而易见性并不一定能保证实用性。一项发明即使不一定具有实用性，有时也会有显而易见性。同样，并不能仅仅因为从未有人尝试，就否定一项发明的显而易见性。其他人从未尝试过，这一点仅仅是一种"间接证据"，很少能起决定性作用。如果说这一点具有什么说服力的话，那也只是在公认的技术领域内，因为在公认的技术领域内，这一点既能被解释为缺乏需求，也能被解释为不具有显而易见性。

任何发明的非显而易见性都必须在申请书中明确宣示。一项专利不能靠未透露的功能、使用方式或特性来证明其非显而易见性。已故大法官福塔斯曾以他尖刻的警句重申了这个一般性的原则。他说，申请专利并不是在打猎。参阅 Brenner v. Manson, 383 U. S. 519（1966）。不过，一系列小案子又确实表明，后发现的非显而易见性也能证明专利性，但这似乎受到了申请书中技术特征的限制，虽然专利申请时这些技术特征未被理解或者被误解了，但仍然可视这些技术特征已在申请书中予以公开。参阅威斯特摩兰专业公司诉荷甘（Westmoreland Specialty v. Hogan, 167 Fed. 327（3rd Cir. 1909））。但是，缺乏先前公开的非显而易见性的技术特征，而仅仅依靠后发现的技术特征就可以证明专利性，这一观点不得不让人疑惑。

## 第五节  非显而易见性与新颖性

非显而易见性和新颖性是互相交叉的，因为一些事实问题上的类似使得调查同时涉及上述这两方面。新颖性要求发明具有不可预料性，这就需要对现有技术，也就是人们在此之前实际了解的、已公布的、已操作着的技术，进行调查了解。同样，有关非显而易见性的标准也要求对现有技术进行考查。也就是说，从现有技术的角度来看，发明绝对不能具有显而易见性。不过，值得一提的是，在检验新颖性时，无须进行假设性的调查，现实中的预料就是标准。"间接证据"，诸如商业上的畅销以及出人意料的功效，可以用来证明一项发明对现有技术领域内的技术人员不具有显而易见性。但根据第102条，这类证据与新颖性问题的解决无关。

尽管新颖性与非显而易见性都涉及对现有技术的考查，但新颖性仅把现有技术作为一个整体考查其实质；而非显而易见性考虑的则是现有技术下一步具有显而易见性的发展将会是什么。就新颖性而言，需考查整个现有技术，不管它是否是适用的、相关的，或是类似的。关键是要在原有的、已公开的技术中找出是否有与发明实质上的同一之处。因此说这类调查涉及面很宽，但标准却很严格——涉及整个技术领域，它必须证明现有技术与发明之间有着实质上的同一性。另外，就非显而易见性而言，如果把所有的技术知识都加以考查，我们很可能会发现，几乎每一项发明都具有显而易见性。如果我们仅考查相关的或类似的技术，得出这样一个结论的可能性就要小多了。调查面相对来说比较狭窄——仅限于相关的及类似的技术——但标准要宽松得多。第 103 条所关注的仅仅是发明是否具有显而易见性，而不是去检验实质上的同一性。

## 第六节　间接证据

有关非显而易见性的间接证据——"次级标准"或"客观标准"，也是十分重要的。根据联邦巡回上诉法院的判决，它们在约翰·迪勒案（John Deere）有关非显而易见性的分析中构成了第四步骤，首次确立了其与创造性有"联系"的观点。参阅 Vandenberg v. Dairy Equip. Co., 740 F. 2d 1560（Fed. Cir. 1984）。间接证据包括：商业上的畅销；长期存在但一直未能予以满足的需求；其他人的失败；一个发展完善的现有技术领域的存在；在发明公布时，专家们所表现出的不相信；以及后来在这项发明基础上所作出的改进与使用。参阅 Graham v. John Deere Co., 383 U. S. 1（1966）。（这里也有有关显而易见性的次级标准问题，例如，在同一领域内，不同的人同时独立作出了相同的发明。这就涉及下面所要讨论的"技术史"）但各法院一直不愿把这些标准当作非显而易见性的直接指征。间接标准会被市场所"操纵"，在这种情况下，该标准所反映的也许更多的是一种经济上的偶然现象，而不一定是一种创造。无论怎么说，在范登堡案（Vandenberg）之前，间接证据只是在对非显而易见性问题有某种重大疑义时才被引用。法院在判决中多次说明，间接证据从来就不能成为一种决定性的证据，不过所有这些似乎都表明了一点：在一个明确地不具有非显而易见性的案子中，这些间接证据改变不了判决结果。但除了在清晰的案子中，或可以肯定间接证据的存在是由于一些不相干的理由（与市场状况而不是与技术有关）的情况下，间接证据通常都具有很强的说服力。

由原有部件组合而成的发明常会引发有关非显而易见性的问题，以及在"发展完善"的现有技术领域内的间接证据问题。不过，在实际生活中，由全新部件构成的发明十分罕见，远远少于对于一种新组合效果的发现。一种新组合的效果是否真正具有"新颖性"，当然取决于在现有技术条件下所能取得的结果。实际上，只有在一个发展完善的现有技术领域内，把旧有部件进行重新组合才会真正产生非显而易见性，新组合产生的效果才常常会出人意料。

"技术史"有时也能证明一项发明的非显而易见性。技术史包括这样一些内容：一项未曾满足的需求在该技术领域内已存在了多长时间，为解决这一问题已进行了多久的研究，多少研究人员在研究这一问题，是否有不止一个发明人同时解决了这一问题，发明替代现有技术的程度如何。但正如一般的间接证据那样，这些事实显然也很容易被滥用和曲解，因为它们将研究与发展过程中的某些经济问题考虑在内。不过，它们可以被视为对现有技术现状——对从业技术人员技能——的简单说明，从这个意义上讲，它们能够成为衡量非显而易见性的有益的客观指征。因此说，技术史与有关非显而易见性的第一项及第三项问题都有关系。不过专利制度的目的不在于奖励商业上的成功。在我们现行的经济体制下，研究开发新项目之所以能获益，不仅是由于技术上的成就，还是因为其他多种原因。因此，技术史可能并非总与专利性的合法目的问题有直接关系。

有些法院裁定，如果现有技术的存在使得发明更困难，而不是更容易的话，技术史就与专利问题有关。这类使人们与发明"背道而驰"的现有技术会使发明人的发现更具非显而易见性。参阅 General Battery Corp. v. Gould, Inc., 545 F. Supp. 731（D. Del. 1982）。其他法院沿着同一思路走得更远，以至得出了一个相反的结论，似乎在审查非显而易见性的程序中加入了一个带有主观色彩的否定性因素。法院裁定，如果一个发明人在创造过程中对与该发明理论上"背道而驰"的现有技术一无所知的话，授予专利就是奖励"无知与幼稚——显然这并非……专利……所要奖励的素质"。参阅 Brunswick Corp. v. Champion Spark Plug Co., 689 F. 2d 740（7th Cir. 1982）。

审查间接证据需要法官进行类似法院传统上应进行的调查，因而是十分有益的。法院传统上是要调查市场状况的。间接证据主要是一些经济性和动机性的问题，与民事案及合同案中所做的例行调查十分相似。除此之外，它们具有客观性，可以防止法院背离既定事实过远。例如在一个具有很高研究和发展水平的行业中，一项发明如一投入市场即取得巨大成功，法院就很难判决它具有显而易见性。因此，审查间接证据有助于抗衡采用"事后诸葛亮"式的主观标准的做法。

不过法院一直不愿把这些间接证据作为审查专利性的标准，因为它们过分强调了市场状况的影响力。例如，在一些新生的或垂危的工业领域中，有些任何人只要仔细考查现有技术就能发现的技术上的改良，虽不具有创造性，但依然会因上述间接证据而获益。这类专利如果得到保护，只是因为在一个资金匮乏的行业中，其他人没有认真去考查现有技术。当然，这就是说仅仅因为缺乏竞争而已。可以肯定地说，在一个竞争激烈的环境中，现有技术是那些寻求竞争优势者首先要考查的对象。

在这种情况下，间接证据通常就会发挥巨大作用。在一个进行重大研究的领域内，法院将一项业已取得巨大商业成功的"发明"判定为具有显而易见性，将是一种很不现实的行为。在这样一个案例中，否定商业成功的间接证据可能是法院禁止对非显而易见性进行事后评估。

间接证据一旦被滥用，就可能会使有关专利性的规定含混不清。就一项商业活动而言，往往很难弄清其成功是由于一个具有非显而易见性的构思，还是技术上的什么东西。一个构思可能确实具有新颖性和非显而易见性，而且会成为许多商业活动的支柱，但由于构思自身并不享有专利保护，所以一项成功的商业活动本身并不足以说明什么；必须具有非显而易见性的不是构思，不是某项活动，而是一种技术的运用。联邦巡回法庭为了防止滥用它为约翰·迪勒案（John Deere）三步骤所增加的第四步骤而特别规定，在引用间接证据之前必须证明其与发明的创造性特征有"联系"。参阅前述 Vandenberg v. Dairy Equip . Co. 案。增加这项有关联系的规定就意味着人们所谓的第四步骤与约翰·迪勒案的三步骤并不完全相同，但是这其中的区别是在减少的，尽管在联邦巡回法庭认为某项发明专利申请书中使用了商业成功的理由时，该有关联系是假定存在的。参阅 Ryko Mfg. Co. v. Nu-Star, Inc., 950 F. 2d 714（Cir. 1991）。

## 第七节 将第 102 条现有技术问题引入第 103 条

现有技术有两个标准来源：（1）文字出版物，诸如书籍与论文；（2）从业技术人员与专家的证词与陈述。不过最常用的来源还是出版物，其中包括原有专利。不过一份专利申请从法律上讲是保密的，在专利授予之前不能公开。正因为如此，除非是引自其他的专利申请或专利局异议程序（office proceeding），如果很早（早于大部分申请适用的 18 个月公布期限）地放弃或否决一份专利的申请，那么它就永远不能被公开。专利局在审查非显而易见性时，也就不能将这些档案作为现有技术来查阅，因为从法律角度讲，这些材料处于并将一直处于不能被引用的地位。不过，如果一份申请最终因专利局批准或公布而公开，那么它就可以作为现有技术的组成部分而被加以引用。

显然，就新颖性而言（其仅仅关注该发明以前是否"出现"过），一份早先的专利申请，虽不能查阅，但也是现有技术中可以预见到一项未来发明的有效组成部分。但就非显而易见性而言（其仅关注一个假想中的从业人员根据实际可查阅的资料是否认为发明具有显而易见性），因为假想中的从业技术人员不可能看到不可查阅的资料，因此使用不可查阅的现有技术资料就成为一个有争议的问题。不过，第 102 条所说到的现有技术如果不是全部的话，至少大部分已并入了第 103 条所规定的有关非显而易见性的调查中。

根据第 102 条（e）款有关新颖性的规定，如果该申请作为现有技术的组成部分曾预见到了该发明，这项发明可被一份原有的专利申请所否决。不过，令人惊讶的是，即使该申请在未获专利之前是保密的，而且在有关时间内实际上不能查阅，这类现有技术依然可以用来否决一项后来出现的发明的非显而易见性。第 103 条中虽无这样的指令，但法院感到如果这些资料根据第 102 条可作为现有技术看待，而根据第 103 条则不行的话，专利法的原则就无法贯彻。正如大法官霍尔姆斯所说："专利局的延误不应成为削弱已取得成果的缘由。"参阅 Alexander Milburn Co. v. Davis-Bournonville Co., 270 U. S. 390（1926）。同样，第 102 条（f）款所规定的在两位发明人之间与新颖性有关的秘密现有技术，也许，对于技术人员来说从来不属于"普通技能"的公开知识，但仍被认为是第 103 条所规定的现有技术。参阅 OddzOn Products, Inc. v. Just Toys, Inc., 122 F. 3d 1396（Fed. Cir. 1997）。这个规则既可适用于非显而易见性，同样也可适用于新颖性，这一点可以用对称理论而非从逻辑的角度更好地加以解释。

第 102 条（g）款从审查新颖性的角度，具体指明一些现有技术——那些尚未被放弃、否决或藏匿，但也许还不能公开查阅的发明。一位在先发明人，即使未公布其发明，只要他行为的性质未曾达到放弃、否决或藏匿的程度，他就拥有优先权，在后发明就会因缺乏新颖性而被否决。参阅 Dunlop Holdings, Ltd. v. Ram Golf Corp., 524 F. 2d 33（7th Cir. 1975）。从字面上看，第 102 条（g）款仅适用于有关新颖性的问题，实际上它似乎也可以为非显而易见性的审议而界定现有技术。参阅 Kimberly-Clark v. Johnson & Johnson, 745 F. 2d 1437（Fed. Cir. 1984）。但从 MCV 公司诉金—希利·西马斯公司（MCV, Inc. v. King-Seeley Thermos Co., 870 F. 2d 1568（Fed. Cir. 1989））一案来看，如果一位发明人正在（不公开地）研制一项发明，只要其行为未曾被否决、放弃或藏匿，根据第 102 条（g）款，他的研究就享有优先权，就可以阻止后来的发明人把该成果宣称为自己的发现。不过，未曾公布的现有技术亦可以非显而易见性问题为由，否决一项完全不同的后出现的发明，尽管实际上作为未曾公布的现有技术确实不是假想中的从业技术人员所能了解的技艺。但是，当两项申请属于或转让于同一所有者时，一项专利申请不能被用作第 102 条（g）款的现有技术来禁止另一项申请获得专利。《美国注释法典》第 17 编第 103 条（b）款（1）（B）项。

自动将审议新颖性的这类现有技术用于审查非显而易见性的效果是创立了一种推测现有技术的理论。就审议新颖性而言，推测发明出现的可能性是第 102 条（d）款和（e）款的法定要求。但把这类推测现有技术的做法引入对非显而易见性的审查中就完全是一种司法命令的问题了。参阅 Hazeltine Research，Inc． v． Brenner，382 U．S． 252（1965）。因为一项专利可能会在递交申请之后很久才被授权，所以就一项已颁布的专利而言，一份在其公布之前递交的具有可推测性及可追溯性的专利申请就可能在突然之间变为一种可查阅的推测性现有技术。显然，这种情况的发生是由于专利不是按其递交申请书的顺序授权的。就被放弃或驳回但一直未公布的申请而言，因现有技术问题只是在实际公布之后才会产生，因此就不会出现具有可追溯性的有关非显而易见性的争议，除非这些申请是引自其他的、可公开获得的申请或专利商标局的异议程序。

# 第六章
# 重复授权专利

## 第一节　扩大专利垄断的尝试

在创造出一件具有实用性、非显而易见性和新颖性的发明以后，发明人可能会申请专利。而发明者对其任何一件发明，只有权申请一项专利。参阅 Laskowitz v. Marie Designer, Inc., 119 F. Supp. 541（S. D. Cal. 1954）。这一点似乎是显而易见的，但是对发明人来说，始终存在着一种诱惑，即希望尽可能宽地扩大其专利保护的范围——有时甚至希望在法定的期限以外亦享有保护。非法扩大保护范围所采取的一种方式，就是将某种发明分解，然后再去申请一连串专利。尽管既有对重复授予专利的严格限制，又有看来清楚的法律规定，发明人有时仍仅对其发明中的部分特征申请专利，等到该部分专利到期时再将剩余特征申请新的专利，由此获得比法律所欲提供的更多的保护。

反对重复授权专利的规定与在先公开理论和非显而易见性理论一样，都依靠同样一条原则，即任何人（包括发明者本人）都不得对早先的发明加以复制并取得专利。因此，如果某发明人要想获得某项发明的专利，而该发明在某些方面与早先的发明有关，他就必须说明第二个发明与前一个发明的区别及实质差异。毫无疑问，后一项发明必须满足专利性的所有条件。从另一方面来说，尽管某些发明十分相似，但如果它们可作为不同种类的或存在明显差异的发明而加以区别，则发明人可就不同的发明申请取得不同的专利。

因此，如果一部机器和由该机器生产的零件分别属于专利保护的客体，那么该机器及零件都可以取得专利。然而，如果一件发明的产生不能避免另一件发明的产生，而且如果该机器是生产该零件的唯一方式，那么这两项发明就是同一的，驳回这种重复授权专利申请将能阻止对具有同一性的发明分别授予两项专利。参阅 James v. Campbell, 104 U. S. 356（1882）。另一个与此紧密相关的问题就是公布"最佳实施方式"的要求，见下面第七章第六节。显然，这两种理论是相互作用的。同样，对发明人提出的真实陈述的要求，见下面第七章第八节，与任何形式的非法扩大专利垄断的企图，以及由此产生滥用专利的问题有关，见下面第八章第七节。当然，也可通过一些法定方法，有限地、合法地延长专利的期限。见前面第一章第二节。而且，事实上，国会经常通过特殊法案对那些快过期的专利予以延长，其合宪性十分可疑。但是，法院在戈兰诉霍尔德一案（Golan v. Holder, 132 S. Ct. 873（2012））中曾表示，这种延长仅具有历史的合法性。

防止重复授权专利的措施还包括对非显而易见性的要求，禁止向明显根据第一项专利或明显属于对某项早先专利的模仿发放第二项专利。参阅 In re Zickendraht, 319 F. 2d 225（Cust. & Pat. App. 1963）。如果这种模仿实际上是沿袭早先专利的发明，则模仿者不能为其最新模仿申请第二项专利，即使该模仿未与重复授权专利原则以及非显而易见性或在先公开理论发生冲突。当然，重复授权专利理论并不会妨碍某项对早先专利的"改进"（根据第 101 条）而取得专利。尽管从技术上说早先的专利可以"控制"改进，也就是说，即使第一项专利保护已满，第二项"较窄或较具体的专利申请"，从定义上看会构成对早先专利中较宽的权利要求的侵权，但是对早先专利的"改进"仍可取得专利。参阅 In re Kaplan, 789 F. 2d 1574（Fed. Cir. 1986）。

## 第二节　最终放弃

最终放弃允许发明人将后续改进内容加进其第一个专利当中而不会违反重复授权专利理论。参阅《美国注释法典》第 35 编第 253 条。由于重复授权专利理论是为了防止将任何超过法定期限的发明的专利保护期延长，因而如果发明人在其新的专利申请中同意让第二个专利与第一个专利同时期满，就不会与上述目的相冲突。这就是所谓最终放弃，即发明人同意放弃任何权利，使第二个专利的有效性在第一个专利期满时也随之期满。如果看到第二个专利的有效期是由发明人宣布放弃的，这项规则就好理解了。由于两个专利有效期同时届满，同意最终放弃的发明人就能够取得他的第二个专利，而不会违反重复授权专利规则的政策。

# 第七章
# 专利审批手续

## 第一节 概 述

如果不是由于种种权利在专利审批过程的每一个阶段都有得失之可能这一点的话，专利局的审批程序无异于一种机械性技巧。专利权本身受审批过程各阶段的限定，如受到提出申请的发明人的权利要求的限定。此外，各种专利权在不同审批阶段还可能受到限制或者被取消。例如，应专利审查人的要求，某些权利需要重新从严限定，甚至被取消。在另一些情况下，有许多权利可能被提出异议和被否决，例如，有可能受到对同一种或者类似的发明提出专利权请求的发明人的干预。因此，获得专利的过程与种种实体权利相互交错，并在很大程度上受到那些权利的限定。

申请阶段非常关键。由于权利要求书的撰写技巧越来越高，甚至已程式化，其用词和格式极为重要。专利申请的用词本身所产生的效果要比起诉书、答辩状以及其他许多法律文件用词所产生的效果大得多。由于专利申请过程具有单方面的性质，而专利局只算是半个"对方当事人"，所以一般情况下申请人要比律师及其委托人在审判人员或其他司法机构面前表现得更加谨慎、更加真实。《美国注释法典》第35编第115条。同样，由于专利申请过程的单方面性质，人们在对其语言进行释义对其行为进行解释时，表现出更多的不利于发明人的倾向。这就像是在对协议中的模棱两可的语言进行解释时，人们倾向于不支持协议起草方一样（因为人们认为，当初协议起草方如果愿意的话，本可以不使用或者完全改换这些语句）。最后，专利局制定的一大套有关规定也是专利申请人所必须熟悉的。尽管如此，只要授予专利就推定为有效。别的不说，这意味着只有通过明确和令人信服的证据才能对专利提出司法异议，即使专利商标局没有机会审查特定的现有技术。参阅 Microsoft Corp. v. i4i Limited Partnership, 131 S. Ct. 1843 (2011)。

## 第二节 临时专利申请

临时申请是一个简化的申请，它仅包含专利说明书和理解本发明所必需的任何附图，并且只在 12 个月内有效。未经审查的临时申请专利的重要性在于：基于相同专利说明书的在后申请能以临时申请的日期获得国内优先权，而专利期限是从非临时申请日期来计算的。但是，这种做法有一个重要的缺点，由于不能修改专利说明书，所有后续的权利要求都必须来自已明确陈述的语言。对发明者而言，其优点是他能主张一个更早的优先权日期——避免如被制定法禁止的风险——在 12 个月内没有必须遵循特定权利要求的必要，而且 20 年的专利期限是以在后日期来计算。《美国注释法典》第 35 编第 111 条（b）款。上述的额外时间可以让发明者使用自己的专利技术（如公开使用或销售），而其他方式的使用则不被允许，同时该额外时间能让发明者获得资源、资金以及起草最适当的权利要求书所必需的信息，来进行完整的专利申请。

## 第三节 专利权人

专利法对什么样的人可以申请专利有具体规定。一项发明虽然可以申请专利，但申请人不符合要求，则专利权全部丧失。申请专利的人必须是真正的原始发明人。《美国注释法典》第 35 编第 111 条。申请人不能从他人那里得到以自己的名义取得专利的权利，也不能从他人那里获取专利构思。这样，这一原则不只禁止"窃取"他人的专利，同时也禁止以取得专利保护为名而行滥用之实。如果一位发明人希望把自己的构思转让给朋友、雇主或亲属，他必须亲自取得专利，然后再把这个专利转让，或者至少是将以自己的名义获取该项专利的权利转让。他不能把自己的专利授予他人，但可以把申请专利的事项委托他人去办。同样，如果一个人发现别人的一项发明尚未取得专利，即使真正的发明人不反对，他也不能以自己的名义去获取那项专利。如果专利权人不是真正的发明人，他就会被拒于专利大门之外，直至这些权利由真正的发明人或者以真正的发明人的名义取得。《美国注释法典》第 35 编第 102 条（f）款，第 111 条，第 116 条。

依据《美国发明法案》，先申请制度仍未改变上述理论。但是，由于该法包含了一个以上真正发明人的可能性，因此从制度上解决了"派生"的问题。

只要第二发明人并没有从早期的发明者处获得发明，其就有申请专利保护的权利。该法规定的推衍调查程序，必须在公布专利权利要求的一年内提起，以便裁定申请授予专利的发明实际上是来自更早发明者的主张。

当然，双方在协商一致的基础上将发明权转让的情况也并不少见。受让人通常是发明人的雇主，但他必须让真正的发明人提出专利申请；然而，经过应尽的努力仍找不到发明人，或者不能说服其遵守协议的话，则法律允许将专利权授予受让人。《美国注释法典》第 35 编第 118 条。

# 第四节　共同发明

共同专利关系给发明人身份的理论带来了问题。判定谁真正发明了某一项产品或某一个方法是专利制度的关键所在，因为专利制度要求专利权人是真正的原始发明人。如果不是真正的发明人提出了专利权请求，或者是申请专利的人既包括了真正的发明人又包括其他人，那么这项专利申请将不会得到批准。

专利制度没有严厉到不允许那些出于善意的申请人行使其专利权，即使申请人当中错误地包含了真正的发明人和其他人。甚至某些恶意的错误也可以纠正。1982 年对第 116 条和第 256 条的修正引入了 A. F. 斯多德诉丹尼一案（A. F. Stoddard & Co. v. Dann, 564 F. 2d 556（D. C. Cir. 1977））的判决意见，允许对大多数署名错误予以纠正。例如，在不署名发明人善意的情形下，非共同诉讼人（不包括真正的发明人）可以纠正署名错误；在不合法的共同诉讼的情形下，（包括过错方）不需要考虑是否善意也可以纠正署名错误。但后来的案例表明，官方的自由裁量权是受到限制的，参阅本章第六节，与审查法院不同，不合法的共同诉讼中如果存在恶意的情形，署名错误在专利局那里不能被纠正。参阅 Stark v. Advanced Magnetics, Inc., 119 F. 3d 1551（Fed. Cir. 1997）。

但是，共同发明本身就是模棱两可的字眼。两人或多人从头开始共同开发一种新产品，又共同完成了一项可申请专利的发明，这种现象极为少见。通常是不同的人在不同的时间内对某一方法的发明作出了不同的贡献，有的人的贡献也许比其他人的贡献更重要一些。有些贡献并不具备发明的性质——不具备实用性、新颖性和非显而易见性，或者仅仅是一种显而易见的技术改进。还有一些人仅仅提出了一些一般性的建议，对有关发明方法并无实质性的贡献。最后还有一种情况就是，一个人只对发明的某一个阶段作出了贡献，比如，发现了一种新型的但显然没有多大用途的化合物，而另一个人对这一发明的后一阶段作出了贡献，而这后一阶段却是具有发明特征的阶段。比如，他发现了这种新化合物的新的使用方法。例如，一个化学家发现了一种新物质，而另一个工程师发现了这种新物质很有实用价值，那么，如果这一发现作为一个整体又具备了非显而易见性，这位化学家和这位工程师就是这种产品的共同发明人。

根据对发明人资格的要求，是否每个人都对一项发明作出了贡献，这既是事实上的又是法律上的判定。检验的标准就是发明人以及每一个自称是发明人的人都必须对这项发明的实际内容进行过研究，并对发明构思和最终发明结果中至少一项权利要求都作出了一定的原创性贡献。《美国注释法典》第 35 编第 116 条。每一个发明人要对最终的专利构思作出贡献。参阅 Nartron Corp. v. Schukra U. S. A. Inc., 558 F. 3d 1352（Fed. Cir. 2009）。显然做到这一点的人可能不止一人，但每人都必须独立地符合这一标准。仅仅在一项方案中的合作关系并不会使每一个人都成为发明人。但是如果符合上述检验标准，共同的努力可以产生共同发明的结果。如果当事人没有参与该发明的哪怕一些阶段的构思，那么就不能要求获得共同发明人的地位。这种参与不能仅仅是指检测或改良。参阅 Burroughs Wellcome Co. v. Barr Laboratories Inc., 143 F. R. D. 611（E. D. N. C. 1992）。

显然，衡平的禁止反言原则或疏忽懈怠可以成为要求共同发明人主张的抗辩事由。法院在仅有的一个案例中裁定，对专利所有人经济利益的公平问题的考虑，会践踏到专利法最基本的宪法原则。参阅 MCV, Inc. v. King-Seeley Thermos Co., 870 F. 2d 1568（Cir. 1989）。MCV 公司主张禁止反言原则和懈怠能够对申请成为共同发明人进行抗辩，该主张可以让专利无效。法院认为，除特殊情形外，如果允许申请人不公平地坐等 4 年之久才迟迟提出专利权申请，将会使专利失去效力，或者至少会扰乱专利权人的销售计划。这一案例似乎要让公众利益和以宪法原则为基础的专利申请条件服从个人经济利益。像这样一条明显地缺乏力度的原则究竟具有多大的判例价值还难以确定。

## 第五节　依法执行专利申请

非暂时专利申请提交并进行了初步审查后，该申请可能会在专利局的初步程序中获得准许，或者更多情况下是遭到部分或全部驳回。如果遭到驳回，那么可以修改权利要求书，甚至也可以修改说明书，尽管不会增加新内容，因为这样做会产生增加最初申请公开范围的影响。对于任何异议，发明人要么出示证据对审查人的异议理由提出反驳，要么对自己的申请进行增减或修改。申请被两次驳回后，申请人可以向专利局上诉委员会提出上诉。如果申请人对专利局上诉委员会的判决不满意，可以继续向联邦巡回上诉法院上诉，也可以向哥伦比亚特区地方法院上诉（在此情况下，申请人还有权要求上诉法院，甚至要求最高法院复审）。

在专利局审查过程中，主审人和申请人之间可进行一系列的非正式联系甚至面谈。审查人可以将他在调查现有技术时所发现的各种材料提供给申请人；审查人发现申请的其他方面有缺点，也可向申请人提出异议。对申请予以否决时，审查人必须将其发现的最有力的证据提出来。随着申请程序的进行，记录资料也逐步形成，其中既有审查人的论点，也有申请者的论点，主要是审查人对申请的反对意见和申请人所作的答复。

申请人必须具体说明他不同意审查人决定的理由。在对拒绝理由作出回应的时候，如果申请人对申请作了修改，请求复审时，必须明确地说明所作的修改部分是如何解决审查人提出的问题和难题的。如果审查人引述了参考文献，申请人在答复时必须说明所作的修改是如何避开这些参考文献的。虽然申请在第二次被驳回后，进一步修改的范围受到了一定限制，申请人可能因此需要重新整理（继续）申请程序。但在实践中，审查、驳回、修改、再审查这一过程可以反复进行多次，直到最终被批准或者被终局否决。经第二次审查后，基于争议事实，专利局将宣布最终决定，并告知申请人有重新申请或者上诉的权利，这种重新申请仍然是最终拒绝生效日期之前的另一个程序延续。

这种延续存在争议。在相当数量的专利诉讼中，申请人往往故意进行延续，以在专利诉讼的过程中有效地保持扩大专利保护范围的能力。《专利法》第120条规定，在一项专利被事实上发布之前，或者在再申请程序被放弃之前，可以提出对专利申请延续。在最终被拒绝之前，或者在某些情形下，甚至受准许后，申请人将进行申请延续程序，并终结最初的申请。这使得申请人可以保持原来的优先申请日，但却增加了申请或者改变了权利要求。申请延续通常重复了初始专利说明书，但也包含有新内容（新内容不会受益于初始申请日期），因此被称为部分延续。理论上，并且实践中经常出现的情形是，这一制度使整个专利的生命得以延续。一部分的专利申请延续，会使得初始专利申请继续存在，这样就允许了申请人基于对发明应用发展状况的观察而提出越来越多的权利要求。专利制度改革建议中有很多是关于限制多次提出申请延续的权利，以防止该项权利的滥用。

在上述审批过程中，专利局一般情况下不需要听取其他任何人（申请人除外）的意见，便可以就申请专利项目的新颖性、非显而易见性、实用性以及正式的法律要求作出重要的最终结论。出于两方面的原因，即（1）诉讼费用，以及（2）对有关机构所作决定的尊重（就专利局而言，主要是对专利权有效性的推定。参阅《美国注释法典》第 35 编第 282 条），否则会产生很大的风险，即申请人相对于对这一申请过程无利害关系的第三者来说，很可能占据一种不公平的优势。而且，虽然审查人对专利申请的驳回会受到上诉委员会的复审，对专利申请的认可却不会同样受到上诉委员会的复审。申请人对申请的认可不可能表示出任何即使是很含蓄的反对意见。专利局也无权撤销已经批准了的专利申请。专利局仅仅有权对有争议的申请批准书进行复审。审查人对专利申请的批准书虽然未经专利局复审，但一经专利局公布，便具有法律效力，要将其推翻，只有经过诉讼。因此，专利申请过程的最显著的特点或许就是专利权人在获取这些极有力的法律权利时的单方面性。而且，依据《美国注释法典》第 35 编第 282 条的规定，只有"具备明确的具有说服力的证据"，才能推翻关于法律效力的推定。参阅 Perkin-Elmer Corp. v. Computervision Corp., 732 F. 2d 888（Fed. Cir. 1984）。这使得事实上即使是重要的（或者新的）证据也难以在审查中被考虑。参阅 Microsoft Corp. v. i4i Limited Partnership, 131 S. Ct. 1843（2011）。

## 第六节　说明书和权利要求

专利申请的两个最突出的组成部分就是说明书和权利要求。说明书基本上就是对发明的描述。可以将其看作是指导如何使用这一发明的说明。《专利法》要求专利申请要将其最佳方法充分公布于发明内容，使任何熟悉该专业的技术人员能够重复这一发明过程。《美国注释法典》第 35 编第 112 条。说明书表明了将本发明与现有技术区别开来的新颖之处，展示了该发明在实践中如何应用，至少表现出该发明对于相关领域技术人员来说并非是显而易见的。因此，说明书的作用既不仅仅是一种描述发明的简便材料，也不仅仅是专利申请主体部分的一个序言，而是要满足一项重要的法律要求。

《专利法》进而要求说明书所说明的内容具有可操作性，即不能含糊其词，必须非常具体，足以教会一个本专业的技术人员以最佳方式完成这一发明。而且说明书必须涵盖本发明的全部范围，而不仅是大部分或者甚至最重要的部分。参阅 Sitrick v. Dreamworks, 516 F. 3d 993（Cir. 2008）。含糊其词的说明书，需要让本专业的技术人员反复进行试验和试错才能完成这项发明，便不具有可操作性，因而是没有价值的。另外，说明书的描述部分必须"明白、简练、准确"。《美国注释法典》第 35 编第 112 条。联邦巡回上诉法院认为，除了能够实现的要求之外，书面描述的要求是相分开的。Ariad Pharmaceuticals, Inc. v. Eli Lilly and Co., 598 F. 3d 1336（Fed. Cir. 2010）。泛泛的说明，不明白、不简练、不准确，都是无效的，因为即使权利要求限定了专利范围，但说明书内容仍包含太广。发明人不能以没法对专利下具体定义这样的说法来为其说明书内容的过于广泛加以辩解。例如，不能说泛泛的解释所包括的是非专利申请内容。泛泛的说明书会提出《专利法》规定范围以外的概念，这是不允许的。

说明书不能过于含糊，而使实际操作者反复试验才能成功。说明书的术语必须切实可用。只要说明书切实可用，实验仍有必要进行，因为这样可以实现对其具体运用。需要进行试验以适应具体运用范围而非需要确定可使用性的说明书是可以接受的。

同样，"最佳方法"这一要求也是相对的。说明书不必在理论上提出有可能存在的最佳方法。但是，它必须是发明人在申请时所能知道的最佳方法。因此，它是一种主观上的法律原则。虽然法院过去常常将失败的专利宣布无效用以支持最佳方案，但 2011 年《美国发明法案》禁止将其作为对专利侵权的抗辩。

与"最佳方法"原则极为相似的一条要求就是"使用方法"原则。在某种意义上讲，"使用方法"原则是对最佳方法原则的补充。"使用方法"要求说明书确实具有可操作性，要求对产品的使用次数、用量以及其他方面加以具体说明。据认为，"使用方法"原则与"最佳方法"原则一样也属于主观原则，即仅仅要求申请人将他所了解的该项发明的用途陈述出来就可以了。参阅 In re Bundy, 642 F. 2d 430（Cust. & Pat. App. 1981）。"最佳方法"标准和"使用方法"标准结合起来可以形成一个同一要求，即申请人必须说明该发明的最佳使用方法。

权利要求符合专利法的基本要求，一方面可以保护发明人免受他人非法利用，另一方面又确保专利权毫无疑义且说明书能展示可专利性。权利要求限定了发明人的权利，同时依据专利说明书来说明该发明都在哪些方面符合新颖性、实用性以及非显而易见性的要求。权利要求描述发明范围，就像申请矿产所有权的矿主需要划分出自己的产权范围与尚未勘探或已经开采范围的界限一样。在这一类比中，矿主既确定了自己的产权，又可防止他人的侵入。显然，专利权利要求申请也可服务于这双重目的：既明确了专利条件（新颖性、实用性、非显而易见性），又明确了构成侵权的条件。

权利要求用语应当具有描述性，而不是功能性的。功能性语言只能介绍发明对其他事物产生的影响，而不能描述发明本身。例如，要描写发明的新颖性因素，必须具体说明该发明的某一点是在现有技术中未曾有的。但是，如果权利要求仅仅介绍一种新功能或新性能，这就不存在值得申请专利的新东西，因为这很可能是现有技术中已经存在的东西。如果权利要求的全部内容只是现有技术的新功能或新性能，这样的权利要求就会依据有关禁止对旧事物的新功能授予专利的规定而被否决。

由此看来，能否取得专利权取决于权利要求。同样，认定专利侵权的证据也取决于权利要求，因为权利要求限定了发明范围。典型的权利要求用多种格式撰写，使其所包含的内容逐步缩小。虽然申请人最乐观的希望是内容最广的权利要求得到专利局的批准，但有时候，同时也包含一些内容较少的权利要求，能增加获得一项或多项权利要求得到批准的概率。

## 第七节　专利审批机构的权限范围

专利局是一个行政机构，而专利审批活动基本上属于行政法的一部分。因此，由于专利法是以宪法和成文法为依据的，而且首先只适用于行政活动，有关的法规制度对酌决权的行使限制非常严格。有关行政机构或司法机构对法律条文在多大范围之内作出解释确有限定。

例如，直至最近，只有真正的发明人才能签写专利申请这一规定还是相对确定不变的。非真正的发明人善意错签了专利申请，专利权就会被否决。在一起案件中，专利申请出了点善意的错误，尽管真正的发明人千方百计想加以改正，专利局还是将其申请否决了。就连推翻专利局决定的法院也认为，专利局除了否决这种错误申请外别无选择——"不能指望"专利局作出其他决定。见 A. F. Stoddard & Co. v. Dann, 564 F. 2d 556（D. C. Cir. 1997）。斯多德（Stoddard）一案后来被作为修正案编入第 116 条，成为目前对发明人身份问题所出现的善意错误予以纠正的依据。但正如前面第三节部分所讨论的，相关立法仍然限制了专利商标局的自由裁量权，而不是对审查法院作出限制，初衷虽好但这种分配并不合理。

然而，斯多德一案再次强调了发明人受成文法条文制约这一基本原则。最起码在申请人诉诸法院之前，对成文法的解释应该是很严格的，斯多德案正是这样认为的。斯多德一案除了重新肯定要严格遵守成文法之外，还表明了专利法所具有的宪法资格的重要性。由于宪法的目标是将保护发明人的权利作为其根本原则，法院宣称，专利局所作的否决如果有可能使真正的发明人的权利得不到保护，它将推翻这种否决。然而，这种潜在的对专利法的条文无止境的攻击并不足以成功地扩大专利局有限的权力范围。

# 第八节　权利要求的起草

权利要求的起草是一种技巧，这是因为在某种程度上权利要求的用语可以产生相当严重的后果。权利要求的解释（及其起草）对发明人的权利和侵权人的责任都有决定意义。

起草权利要求必须巧妙地达到两个相互冲突的目的。权利要求的用语必须能够确切地描述发明的范围界限。权利要求的内容不能过于宽泛以免超出说明书的范围，违反专利法关于描述要具体的要求。但申请范围又不能过窄以致放弃依法属于发明人的财产部分。既然权利要求是由发明人或其代理人起草的，发明就应受到权利要求措辞的约束。因此，权利要求及其用语会受到严格释义。对权利要求的用语有疑问，法院就会把专利说明书作为词典来查阅。要依据专利说明书来阅读权利要求，这样就可以保证同一个词语在通篇申请中代表同一个意思。

随着权利要求或者说专利申请要素的增多，专利权相应变小，因为要确定侵权，一切要素或权利要求都必须得到满足。因此，随着专利申请要素的增加，发明人在事实上是在缩小自己的发明保护范围。"在专利权利要求中，多意味着少"。参阅 Jamesbury Corp. v. Litton Industrial Products, Inc., 586 F. 2d 917（2nd Cir. 1978）。

权利要求包括三个基本部分——前序、过渡和正文。前序对发明概括地下一个定义（例如，门、开关或者某一个别的基本定义）。前序要用通用用语（generic terms）确定发明的主要限定要素（例如，车轮、门、插头或是其他能够说明发明范围的事物），或者该专利预期的用途、功能或环境（如某种隔绝空气，提供若干分隔空间或类似物的密封设备）。过渡要说明前序与正文是如何相互关联的。典型的用语有"包括"（主要用于"开式"过渡中。这样的过渡说明前序的内容不只限于后面要列举的情况），或"由……构成"（主要用于"闭式"过渡中。这样的过渡将前序的内容限定在后面要列举的情况范围之内），等等。最后一部分是正文。正文要指出限定发明的要素和特征。举个最简单的权利要求的例子："一块平板（前序）包含（过渡）一个木面和一个柄（正文）。"

权利要求既可以是独立的也可以是从属的。如果是从属的，每一项权利要求所包括的范围逐条递减。当然，独立提出的权利要求可自主提出。这样，如果第一项说明发明是一种由一个平板和一个固定其位置的装置组成的闭锁物，第二项就会进一步对其范围加以限制，说明该项发明虽是第一项中所陈述的事物，但进而指出这种闭锁物是一个门闩。第三项更进一步对第一项加以限定，从而指出该平板超出容器边缘起闭锁作用。这样对发明的内容逐项限定可以确保该发明不会对原有技术或专利权构成"抄袭"或侵权。如此，一直写下去，每写一项就使发明申请的内容缩小一次，同时也就为将来提出侵权诉讼打下一定基础，同样也可以增加该发明取得专利的可能性，更容易为专利局接受。

虽然权利要求必须明确，但所谓的"手段加功能"式的权利要求是可以的。这使得发明人无须进一步说明，可以通用地表达某种特定要素的功能，而非使用通用术语"手段"。例如，一位航空设备的发明者可以在他的权利要求中使用"产生推动力的手段"这样的术语，就可以使他的权利要求覆盖无论是使用螺旋桨、涡轮机或其他手段的所有的飞行器动力系统。这种规定的风险是，权利要求将难以限制在实践应用的范围中，并且有可能使该权利要求近乎某种思想观念，这显然是专利法所禁止的。于是，立法规定了"手段加功能"式的权利要求必须受到"与说明书中所记载的功能相对应的结构、材料或动作及其等同物"这一条件的限制。《美国注释法典》第 112 条第 6 款。

## 第九节　真实陈述义务

专利审批过程有其相对特殊性。这是因为专利权是由一行政机关向通常没有竞争对手的一方，在其他有可能对该专利的授予提出反对意见的人没有机会提出异议之前授予的。如果在专利权授予后，其他人仍可以自由地对其提出反对意见，这一点就不大重要了。但由于两方面的原因，其他人再提出反对意见已不可能。其一是实际上存在着昂贵的诉讼费用问题。告诉人们可以通过法律手段对某一专利权提出反对意见说起来容易，但做起来难。其二是尊重有关机关的决定已成为行政法的一项一般原则。对所有有关机关的决定都要进行全面复审，有关机关就没有存在的必要了。因此，在一定程度上尊重有关机关的决定就是合理的了。在专利法中，尊重专利机关的决定就表现在对专利权效力的推定上。《美国注释法典》第 35 编第 282 条。参阅本章第四节。最高法院认为，相比较来看，审查法院尤其是联邦巡回上诉法院对于地方法院的决定给予的尊重少一些，而对专利商标局的决定给予了更多的尊重。参阅 Dickinson v. Zurko，527 U. S. 150（1999）。见本章第十节。

上述这两个因素事实上承认了专利局的初审决定在司法复审之前和之后都对最终确定专利权的授予问题所产生的影响，相应地也承认了专利申请人的特殊地位可以影响到初审决定。针对这一问题，专利申请人就需要承担一定的真实陈述义务。由于专利审批过程的单方面性，又由于这一过程有利于专利申请人，因此有必要提出这一真实陈述义务，以避免产生专利申请人只享有单方面的益处，而无须承担相应义务所产生的不公平现象。

不履行真实陈述义务会导致申请被驳回或专利失效，也会使一项本来有效的侵权指控败诉，甚至使一项公布的专利落到竞争对手的手里，尽管不履行真实陈述义务的专利申请人持有优先权或其他优势。真实陈述义务就是这样通过对专利的否决来强化的。除此之外，如果不履行真实陈述义务已经达到了欺诈的程度，在以后的诉讼中，不履行真实陈述义务一方将负担律师费。如果专利诉讼涉及"例外"情况，胜诉方总可以得到律师费。参阅《美国注释法典》第 35 编第 285 条。而且据认为，例外情况之一就是未履行真实陈述义务。参阅 Pickering v. Holman, 459 F. 2d 403 (9th Cir. 1972)。然而，根据《美国发明法案》，专利权人可以在对一项已公开的专利审查过程中提出要求启动补充审查来纠正失误、错误和疏漏，前提是这些瑕疵缺陷在民事诉讼程序中尚未被认定为"具有特殊性"。如果由此产生的复审决定该专利有效，或者新材料没有对可专利性产生新问题，那么将不能以那些瑕疵缺陷作为针对未履行真实陈述义务而索赔的依据。这一规定或许将减少专利因不正当行为以及减少实用性和构思的重要性而被宣布无效的可能性。

本质上，真实陈述义务要求申请人将发明人实际上知道的一切事实材料都交代给专利局。虽然仅仅是由于疏忽还不足以构成不履行真实陈述义务，但不履行真实陈述义务也未必就是完全有意识地不履行才能构成，严重的疏忽就足以构成。参阅 Jaskiewicz v. Mossinghoff, 822 F. 2d 1053 (Fed. Cir. 1987)。如果申请人本人或者因其他人的非法干扰，无论是故意还是重大过失，导致申请人在递交申请材料之前未能披露已知晓的重要现有技术，或由于严重疏忽不知其重要性，则构成违反真实陈述义务。参阅 Hoffman-La Roche, Inc. v. Lemmon Co., 906 F. 2d 684 (Fed. Cir. 1990)。

只有实际参加专利申请的人才负有真实陈述义务。因此，一个人承担的真实陈述义务因其在专利申请中的作用不同而有所区别。例如，一个在专利申请过程中，面对有关现有技术材料处于被动地位的人所承担的义务，就与一个了解在专利诉讼过程中没有暴露出来的相关资料的律师所负的责任不同。然而，律师犯错，其委托人受追究的情况也并不少见。事实上，外国律师的错误行为，已使申请人的国内律师受到过追究，尽管国内律师并没有意识到他是在不履行真实陈述义务。参阅 Gemveto Jewelry Co. v. Lambert Brothers, Inc., 542 F. Supp. 933 (S. D. N. Y. 1982)。

这样，申请人及其代理人公开其事实资料是其确定无疑的义务。也就是说，仅仅避免对专利局的误导是不够的。如果"审查人认为有必要也极有可能"的话，所提供的资料必须是事实。参阅 Digital Equip. Corp. v. Diamond，653 F. 2d 701（1st Cir. 1981），引自《联邦法规汇编》第 37 编第 1.56 条（《专利商标局规则》第 56 条）。了解有关可获专利性的信息资料（或者有意忽略了此类资料）的申请人，有义务公开很可能被审查人认为即使不是决定性的、也是重要的此类资料。与思想状况这一相对主观标准相比较，这一关于事实材料的客观标准似乎更加严格。由于申请人仅仅未能公开其事实资料就可能被认为不履行义务，又因为事实材料只需具有一定的重要性，真实陈述义务所具有的潜在的影响是相当大的。

## 第十节　公布专利申请

为了协调美国专利法与国际惯例间的关系，国会颁布规定要求专利申请后 18 个月期间也应公开，在所有专利被授予前都要经过公开。参阅《美国注释法典》第 35 编第 122 条。虽然从表面上来看，这似乎彻底改变了传统专利法的原则（传统专利法原则认为，如果一项专利申请被拒绝或撤回，发明人有权利保证其发明处于秘密状态），该规定实际上限制了进口。对公开的约束仅限于那些在国外提出申请以及依据条约在 18 个月以后仍公开的情形。因此，如果发明人有这种意愿，他可以通过在其他国家公开来避免在国内公开。因此，在此情形下，发明人选择在其他国家公开，意味着他已接受公开的必然性。

## 第十一节　重新发证与复审

为了补正原始专利中由于种种差错而引起的不足之处，可以重新发放专利证书。《美国注释法典》第 35 编第 251 条。例如，《专利法》要求共同发明人的名单必须全部列入申请中，因而漏掉某一个发明人就是一个差错。同样，将本来不是共同发明人的人列入发明人名单也是一个差错。在此情况下，为了补正原专利文件中出现的错误，就可以申请重新发放专利证书。重发的专利证书日期要署原专利日期，因此，除了对所出现的错误的补正部分外，重发的专利文件要与原始专利文件一样。但有一个例外，那就是在原始专利权公布两年之内申请重新发放的专利证书，其权利要求可以比原始专利宽一些。

对于一位在侵权讼诉中或者在他人还未提出异议之前突然发现了一些原来未发现的现有技术资料或事实，甚至在其专利文件中还存在一些缺点的专利权人来说，重新发放专利证书这一可能性就是一个极富吸引力的机会。重发证书的吸引力就在于它保存了第 282 条推定有效的法律效力。一般情况下，如果一位对专利提出异议者能够指出存在于专利权中的严重缺点，就可以推翻原专利推定，对该专利权直接提出批评。然而，重新发放的专利证书具备了新的专利推定，因为它是根据新发现的情况重新审查过的。只要原专利中的缺点和错误不是由于故意的欺骗行为所产生的，新增加的内容就可以被看作是在原始专利文件中就有的。故意欺骗行为被作为例外，这一点是很重要的。因为这可以防止专利权人企图不履行真实陈述，给专利局"设下埋伏"，然后伺机而行，依赖重新发证这种可能性使自己免受对其不轨行为的追究。这样的违法行为是不能通过重新发证来补救的。参阅 Digital Equip. Corp. v. Diamond, 653 F. 2d 701 (1st Cir. 1981)。

依据行政法关于补救穷竭原则推论，在重新发证过程中，法院可以中止审理侵权诉讼。参阅 Fas-Line Sales & Rentals, Inc. v. E-Z Lay Pipe Corp., 1979 WL 25005 (W. D. Okla. 1979)。但是，有些法院却裁定，等待重新发证没有什么意义，特别是当法院将要考虑的事实与将要向专利局呈报的事实相同的情况下更是如此。考虑到已经投入的时间，考虑到法院也能够以同样的或者更少的时间对专利权予以审查，中止审判以等待重新发证就没有什么意义了。参阅 Starlight Assocs. v. Berkey-Colortran, Inc., 1978 WL 21383 (S. D. N. Y. 1978)。

任何第三方都可以依据复审程序要求专利商标局对既存的专利再实施一次有限度的审查。参阅《美国注释法典》第 35 编第 301 条及以下各条。尽管这一程序是第三方提出的，这一法规也详述要求这一复审过程是单方面的，但专利局的有关规定已使复审程序具有单方面性质。

复审的范围也只限于原专利及其公告材料。这样专利商标局就不用像专利初审过程中那样对现有技术进行全面的审查。可以令专利失去效力的欺诈行为、不尽真实陈述义务行为不包括在复审范围内。专利权人希望对这一类问题予以考虑以免将来再有人对此提出异议，仍需要通过重新发证程序来完成。

除了补充审查程序，参考前面第九节，《美国发明法案》大幅调整了申请人、专利权人和第三方启动专利复审和其他附加程序的可能性。法案规定了多方复审程序、领证后复审程序、现有技术引用程序、授权前提交程序，这四种程序将从 2012 年 9 月 12 日开始生效。

多方复审程序允许第三方针对一项基于先前专利或已公开现有技术的专利请求复审。审查人如果觉得请求人没有合理的可被接受的可能性则有权拒绝该请求。请求只能在专利授权（或再次授权）后 9 个月内，或者授权后复审结束时提起，以后到者为准。如果申请人已经起诉侵权 1 年以上，则不能提出请求。如果申请人已经就专利有效性提起诉讼，也不能提出该请求，但如果申请人的起诉发生在之后，则起诉将自动地转入等待复审程序结果。

领证后复审程序允许第三方以各种各样的理由提出请求专利权利无效的要求，参考第282条（b）款［2］和［3］部分，但必须在专利授权（或再次授权）9个月内提交请求书。若审查员发现该请求能证明至少一项权利要求不成立，则不能拒绝该请求。再次，如果请求人在民事诉讼中提出质疑该专利有效性的请求，则该程序将不能启动，若请求之后作出类似的行为，则民事诉讼将自动中止转入等待复审程序。

现有技术引用程序允许任何人在任何时间向联邦地区法院或专利局提交现有技术、公开出版物和专利所有人对专利范围的声明。如果将形成书面文件解释针对性和相关性，则提交的文件可以作为专利文件的一部分。根据要求，提交者的身份将不会被公开。

最后，相关程序可以通过任何第三方提出。包括专利、专利申请的公开、已发行的出版物，只要这些在准许通知之前提交，或者在公开后6个月或首次被拒绝两个时间点中的最晚的时间之前即可。

根据《美国发明法案》，新的专利审判和上诉委员会主导并决定所有这些程序。对该机构决定可向联邦法院提起上诉。

## 第十二节 司法复审

联邦巡回上诉法院的创立使涉及专利诉讼的司法复审发生了极大变化。联邦巡回上诉法院承担原海关和专利上诉法院所拥有的上诉审理权，原海关和专利上诉法院曾依据1982年有关建立联邦巡回上诉法院的法规而被撤销。

联邦巡回上诉法院的设立主要有下列两方面的作用。一方面极大地改变了一切涉及专利法的诉讼案件的上诉问题，另一方面也改变了对专利局上诉委员会决定的复审机制。首先，所有对地方法院依据专利法所作出的判决的上诉都由联邦巡回上诉法院审理。而在1982年10月1日之前这类上诉都是归各上诉法院审理的。各上诉法院一般只听审各自辖区内地方法院的上诉案件。其次，海关和专利上诉法院撤销了，来自专利局上诉委员会的上诉案件也都由联邦巡回上诉法院审理，而不是由海关和专利上诉法院审理。虽然有关法规条款仍规定可以通过地方法院以民事诉讼形式进行诉讼。针对专利局复审范围的调查在实践中由联邦法院执行，该范围由管理程序条例规定了更加严肃的管理机构标准。在缺乏有效证据（包括任意、任性、权力滥用等情形）时，允许撤销原判，而非依据《联邦规定》（Federal Rule）第52条（a）款适用针对地区法院调查时，更为严格的"明显错误"限制。参阅 Dickinson v. Zurko, 527 U. S.

150（1999）。

但是，这并不是说每一个涉及专利问题的案件都可以向联邦巡回上诉法院上诉，因为《专利法》所规定的案件是指那些"全部或者部分地依据专利法，该法院有审判权"的案件。参阅《美国注释法典》第 28 编第 1295 条（a）款（1）项。因此，在专利问题只是被附带提出，其审判权是完全以其他法规为依据的案件中，仍可以向其他巡回法院上诉。

联邦巡回上诉法院集中复审得以实现，但这只是说明专利法有了更大的一致性和连续性。过去那种既有一个专门法院，即原海关和专利上诉法院，又有许多在适用专利法上各行其是的上诉法院的情况不复存在了。从现在起，只有一个法院。另一方面，最高法院也不再像过去那样承受解决由各巡回法庭之间在专利问题上产生的分歧的压力了。

如果不对专利局上诉委员会的决定提起上诉，申请人也可以请求哥伦比亚特区地方法院下达命令，要求专利局授予被否决的专利权。同样，冲突各方既可以选择向联邦巡回上诉法院上诉（以前是向海关和专利上诉法院上诉），也可以选择到一个适合的地方法院对专利问题重新起诉。其中，专利局不是冲突必须涉及的一方。主要的变化在于，由这些地方法院产生的上诉都归联邦巡回上诉法院审理，而不是像过去那样由各相应的巡回法庭审理。

总之，所有地方法院的专利诉讼，只要是以《专利法》为依据审理的，不论是私人之间的侵权诉讼，还是专利局上诉委员会审理程序中所产生的诉讼，都要向新的联邦巡回上诉法院提起上诉。同样，专利局上诉委员会以及依据《美国发明法案》的新专利审判和上诉委员会的所有正式的上诉也要向联邦巡回上诉法院上诉。

# 第八章
# 专利侵权

## 第一节 概　述

确定专利侵权分两步进行。首先，在研究所有相关的专利文献的基础上，对权利要求进行分析，找出在权利要求中优于现有技术可获专利的内容。其次，要对照受指控的产品或方法"阅读"权利要求。这就是说，要对受指控的产品或方法予以检查，以确定其是否属于权利要求所描写的事物。换言之，要检验权利要求以确定其所描写的是否为所指控的侵权行为。涉及整体专利时，由于这样的专利是由多种要素构成的，只有在每一个构成要素都被实际模仿了的情况下，侵权指控才能成立。任何适用等同理论检验的侵权讼诉，其关键都是要看所指控的侵权产品，为了达到实质上的相同目的，是否与受专利保护的产品或方法以实质上同样的方法发挥了同样的作用。参阅 Warner-Jenkinson Co. v. Hilton Davis Chem. Co., 520 U. S. 17（1997）。

## 第二节　专利申请记录不容反悔原则

由于专利审批过程中的单方面性，而且专利说明书和权利要求是由发明人本人起草的，因此专利申请过程中所作出的决定对发明人具有约束力。专利申请记录（file wrapper）只是发明人向专利局提出的整个专利申请过程的记录，包括所有的补充、说明和答复材料。这一点对于在专利审批过程中，发明人对审查人提出的一些更改意见表示同意的情况下是非常关键的。审查人有可能引述已有技术的某一有关资料，建议据此否决某一专利申请。发明人有可能对申请内容范围加以缩小以避开已有技术内容及其所指出的显而易见性。申请人为避免审查人的反对意见而缩小申请内容范围的有关材料成了专利申请记录的一部分。在以后的专利侵权诉讼中，不允许发明人再说当初其专利申请内容本来比经过压缩的内容要广。

发明人以后也不能控诉说审查人的反对意见是错误的。可以说，发明人就是专利申请这艘船上的船长。既然发明人是权利要求的起草人，负责专利申请，即使审查人提出的一些更改意见是错误的，只要发明人同意了，他就应当受到专利局作出的一切决定的约束。当申请人权利受到侵害并对审查人的意见有异议时，他应该采取的正当方法就是对审查人的否决意见提出上诉，既然如此，他以后就不允许控诉说当初同意对权利要求范围加以缩小是受审查人错误的反对意见的影响。无论对与错，发明人都不能反悔。在禁止反悔理论和等同理论之间存在着重大矛盾，这个矛盾在最高法院审理的费斯托一案（Festo Corp. v. Shoketsu Kinzoku Kogyo KabuShiki Co., 535 U. S. 722（2002））中已经被强调并部分解决。见下面第三节。

## 第三节　对权利要求的解释——不同、字面相同、等同

发明人要受到权利要求解释原则的制约，该解释原则与成文法解释原则相似。例如，依据权利要求不同原则（The doctrine of claim differentiation），不同的权利要求适用于不同的产品或方法。应当避免有可能使一项或几项权利要求成为多余或者仅仅成为别的权利要求的重复的解释。但是，权利要求不同原则只是一种指导、一种设想，并非严格的规则。如果一项权利要求的用语就是明明白白地对另一权利要求的抄袭，那么就不能为了相区别而曲解其意。虽然第七修正案要求专利侵权诉讼采用陪审团审理，但是权利要求解释仍是法律问题，最终是由法官来确定每个权利要求中的每一个字和要素的含义。参阅 Markman v. Westview Instruments, Inc., 517 U. S. 370（1996）。在解释权利要求中的词语含义时，如果该词语有多种解释方法，那么以权利要求中更狭窄的含义为准。参阅 Athletic Alternatives, Inc. v. Prince Mfg., Inc., 73 F. 3d 1573（Fed. Cir. 1996）。

另两个原则，即字面相同原则（literal overlap）和等同原则（equivalents），分别缩小或扩展了专利权利要求的范围，从而扩大或缩小了侵权的可能性。首先，字面相同的侵权，要求被控侵权的专利包含权利要求中的每一个要素。字面相同的要件推定权利要求的每一个要素都是关键且必不可少的。

等同原则所起的作用基本上与字面相同原则相反。等同原则屏弃了一切字面上的要求（即权利要求在字面上看起来与被指控的产品或方法相同）。等同

原则认为，发明的每一个因素没有必要都在被指控的侵权物中出现。重要的不是绝对的相同，而是实质上的等同。如果本专业的技术人员知道被指控的侵权物中的因素与专利说明书中具体说明的因素可以互相替换，这就是实质上的等同。然而，等同原则要受到禁止反悔原则的制约。在专利局面前，发明人已经对其发明内容加以限定了，如果再对其扩展就会在实际上使其原来所作的限定失去效力，他不能以等同原则为由对其扩展。事实上，最高法院认为，不只为避免现有技术的修改，有关可授予专利性任何形式的缩小修改，都会被推定为违反等同原则。而专利所有人可以说明实际上并未以某项等同为目的来修改权利要求，比如说在修改时根本无法预见这种情况。参阅前述 Festo 案。

等同原则是用来降低被指控的侵权行为中的细小变化或替代因素的。这样可以防止只注重形式而不注重实质，使那些狡猾的侵权人避开对发明物的完全模仿而继续利用发明人的发明。但最高法院已警告说，这项原则只限于在被认为是侵权的专利中使用，用来找到其权利要求中的要素或权利要求中的等同部分。将这项原则适用于发明整体是错误的（即发现某个发明以本质上相同的方式，执行了实质上一样的功能，并达到了本质上同样的结果）。另外，这与用于解释手段加功能权利要求，且略微不同的等同原则仍不一样。在手段加功能的权利要求中，最高法院对等同原则的限制是为了限制权利要求的界限。（即将手段加功能权利要求限制在说明书的等同内容中。）参阅 Warner-Jenkinson Co. v. Hilton Davis Chem. Co., 520 U. S. 17（1997）。见前面第七章第八节。

应当注意的是，等同原则对于不同的专利有不同的范围。根据专利法保护的实质，首创专利要比以后的改进方法范围广得多。首创发明的核心是他发现了一个广阔的领域，因此，发明人应得到内容相对较广的专利保护。然而，较晚的甚至也许是不大重要的改进方法并没有发现一个广阔的领域，而且在一定程度上，他的发现是建立在首创发明人发明的基础之上的。因此，他只能获得一个相应的较小领域的专有权，因而等同的幅度也就随之缩小。

# 第四节　专利权

专利权人拥有制造、使用、许诺销售或销售其发明的专有权利。《美国注释法典》第 35 编第 154 条。见前述第一章第二节。专利权也包括不制造、不使用或不销售、不许诺销售其发明的权利。在许多国家，发明人有义务"实施"其专利。如果本人不实施，就要求他向愿意使用其发明的人授予强制许可。但是，在美国，虽然对于不实施专利存有反垄断的意思，但专利权人并没有实施强制许可（compulsory license）的义务。专利权人没有使用其发明的义务，但有权阻止他人对其发明进行制造、使用、销售和许诺销售，尽管最高法院最近已经使这项权利表面上变得不是那么绝对。见前第一章第二节。

美国的专利期限为 20 年，从提交申请日开始计算且不能续展。《美国注释法典》第 35 编第 154 条。期限届满，发明便自动进入公共领域，人人都有权制造、使用、销售或许诺销售这一发明。这样做所产生的一个重要结果就是，由于要严格遵守 20 年的期限，对专利的补充、重新发证以及对专利申请的其他修订都要受到溯及力的限制，即要签署原始专利日期。而获得专利权的期限以专利的实际授予开始。因此，在正式授予专利权之前，竞争者可以对正在申请专利的发明自由使用、制造、销售或使用销售。一方面，在授予专利前，物品上所载"专利待授"字样不具有任何保护作用。另一方面，一些法院已经非常谨慎地保护发明者专利即将到期时的利益，法院认为即使为产品做准备，只要相当于完整的试验，就算是未组装的专利设备也是侵权。参阅 Paper Converting Machine Co. v. Magna-Graphics Corp., 745 F. 2d 11（Fed. Cir. 1984）。同样地，国会已认定对尚处于专利保护中的药品，向食品及药物管理局提交申请也属于侵权。《美国注释法典》第 35 编第 271 条（e）款（2）项。

## 第五节　直接侵权、间接侵权和共同侵权

未经许可，任何人对授予专利的发明进行制造、使用、销售、许诺销售，都是这一专利的直接侵权人。如果积极鼓励他人未经许可制造、使用、销售或许诺销售某一项专利，就构成间接侵权。最后，故意销售或提供一种非普通用品，而该用品的唯一用途或主要用途与获得专利的发明有联系，则构成共同侵权。

直接侵权可以是无意的。直接侵权人无须对这项专利有所了解。专利权人所获得的独占权不允许任何人以善意或不知为由为自己辩解。但是，如果专利权人要得到经济赔偿，就需要对其发明的产品标明专利，或者直接通知侵权人。然而，这一要求有个例外，以使专利权人不受损害，即当另一个侵权人未标明专利而生产了这种产品，而第二个侵权人可以依法声称自己仿制的是一种未标明专利的产品时，专利权人的指控仍能成立。专利权人不可能指望侵权产品上标明专利，因而在第二个侵权人仿制第一个未标明专利的侵权产品时，就不能要求专利权人放弃其经济赔偿的要求。参阅 Wine Railway Appliance Co. v. Enterprise Railway Equip. Co., 297 U. S. 387（1936）。

即使一位经销人并未直接侵权，但如果他要求或诱导另一个人侵权，或者在其销售一种产品时宣传或指导人们在使用时侵权，意在让购买人制造、使

用、销售或许诺销售一种已取得专利的发明，他就因诱导他人侵权而成为间接侵权人。参阅 Fromberg, Inc. v. Thornhill, 315 F. 2d 407 (5th Cir. 1963)。传统的普通法规则似乎得以适用，被告由于"控制或指示"第三方而承担责任，同时也特别包含那些通常适用替代责任 (vicarious liability) 的情况。然而，联邦巡回法院认为仅仅是正常的合作关系则不属于此类侵权。参阅 Muniauction, Inc. v. Thomson Corp., 532 F. 3d 1318 (Fed. Cir. 2008)。

虽然法律规定只有共同侵权 (contributory infringement) 与专利的知情相关，联邦巡回法院认为诱导同样需要此类知情。但他们扩大了这项要求以使"故意不知情"也满足知情的要求。参阅 SEB S. A. v. Montgomery Ward & Co., Inc., 594 F. 3d 1360 (2010)。最高法院认为这项要求太低构不成标准，因而要求，该标准并非是故意不知情而是有意避开了解专利和侵权存在的高度可能性。参阅 Global – Tech Applicances, Inc. v. SEB S. A., 131 S. Ct. 2060 (2011)。

共同侵权仅与下述销售行为有关，即在销售一种部件时，明知这种部件是专门用于或经改造可用于一种取得专利的产品或方法之中，而且这种部件也不能作为一种普通用品用于非侵权产品之中。因此共同侵权人销售的产品即使完全处在公共领域，本身不受专利保护，仍然构成侵权。对共同侵权的认定，事实上使专利权扩展到了未授予专利的产品上，使不能取得专利的产品获得了垄断的可能。共同侵权问题实际上使专利制度涉及不合法的客体。当然这将产生严重的宪法问题。

虽然善意、不知情不能作为对直接侵权行为抗辩的理由，但对于共同侵权来说，情况却有所不同。因此，被指控有共同侵权行为的人可以以他并不知道其产品实质上只适用于侵权产品为由作为抗辩。但是，共同侵权行为是以所销售的产品除了适用于获得专利的发明产品之外，没有任何其他用途为基础的。因而，在涉及最简单的发明时，销售人在销售其产品时，一点也不知道这会涉及侵权行为。成文法事实上在三方面反复强调被指控的产品实质上不能用作非侵权产品，要求这种产品是"专门制造或改造的""不是普通用品或普通商品""不适用于实质上非侵权产品"。《美国注释法典》第 35 编第 271 条 (c) 款。突出强调这一法律规定，即共同侵权的构成必须以所销售产品的唯一用途与专利发明有关，就会使得除间接侵权人以外的任何人都不可能被包括进来。事实上，共同侵权只不过是在证实间接侵权行为时为了解决"积极诱导行为"证据问题所采纳的一种取证手段。

然而，被指控的共同侵权人仍有可能成功地将不知作为抗辩理由。这种情况主要发生在直接的但善意的侵权人身上。在阿诺制造公司诉可折顶篷替换公司一案 (Aro Mfg. Co. v. Convertible Top Replacement Co., 377 U. S. 476

(1964))中，购买福特汽车的人们并不知道福特汽车公司没有就其可折顶篷取得专利权人的生产许可。因此，每一个福特汽车的买主都成了善意的直接侵权人。以后再向福特汽车主销售可折顶篷就使得汽车车主继续实施直接侵权行为。但由于顶篷零部件的生产者并不知道福特汽车公司没有取得生产许可，也就不知道发生了直接的但善意的侵权行为。既然法律要求共同侵权行为须以"明知"为条件，他们就不负侵权责任。《美国注释法典》第 35 编第 271 条（c）款。但是，顶篷零部件的销售人一旦像在阿诺案中那样接到侵权通知，专利权人就可以对以后销售人的一切共同侵权行为提出起诉。但是，阿诺一案将共同侵权的明知条件与直接侵权行为的不知条件区分开了。法院对阿诺一案还裁定，如果共同侵权人知晓其侵权行为，那么购买其材料的直接侵权人对侵权行为知晓与否就无足轻重了。

只有当使用、制造、销售和许诺销售这四个专利权人的独占权利之一被利用时，才构成侵权。受到侵权的也只有取得专利权的产品或方法，而不是其中未取得专利权的某一部分。例如，在一项整体专利中，只是制造了整个发明的一部分，或许多部分，但不是整个发明，就不构成直接侵权。但被指控的侵权人可能是制造了一项专利产品的许多零部件，卖掉以后希望购买人提供剩余零部件，从而构成侵权。这样一来，销售人就可能成为间接侵权人或共同侵权人。

但是，为了避开专利法的追究而只仿造一项整体专利的一部分有时候也可以获得成功。如果潜在的侵权人制造了除最后一个部件之外的全部专利产品，就会构成间接侵权，因为这样做的目的是让购买人侵权，而事实上也确实能诱导侵权行为的发生。根据仿制零部件的不同特点，即使控告其间接侵权不成立，也可以控告其共同侵权。如果所制造的零部件本质上属于非侵权用途的普通产品，如铆钉、轴承、螺母、螺钉等，便不会构成共同侵权。专利法中专门规定了本质上属于非侵权用途的普通产品除外。但无论是普通产品与否，只要制造人有意鼓励并且也了解某种具体用途，他就可能是在积极诱导侵权行为的发生。

最近修订的法律，大大地削弱了过去所承认的《专利法》没有域外效力这一法律常识。一项整体专利产品只要在国外组装，即使所有部件都是在国内生产的也不会构成侵权，这一为 1972 年深南包装公司诉莱川公司（Deepsouth Packing Co. v. Laitram Corp., 406 U. S. 518 (1972)) 判例所持的观点在成文法中已被否决了。现在，依据《美国注释法典》第 35 编第 271 条（f）款（1）项，为在国外组装提供整体专利产品的部件即构成侵权，即便实际上国外的法律并不认定此为侵权。在微软诉 AT&T 公司一案中（Microsoft v. AT&T Corp.,

550 U. S. 437（2007）），法院认为，软件的主副本是后来复制并在国外安装到电脑中的，并不构成第271条（f）款成为"组成部分"的意图。法院重申了一般原则，《专利法》没有域外效力缺少明确的立法例外，也就是说不能扩大解释为，制定法在一般原则上缺少这样一个明确的例外。此外，一方面，从国外进口以国内专利方法制造的未获专利产品，即使该方法没有在国外授予专利，依据第271条（g）款仍然构成侵权。虽然如此，联邦巡回上诉法院再次确认了上述深南（Deepsouth）一案判决的存续基础，认为只有方法的每一步都发生在美国，该方法或专利使用才会侵权。另一方面，虽然产品的一部分位于国外，只要该产品或组合"作为整体"在国内使用，仍构成专利侵权。参阅 NTP, Inc. v. Research in Motion, Ltd., 418 F. 3d 1282（Fed. Cir. 2005）。联邦巡回法院还强调，解读《专利法》时推定其没有域外效力。参阅 Cardiac Pacemakers, Inc. v. St. Jude Medical, Inc., 576 F. 3d 1348（Fed. Cir. 2009）。

## 第六节　修复与再造

虽然专利权人拥有使用、制造、销售和许诺销售专利发明的独占权利，但发明一经售出，这一权利即告终止。因此，一件专利物品一经售出，购买人就获得了转卖或者继续使用的全部自由。换言之，专利物品首次售出后专利权即告"穷竭"。但这穷竭的权利是只就售出的具体产品而言的。随着时间的推移，这一物品破损了，购买人想修复这一破损的发明物，一个严重的问题就出现了。穷竭同时适用于产品专利和方法专利，这样如果一个产品实质上潜在包含着一个方法专利，那么销售该产品将穷竭专利权人禁止他人使用该产品的权利。参阅 Quanta Computer, Inc. v. LG Electronics, Inc., 553 U. S. 617（2008）。

问题在于法律允许修复但不允许再造。需要注意的是，购买人是否有权恢复发明物？这样做是否是对这一发明物的"再造"，而并非合法使用？修复权随着对有专利发明的购买同时产生。但是，再造——制造出一个新产品来，却是不允许的。因为这就会构成对利用该发明重新制造这一独占权的侵害。参阅 Cinema Patents Co. v. Craft Film Laboratories, Inc., 56 F. 2d 265（D. Del. 1932）。

但是，伴随着专利产品的购买而获得的使用权就附带修复权。通常对何为可允许的修复有许多需要判定的实际问题。这些众多的实际问题之一就是欲更换的零件与整个产品相比较的费用比例，以及这一部件的质量，也就是说要看这一部件是否非常易损而成为修复时需要更换的普通部件。从这一点来看，修复与再造的界限就是所谓的消费者的期望。但同时也是一个法律界限。需要更换的破损部件是整个产品的基本部件，修复就得到允许，这一点已得到法律上的承认。也就是说，至少是专利产品的一个部件的寿命比整个产品短。据认为，通过更换部件对整个产品予以修复只是使该产品获得正常的使用寿命从而避免过早报废。检验的标准不是物主认为修复属于大修还是小修，而是看物主是不是在实际上再造这一产品，从而"在事实上造出了一个新东西"。参阅Aro Mfg. Co. v. Convertible Top Replacement Co., 365 U. S. 336（1961），引自United States v. Aluminum Co. of America, 148 F. 2d 416（2nd Cir. 1945）。

因此，从某一部件的"基本性""关键性"或是"费用"上来解决这一问题是错误的。一项专利发明的某一个部件可能比其他部件更突出、更具有特色，甚至事实上更重要。但是，整体专利理论认为，单个零部件不受专利保护。因此，解决这个问题的标准应当是：如果在事实上发明并没有被重建或再造，则对其中任何一个部件进行修复都不构成侵权。依照法律规定，对专利发明虽然无权重造，但有权修复。参阅Dana Corp. v. American Precision Co., 827 F. 2d 755（Fed. Cir. 1987）。

## 第七节　侵权抗辩——滥用专利权和实验性使用

"滥用专利权"指专利权人超越了法律所授予他的专利权。这样一来，所涉及的就不只是专利法了，因为滥用法定的垄断权是反垄断法所禁止的行为。但介于合法利用权利和违反《反垄断法》之间有许多行为虽然不足以构成反垄断法行为，但却足以构成滥用专利权行为。滥用专利权就要受到暂时失去专利权的惩罚。专利权人在未"洗清"自己滥用专利权的过失之前就不能行使其专利权。滥用权利虽不能使侵权不成立，但可使侵权人免除侵权责任。专利权人不能因滥用专利权的行为而获侵权赔偿。

滥用权利原则与共同侵权原则相冲突。滥用权利通常指的是专利权人企图阻止他人销售实质上只能用于他的发明产品中的非专利品。专利权人为了左右这一专用品的销售而指控其销售竞争对手是共同侵权人，被告就可以反诉原告企图取得销售该产品的独占权是滥用专利权。他们宣称专利权人的企图实际上就是要将其专利权强加于非专利产品之上，因而是滥用专利权。这种说法乍看起来好像站不住脚。然而，如果要使有关共同侵权的条款产生一定效力，如果专利权人要保护自己不受共同侵权行为的侵害，这种结果就难以避免。根据成文法上的定义，共同侵权问题必然与滥用权利原则相冲突。

滥用权利"就是企图'扩展专利权'，从而垄断非专利产品的销售市场"。参阅Rohm & Haas Co. v. Dawson Chem. Co., 599 F. 2d 685（5th Cir. 1979）。依据麦考德公司诉大陆中部投资公司（Mercoid Corp. v. Mid-Continent Investment

Co., 320 U. S. 661（1944）)判例中的原则，专利权在非专利产品中合法扩展的可能性本身就是值得怀疑的。从广义上理解麦考德案（Mercoid），它甚至对那些唯一用于专利发明的专用品的销售提出共同侵权的指控也是不被允许的。对麦考德案广义的理解是它禁止把任何将非专利产品的销售与专利本身联系起来的企图当作是滥用权利。这样，麦考德案实际上否定了大多数对共同侵权行为的指控。

鉴于麦考德案判例中的原则过于严厉，国会通过的《专利法》第 271 条（d）款（1）项规定，如果专利权人之所为被他人所为并构成共同侵权，那么侵权人就不能以专利权人滥用权利为由为自己辩解。因此，虽然麦考德案将实质上唯一用途就是用于专利产品之上的专用品与专利权联系起来算作是滥用权利，但现在的情况却不同了，因为出售专用品这一行为若被他人所为将构成共同侵权。现在，专利权人可以自由地从事若被他人所为将构成共同侵权行为的活动了。依据第 271 条，这样做不构成滥用专利权。参阅前述罗姆与汉斯（Rohm & Haas Co. v. Dawson Chem. Co.）案。

依据《专利法》第 271 条（d）款（1）项，根据罗姆与汉斯案（Rohm & Haas），专利权人可以自由地从事专用品的销售活动。在罗姆与汉斯案中的被告辩称，第 271 条只是对麦考德案结论的总结。被告认为，共同侵权这一规定已经被麦考德案彻底废除，因此第 271 条（d）款（1）项所规定的共同侵权行为是非常有限的。但是，法院却认为，第 271 条（d）款（1）项否决了麦考德案。法院还认为，滥用权利仍可能成为一项抗辩，但只有当专利权人将普通用品的销售与其专利联系起来时，才有可能构成滥用权利。当然，从定义上看，销售普通用品若为他人所为是不会构成共同侵权行为的，所以第 271 条（d）款（1）项才并未免责该行为。因此，如果原告拒绝出售唯一用途与其专利方法有联系的非专利化学用品，除非买主既购得了这种专利方法又购得了许多其他与专利方法无关的非专利化学用品，否则原告将构成滥用权利。将专利方法与唯一用途与专利方法有联系的化学用品联系起来不算是滥用权利，因为这不是普通用品。但如果将专利方法的销售与其他普通化学用品联系起来，则构成滥用权利，应受到禁止。

因此，如果有人销售实质上的唯一用途就是与专利产品有联系的专用品，专利权人就可以依法控告他共同侵权。在此情况下，当买主不购买含有其他用途的产品，即普通用品，专利权人就拒绝向买主转让其专利方法时，专利权人将负滥用专利权的责任。

实验使用例外，就其存在来说，可以让被告通过说明其使用或制造发明仅为了单纯的实验原因而避免承担责任。然而，这项抗辩非常受限，它并不适用于任何有意义的活动：事实上，任何商业使用，任何涉及被告的经营而本质上却是非商业和获利的使用都不能适用实验使用例外。一项使用除了非商业用途和与经营无关外，"只有为了娱乐、满足求知本能或者仅为了哲学研究"才能称得上是实验使用。参阅 Madey v. Duke University, 307 F. 3d 1351 (Fed. Cir. 2002)。另外，还有一个法定的实验使用例外，虽然只在有限的种类中，在第271条（e）款（1）项，该例外允许以发展药品为目的获取信息而进行基因工程研究。默克集团诉英特格拉案（Merck KGaA v. Integra Lifesciences I, Ltd., 545 U. S. 193 (2005)）裁决道，这类研究属于第271条（e）款（1）项的范围，即使结果对获取上述信息的目的并未起到作用，只要当初有理由相信会得出结果，那么科学方法上不可避免的错误和失败是允许的。

## 第八节　在先使用抗辩

随着对经营手段授予专利的呼声增长以及美国专利法同国际惯例日趋一致等部分原因，国会颁布了"在先使用"权。这使得在他人获得专利前已使用某项商业方法（business method）的人，在受限情况下得以继续使用。参阅《美国注释法典》第35编第273条。在先使用者必须在最早的专利提交申请日的前一年已经实际使用了该方法，并且必须在该日期前进行了商业上的使用。根据《美国发明法案》，这项抗辩已经扩展到所有的在先使用者，而不再限于商业方法。这与以下观念一致，依据先申请体系，任何发明的在先发明者都有权以原方式继续使用，即使后发明者先申请并就先使用者已经实施的发明获得了专利。

## 第九节　许可证禁止反悔

专利持有人不能依靠许可条款就禁止被许可人质疑专利有效性。因为专利体系的真实性非常重要而且在质疑专利方面，被许可人通常是最了解、最合适的人。尽管合同条款禁止此类质疑，但被许可人仍能请求公告专利无效。监督专利体系和摆脱无效专利中获得的利益比该情境下合同法的利益要更为重要。参阅 Lear v. Adkins, 395 U. S. 653 (1969)。此外，被许可人在质疑专利前甚至不需要放弃被许可身份，他可以继续支付专利使用费以保持被许可人的诉讼资格，同时起诉专利公告无效。参阅 MedImmune, Inc. v. Genentech, Inc., 549 U. S. 118 (2007)。

# 第九章
# 补救措施

## 第一节　概　　述

《专利法》规定的侵权补救措施包括：（1）禁令救济，《美国注释法典》第 35 编第 283 条；（2）足以补偿原告所受侵害的损害赔偿金，无论如何不得少于盗用该项发明的合理使用费，《美国注释法典》第 35 编第 284 条；（3）在特殊情况下的律师费，《美国注释法典》第 35 编第 285 条，以及诉讼费用，《美国注释法典》第 35 编第 284 条。

与调整商标法的《拉纳姆法》❶ 不同，《专利法》并未规定依据侵权所获利润确定赔偿数额，见后面第十八章第三节。由于以前《专利法》中确实规定了这部分赔偿，有理由相信，取消这种规定是为了在损害赔偿与侵权利润之间作出区分。参阅 Georgia-Pacific Corp. v. United States Plywood Corp.，243 F. Supp. 500（S. D. N. Y. 1965）。而如果专利权人有充分证据证明"要不是"侵权，他将获得侵权人的销售收入的话，法院将把这部分损失的利润作为损失赔偿判给他。参阅 Milgo Electronics v. United Bus. Communications，623 F. 2d 645（10th Cir. 1980）。

## 第二节　禁令救济

依据《专利法》，适用禁令的衡平法原则包括标准的衡平法抗辩。然而法院不大愿意颁发初步禁令，因为它认为在认真审查之前，基于单方的诉讼要求

---

❶ 《拉纳姆法》英文名称是"Lanham Act"。鉴于英文 Lanham 一词中的"h"不发音，并根据商务印书馆 2004 年 1 月第 4 版的《英语姓名译名手册》，该法名称应译为《拉纳姆法》。——译者注

便作出给予救济的裁定将对专利的有效性预先作出判断，这超出了这项救济措施所要达到的目的。参阅 Carter-Wallace, Inc. v. Davis-Edwards Pharmacal Corp., 443 F. 2d 867（2nd Cir. 1971）。实际上，通常适用于初步禁令的"胜诉可能性"的标准，在专利案件中已发生了根本变化。传统上，原告必须证明"专利的有效性及侵权没有疑问"。然而，联邦巡回上诉法院拒绝了"毋庸质疑"的规则，而代之以一个具有"清楚显示"的条件，即该技术已经明显超出了传统上具有"案件胜诉可能"的条件，而一旦有效性和侵权得到确认，就可以推定不给予初步禁令救济将给专利权人造成直接的不可挽回的损失。参阅 Atlas Powder Co. v. Ireco Chems., 773 F. 2d 1230（Fed. Cir. 1985）。在侵权证据基础上，法院几乎是自动授予永久禁令救济的倾向，已经彻底被易趣公司诉梅克交换公司（eBay, Inc. v. MercExchange, 547 U. S. 388（2006））一案迅速改变。在该案中，法院裁定必须适用传统的衡平原则（不可弥补的损害、法律救济不足、艰难的利益平衡和公共利益）。

## 第三节　损害赔偿

《专利法》规定的损害赔偿"无论如何不少于侵权人使用该项发明的合理使用费及利息"。如果不能满足普通法上所要求的清偿及特殊情况的补偿，那么即使是判决前的利息也应判给专利权人。参阅 General Motors Corp. v. Devex Corp., 461 U. S. 648（1983）；《美国注释法典》第35编第284条。如果能够确定使用费，确定最低赔偿数额就没有什么问题。参阅 Tektronix, Inc. v. United States, 1975 WL 21408（Ct. Cl. Trial Div. 1975）。然而，有时由于侵权行为本身或其他原因，使用费率可能会下降。当有证据表明原告所受到的损失大大高于被告所称的使用费率或其他所出示的损失数额时，法院有权判令被告给予3倍赔偿。

## 第四节　律师费

传统上美国的做法是各方负担自己的律师费。在《专利法》中，对律师费的负担有不同的规定。在一种"特殊情况"下，胜诉方可以被判定取得这项费用。因此，不管是原告还是被告，当案件被视为特殊情况时，都可以获得律师费。这种特殊情况是被告明知侵权，参阅 Sarkes Tarzian, Inc. v. Philco Corp., 351 F. 2d 557（7th Cir. 1965），或者"当原告以欺诈手段取得专利，或者非善意地认为其专利有效且受到侵害，并为此提起侵权诉讼"。参阅 Ar-

brook，Inc.　v.　American Hospital Supply Corp.，645 F. 2d 273（5th Cir. 1981）。
另可参阅 Hughes v. Novi American，Inc.，724 F. 2d 122（Fed. Cir. 1984）。

## 第五节　《第十一修正案》规定的特权豁免

根据《第十一修正案》对特权豁免的规定，有关当事人受各州保护免受专利侵权之诉，因为它们属于商标和版权之诉。参阅本书下面第十七章第八节、第二十六章第六节。即使美国国会明确试图废除这种州豁免，但专利法对此已经做了规定。参阅《美国法典汇编》第 35 编第 271 条（h）款、第 296 条。虽然根据《第十四修正案》专利属于财产，从而在未经法定程序之前免受国家剥夺，但该修正案缺少关于"专利侵权情形"的规定，因而各州享有专利之诉的豁免。参阅 Florida Prepaid Postsecondary Educ. Expense Bd. v. College Savs. Bank，527 U. S. 627（1999）。

# 第十章
# 专利法与州及联邦法规的冲突

## 第一节 概　　述

除了联邦专利保护以外，发明人还可以获得州的补救。联邦与州保护之间的关系要受到联邦优先原则的制约。州的法规能否与联邦专利保护同时并存，要看州的法规与联邦保护是否有不协调或矛盾之处。如果州的补救措施与联邦法规发生冲突，按照宪法的最高条款，州的保护就是第二位的了。"各州不应对智力创造提供类似专利的保护，否则受联邦法律的影响，这类智力创造就一直得不到保护。"参阅 Bonito Boats, Inc. v. Thunder Craft Boats, Inc., 489 U. S. 141（1989）。

例如，州的反不正当竞争法禁止具有欺骗性质的行为或其他不公平行为。在西尔斯·罗巴克公司诉施蒂费尔公司一案（Sears Roebuck & Co. v. Stiffel Co., 376 U. S. 225（1964））中，法院裁定，州的《反不正当竞争法》不能用来禁止一家公司推销其非专利的电线杆灯，即使这种灯与原告生产的灯相似，发生了混淆。照法院看来，如果适用《反不正当竞争法》，将给予原告与专利权等同的垄断权。在康普科公司诉戴一布莱特照明公司一案（Compco Corp. v. Day-Brite Lighting, Inc., 376 U. S. 234（1964））中，法院同样裁定，州的反不正当竞争法不能禁止被告制造一件非专利物品，尽管州可用该法去禁止在确定生产厂家方面造成的混乱。换言之，州的法规可以禁止在制造及推销某些产品方面的不良行为，但却不能禁止制造行为本身，制造行为只能由联邦专利法调整。参阅前述 Bonito Boats, Inc. v. Thunder Craft Boats, Inc. 案。

从另一方面看，并非所有州的调整知识产权的法规都不允许与联邦专利保护"抵触"。在凯文尼油品公司诉比克龙公司一案（Kewanee Oil Co. v. Bicron

Corp., 416 U. S. 470（1974））中，法院裁定，州的商业秘密法可以禁止泄露由原告开发的工业技术，即使该技术没有获得专利。该商业秘密法并不必然与联邦政策发生冲突——它只提供弱得多的保护，只涉及不同的非发明性质的主题，它所禁止的只是泄露行为而不是技术。至少在这个范围内，由于商业秘密法与专利法可以同时并存，因而将不适用联邦优先原则。该优先原则只适用于版权法及专利法，见后面第二十六章第一节。类似地，比如在不正当竞争和干涉预期利益等方面，各州主张，其针对的是专利权人在获得或实施专利时的不当行为，并不针对专利而针对专利权人的活动作出时，也因此不适用联邦优先原则。参阅 Dow Chem. Co. v. Exxon Corp., 139 F. 3d 1470（Fed. Cir. 1998）。

联邦优先原则的具体范围并不确定。例如，在上述鲣鱼船（Bonito Boats）一案中，法院认为各州试图阻止船体设计抄袭应受到专利法的优先原则限制。因为这些设计是功能性的，不一定符合外观设计专利的要求。此外，由于这些设计是功能性的，为了获得实用专利必须符合新颖性、非显而易见性和实用性的要求。法院的裁决非常合理，即州的规定由于侵犯了联邦专利法保护的领域而应受到优先权限制，而且如果没有授予保护，船体设计就应属于公共领域。尽管如此，国会仍试图推翻鲣鱼船案的结果，不顾其功能性并颁布特殊立法——《船体设计保护法》——来保护船体设计。如果该立法符合宪法，那就意味着以保护公共领域为目的，推定合宪的联邦优先原则存在疑问。参阅《美国注释法典》第 17 编第 1301 条及以下各条；另可参阅 Golan v. Holder, 132 S. Ct. 873（2012）。

最后，另一个联邦和州之间的法规交叉地带就是依据《第十一修正案》各州豁免于专利诉讼。见前面第九章第五节。国会试图在第 271 条通过定义"任何人"包括各州及其机构来废除其豁免权。最高法院认为，宪法赋予各州的豁免权不能被国会依据专利条款而废除，也不能为专利法本身所废除。另外，除非证明州已经干涉到了专利侵权的构成，否则依据《第十四修正案》不能废除其豁免权。参阅 College Savs. Bank v. Florida Prepaid Postsecondary Educ. Expense Bd., 527 U. S. 666（1999）。商标和版权侵权同样适用。参阅后面第十七章第八节、第二十六章第六节。

# 第二编

# 商　　标

# 第十一章
# 商标保护的基础

## 第一节　商标法的起源和发展

当今一些有关商标法的最重要的有争议的问题，都可以从其历史发展过程中找到线索。例如，当今有关商标保护目的的争议，就与几个世纪以前不同利益集团对商标保护的不同要求相似。探讨当今有关商标保护目的的种种争议，最好先回顾一下中世纪行会会员把他们行会的标志贴在他们出售的商品上的最初目的。使用标志是为了表明这一商品出自某一工匠或一群工匠之手。因此，商标的最初功能仅仅是为了表明商品的来源，表明生产该商品的工匠是谁。但是，这些制造商们在商标上面发现了与他人相比获得更多竞争优势的机会。这就是现行商标法——《拉纳姆法》（《美国注释法典》第 15 编第 1051 条及以下各条）的部分理论基础。该法规定，一个在联邦注册的商标所有人，不受可能引起混淆的相似商标的侵犯，这里所说的混淆不仅局限在产品来源上的混淆。回顾商标的历史发展过程就会发现，这一保护措施具有双重作用——商品识别机制和市场优势手段。

这样，商标是用来在市场上区分工匠以示对销售产品负责而出现的。有迹象表明，早在中世纪以前，中远东地区的制造商就已经在商品上加贴标志，考古学家在出土的人工制品上就发现了这样的记号。在中世纪的欧洲，制造商把他的名字或标志刻在商品上，这一现象就是我们今天联邦商标法的直接先导。有关法规早在 13 世纪就出现了，这表明这一手段所具有的社会意义和经济价值最终获得了承认。这些法规看起来是为了保护公众，阻止来源不明的商品的销售，因为这样的商品质量难以保证。但是，重视商标的不仅仅是公众或制造商个人。在中世纪的行会中，它已成为行会会员控制其合作者质量的重要手段。当然，这些早期商标法规的直接作用是向制造商提供了一种有价值的商品推销手段。

最初，英美普通商标法的明显目的只是为了防止"假冒"（palming off），即把一个生产者的商品假冒成另一个生产者的商品出售。法律保护的意义在于可以使一个生产者阻止其他生产者生产商品并以原生产者的名义销售出去。换句话说，这种保护将阻止一个次生产者（junior producer）冒用一个优生产者（senior producer）的商誉进行商业活动。今天，商标法可以使购买者在购买时加以选择，使制造商推销其产品，以及（也许只是附带地，至少在大多数情况下如此）用来确保产品的某种质量水平。

州普通商标法越来越复杂，这就需要使其联邦化，尽管宪法没有明文授权这样做。第一批商标法是在1870年和1876年被国会通过的。这些最初的联邦法在1879年被最高法院宣布为违宪。参阅 United States v. Steffens, 100 U. S. 82（1879）（商标案）。最高法院认为，国会无权管理像商标权这样纯属州内部事务的事情。为了解决这些案件中的问题，国会于1881年和1905年通过了一些法规，专门处理州际间的商标使用问题。1946年国会通过了《拉纳姆法》，对联邦商标法作出了最新的实质性修正。

这样，联邦法基本上没有产生新权利，甚至也没有把普通商标法法典化。相反，这些联邦法只是提供了一个框架，在这一框架内普通商标法可以在联邦层面实施。这是因为它不同于专利条款，在宪法中没有任何条款能够具体适用于商标法。宪法中唯一适用的条款是州际贸易条款（Interstate Commerce Clause），这一条款允许国会规范州际贸易，并可制定必要而适当的法律来达到这一目的。

## 第二节　普通法上的商标权

商人取得商标的方式不同于取得其他知识财产如版权或专利的方式，版权或专利可以法定方式取得。商标不能成批（自动地）获得，这是由其性质所决定的。商标只有在涉及其他商业活动时才存在，这种情况部分原因至少是由于商标法的历史。由于商标是作为证明某个商人商品的手段而出现的，如果该商品不出售，商标就毫无意义，商标也不会存在。商标是用来证明商品来源的，如果它既不证明来源又不证明商品，就不是商标。因此，商标总是附属于商业活动（与商业获得相关）。正是由于这一主要特点，使得商标法有别于其他知识财产法。因此，不能仅仅由于选定了某个标记就取得了商标权。必须通过使用才能取得，也就是说关于商标的权利只有通过首先使用才能取得。参阅

United States v. Steffens, 100 U. S. 82 (1879)。

普通法一向认为，商标法的一个目的就是防止关于商品来源上的错误、欺诈和混淆。参阅 Time, Inc. v. Motor Publications, Inc., 131 F. Supp. 846（D. Md. 1955）。因此，对公众的保护便成为普通商标法的一个主要特点。而防止混淆和保护公众的直接附带结果就是，使用商标的商人取得了保护其商誉的一种方法。这样，商标法对销售者和购买者都提供了保护。

商标功能的扩展部分可归因于了解不同销售者身份并不能影响或决定现代市场。商标确实可以用来表明商品来源，正如一项法院判决所说："虽然事实上公众可能并不知道这一来源。"参阅 Scott Paper Co. v. Scott's Liquid Gold, Inc., 439 F. Supp. 1022（D. Del. 1977）。随着现代市场的演变，现代商标的功能也扩大了，其中包括（1）显示商品来源，（2）保证质量，以及（3）用于促销和广告。参阅 Reddy Communications v. Environmental Action Foundation, 477 F. Supp. 936（D. D. C. 1979）。因此，商标的法律保护的作用是：保护公众不受产品混淆之害，同时保护商标所有者不失去市场。事实上，《拉纳姆法》的明显目的就是保护商标所有者的权利和公众的权利。《美国注释法典》第 15 编第 1127 条。尽管商标的目的已经扩大，但《拉纳姆法》并未改变普通法的理论，即商标必须在使用后方可受到保护。因此，商标这种总体功能与从属功能两分法至少部分上切实可行。

商标法传统上被认为是反不正当竞争法的一部分。在最基本的意义上来说，一个竞争者把自己的商品"冒充"为他人商品的做法就是不正当竞争。从不正当竞争出发还可以解释，为什么商标只有通过使用才能取得。至少在普通法上，商标除竞争以外无其他目的。所以，只有在可能出现竞争（在同一地域内，或在相同或相近的商品之间）时，作为反不正当竞争法一个部分的商标法才有其法律地位。

因为从逻辑上讲，普通法上的商标只有通过商业使用才能取得，而不是仅仅通过选定某标志即可取得，所以商标只有在商标所有者商业活动区域内，以及只有在相似而足以引起竞争的商品之间才有效。参阅 Hanover Star Milling Co. v. Metcalf, 240 U. S. 403 (1916)。尽管检验商标所有权的方法是使用优先原则，但应当看到，这种优先必须在具有商标所有人使用特征的限定地域或产品上发生。因此，在普通法上可能出现这种情况，所有者甲的使用也许比所有者乙的使用在时间上优先，但如果乙率先将该标志在发生纠纷的某一地域或某一特定产品生产线上使用，那么乙就取得优先的权利。

因为反不正当竞争普通法重点既针对竞争，又针对公平，所以使用者的意图就变得很重要。商标法经常以当事人的善意为重要依据。一个善意的商标使用者，在确实不知已有人使用这一商标的情况下，常常可以推翻对自己不正当竞争的指控。然而，一个商标使用者，如果不是真的受到地域或产品的局限，则很难证明自己不知已有人使用了那个商标。通常只有当商标使用者使用这一商标时跟第一个使用者有一定距离，或所使用商标的商品与第一个使用者的商品大不相同，以致不可能意识到有前者时，他才能保住自己的信誉而在以善意为由的抗辩中获胜。

## 第三节　联邦注册

由于商标案件（见本章第一节）只有在涉及州与州之间的商标活动时才受联邦法的调整，因此最终导致出现了一个全国性的商标注册制度。联邦商标法没有设定一套新的联邦权利，而基本是对州的商标权利进行注册，大部分以其最初取得商标权的州的普通法为基础，只有部分修改以适应其在州际间的使用。

一个全国性的商标注册制度相比州的普通商标法权利有许多优点。首先，取得联邦登记可以使登记者免受以后善意使用者的损害。联邦注册中关于主簿注册（Principal Register）商标推定（见后面第十二章第六节）给全国范围内所有以后使用者发出推定通知。《美国注释法典》第 15 编第 1072 条。这一推定通知改变了商标权的程序，也改变了其内容，因为它废除了地域限制。推定通知使注册人可以在全国使用其商标。这样，尽管传统上规定，商标权只附属于商业活动，并不是一下全部获得的权利，但事实上商标权在所有地域都有效，尽管在那些地域，注册人并没有使用该商标。

其次，联邦注册可以使注册人获得求助联邦法院的机会，即使联邦法院不具有任何管辖的理由，如协调各州普通商标法的差异，或其他需要联邦解决的问题。再有，虽然联邦注册仅明确规定了注册程序和联邦管理机构，但同时也赋予了除上文提到的推定通知以外的某些法定权利，其中最著名的就是不容置疑的权利，《美国注释法典》第 15 编第 1065 条，注册人无法在普通法中获得这一权利。这样看来，联邦商标法并不仅仅是一套关于标识的联邦注册制度。

尽管如此，《拉纳姆法》的基本框架仍是一套全国注册制度。它明确扩大了普通法中的权利，允许注册服务性商标（《美国注释法典》第 15 编第 1053 条），以及普通商标，并创立了新类型的集体商标以及证明商标。《美国注释法典》第 15 编第 1054 条、第 1127 条。《拉纳姆法》第 43 条（《美国注释法典》第 15 编第 1125 条）显著扩大了普通法中的权利，增设了一项新的联邦诉因。这些权利超越了旨在表明来源的商标保护。第 43 条是同某些州反不正当竞争及反淡化权利相对应的。它禁止从事对其他竞争者造成侵害的货物和服务的欺骗性营销活动。这种禁止并没有限制竞争者商标的使用，也没有地域和产品范围上的限制。实际上，这项规定有时可以保护商标所有人的权利，防止商标被其他人以任何方式使用。因此第43条将一条非商标的救济收入商标法中。同时纳入了防范"域名抢注"的条款。

《拉纳姆法》中新增的"意图使用"（intent-to-use）条款中附有被认为是"弃用"的条款。意图使用条款允许申请人注册尚未使用过的商标，避免了以前有争议的但难说非法的、"长期"保留商标的做法，这种做法只是把偶尔使用作为一种幌子，以达到长期占有某商标的目的。为了尽快废止这些有争议的商标制度，"弃用"条款缩短了联邦注册的期限和以后定期重新续展的时间，从20年缩短到10年，以此增加那些注册但从未使用的商标到期失效的可能性。《美国注释法典》第15编第1058条、第1059条。

# 第十二章
# 显著性

## 第一节 概 述

显著性是联邦注册已被宣明的政策。《拉纳姆法》规定："凡**能将申请人的商品区别于他人商品的商标**都不得被拒绝注册……"。《美国注释法典》第15编第1052条（加黑为作者后加）。

对显著性的要求大致类似于专利权所要求的新颖性和版权所要求的独创性。没有显著性，无论是自然形成的标志，还是所有者通过销售发展而来的标志，商标权都是无效的。

自然，如果商标起到了证明商品来源的作用，那么商标就必须具有自己显著的特征，以防止混淆、欺骗或讹误。如果商标的作用是保护购买者对所购买的商品不产生混淆，那么商标就必须是可辨识的、可确认的、可区别于其他标志的。

当然，最具有显著性的商标是凭空创造的、新奇的。法院曾裁定，商标的显著性和能识别来源的设计不仅为了有效地证明商品的来源，而且它还有助于引起人们对商品的注意；在某种程度上，它本身就起着一种促销作用。参阅 Ex parte Galter，1953 WL 5028（1953）。即使商标的显著性会给所有者带来利益，其前提条件必然是所有者能够自由地占有一个商标。没有显著性的商标，不能被一个所有者占有，至少在该商标成为具有显著性的商标之前，所有者不能占有它。

显著性的要求有两个含义。首先，它可使商标的最先使用者阻止后来者使用类似或没有与其显著不同特征的商标；其次，它可以阻止对市场常用或描绘性词语的垄断，类似于阻止对商标所有权在全部商业领域的垄断。一个商标必须具有显著性，这样才能防止他人抢先占有这些用语以及商标被撤回到公共领域内。这样做，特别是因为所有的竞争者都可能需要使用这些词语、表达、符号或其他方法来显示自己的商品。

## 第二节　不同的市场

无论是普通法还是联邦注册制度，总的原则是，如果对一商标的所有权产生争议，应根据是否对该商标具有优先使用来解决。参阅 Modular Cinemas of America, Inc. v. Mini Cinemas Corp., 348 F. Supp. 578 (S. D. N. Y. 1972)。倾向于第一使用者的规定，显然是要保护由商品的购买人对商标所有者所建立起来的认同感。虽然通常情况下是这样，但是商标的第一使用者所建立的其商品与其本人之间的认同感，非常可能仅限定在某个地域内。

因此，第二位使用者或许会在另一地域建立起更强的消费者认同感，那么在某种程度上，这位第二位使用者在他所在的市场范围内就真的成为第一使用者。因此，在较远的其他地域使用的情况下，关于优先使用权的规则往往倾向于第二使用者。而只有当第二使用者是善意使用时，方可获得该权利。

对于这种例外至少有两种理由。第一使用者不注意扩大他的商业地域范围，而第二使用者在另一较远地域合法而善意地使用同一商标。另一基本理由是出于平等的考虑。第二使用者在没有察觉到商标已有更早使用者时，投入了时间和资源来开发完全有理由相信是他自己的商标时，可能会受到不公正对待。因此，在善意的第二使用者和第一使用者之间，如果第一使用者只能控诉第二使用者在他没有开发的一些市场利用该商标，那么第二使用者将受到保护。

一个在先使用者在一个并没有建立使用其商标的地区主张商标权，这就和只想通过选定商标而不使用它即占有该商标的非使用者一样。在未使用某特定商标的地域，（其他地方的）在先使用者和非使用者均处于同等地位。两者都没有在那个地区进行任何使用，而只是想通过选定商标的手段即获得商标权。那只是要求总体商标的一种主张，不属于任何商业活动。

然而在联邦注册中，优先权的规定就大不相同了。这一变化是由于推定通知的理论。关于联邦注册，经过注册的商标所有者可以主张全国性的推定通知。《美国注释法典》第 15 编第 1072 条。后来的使用者不能借口没有得到通知，因为已假设人人都得到联邦注册合法提供的推定通知。因此，尽管事实上第二使用者是无意的和善意的，但在联邦注册后就不再存在任何善意使用者。

## 第三节 在先使用

联邦禁止将类似在先使用者的商标进行注册的原因，主要来自普通法的法典化。申请人不能对别人还未停止使用的商标取得权利，如果申请人使用了那个商标，将很可能引起混淆、讹误和欺骗。因此，在先使用对联邦注册的限制涉及以下几个因素：

(1) 在先使用被放弃的可能性；

(2) 第（3）款发生的可能性（不一定真实发生）；

(3) 混淆、讹误、欺骗；

(4) 适用于申请人的商品，而不是抽象的标记。

《美国注释法典》第 15 编第 1052 条（d）款。

只有当有放弃行为和实际放弃动机存在时，一个商标才被认为被放弃。即使商标所有者没有充分使用其商标，这一例外放弃也不适用于在先使用商标，除非商标所有者确实没有再使用该商标的意图。也就是说，即使不使用，该行为本身也不构成放弃商标使用权。参阅 Beech-Nut packing Co. v. P. Lorillard Co., 273 U. S. 629（1927）。但是如果连续三年不使用就可以推定为放弃使用。有理由的停用即使到了三年，亦可以推迟这种推定，只要在先使用者能证明他只是由于外界力量而暂时从市场退出才放弃使用。涉及超过三年的放弃使用，在先使用者要反驳那种放弃使用的推定，须证实他不想放弃使用，并说明仍有要继续使用的意图。

假如在先使用者没有放弃该商标，那么申请人就不能注册类似于在先使用者的商标，因为这样极有可能引起混淆、欺诈、讹误。由于存在混淆的可能性就足以阻止注册，那么就无须举出实际混淆的证据，虽然这种证据可以很容易地说明这一点。从传统上说，出现混淆的相似性取决于以下 7 个因素：（1）相似的商标；（2）相似的商品；（3）同时使用的实体区域和方式；（4）消费者的关心程度；（5）商标的影响；（6）实际存在的混淆；（7）不正当的意图。这些因素当中没有哪一个是决定性的。参阅 International Kennel Club v. Mighty Star, Inc., 846 F. 2d 1079（7th Cir. 1988）。

商标是否会引起混淆，部分取决于商标的相似程度。显然，同样的商标是很可能引起混淆的。商标越是不同，就越不容易引起混淆。商品越相似，而两个商标之间又有某些相似，那么商标就越容易混淆。用来测量产品和商标的相似性的标准是灵活多变的，这一点并不奇怪。当产品一样时，只需证明一下商标大致相似，因为在同样的商品上发现类似的商标时，消费者很可能被混淆。同样，当两种商品根本不同却使用了同样的商标时，消费者也会被混淆，尽管这些商品之间应存在某些联系是就消费者的心理来说的。

判断相似性的结果也受市场条件的影响。来自一个销售商的产品越相同，消费者越容易认为是同一货源，就越容易产生混淆。因此在衡量引起对申请人商品混淆的可能性时，必须考虑市场的特点。法院必须注意到消费者依赖于商标的特点。因此，手工艺品购买者很可能都是有经验的，即使商品很相似，他们也不会把某一种商品与另一种商品相混淆。同样，购买贵重商品的人在挑选时是非常细心的，这样即使商标很相似，购买者也不会因产地而犯错误。但是，人们在有大量低价商品销售的市场上购买时，尤其当他们有购买欲望时，即使商标不同，他们也很容易产生混淆。在由没有经验的消费者组成的市场上，例如在由未成年人组成的市场上，也很容易被只是大致类似的商标所欺骗。

根据《拉纳姆法》，在先使用不一定就是作为商标来使用的。其中规定以前有人使用过的"标记"就不能被申请人占有。因此，可以这样说，一个商标被某个组织使用过，但并不是商标意义上的使用，也仍然是一种商标，不允许别人再在贸易中使用，见 Sterling Drug Inc. v. Sebring, 515 F. 2d 1128（Cust. & Pat. App. 1975）。在这个案件中，在先使用者是一科研机构，他们根本没有使用这一商标进行商品销售，但却进行着和该有争议的商标有联系的科研活动。这样，尽管缺少在商标意义上的实际使用，这种对商标的在先使用仍足以阻止以后由申请人在类似容易引起混淆的情况下使用。

## 第四节　第二含义及描述

禁止描述性商标直接反映了商标必须具有显著性这一要求。《美国注释法典》第15编第1052条（e）款（1）项。通常一个商标不应用零碎的方式来分析。相反，商标作为一个整体，必须对它的描述和第二含义进行检验。一个只描述产品的商标无法把某一生产者与另一生产者区别开来。举一个比较明显的例子，"苹果"只是用来描述那种水果的（事实上是通用的）名称，如果作为商标，只会给消费者造成混淆，因为它根本没有告诉消费者由不同生产者种植的苹果的不同来源。此外，如果允许商标所有者优先占有"苹果"一词，将使商标所有者垄断了本应是用来描述所销售的商品的东西。自然，"苹果"对水果来说是描述性商标，但如对计算机来说就不是。

当然，描述性语言可能说明产地。但是根据普通法，描述性商标是否具有显著性并不重要。所有描述性商标，无论显著性程度多大，作为商标都是不合格的。不过，在《拉纳姆法》中却不是这样。

一个欺骗性的虚伪描述的商标也同样是不合格的。《美国注释法典》第 15 编第 1052 条（e）款（1）项。禁止虚伪描述针对的是那样一些商标，它们与所描述的产品或服务无关，也不是对尚未说明的内容的描述，这种描述是在欺骗消费者。例如，"新鲜"一词是对某种水果质量的描述，如果用在苹果上就只是描述性用语，作为商标就不适当的。而且，如果苹果是干的或冷冻的，"新鲜"一词就很可能是欺骗性的虚伪描述。禁止描述性用语有时也是一种防止商标所有者将一个有争议的商标证实为非描述性的方法，因为他的商品或服务都和商标的描述不符，达不到所描述的标准。

一个描述用语除非取得了第二含义，否则它就不具有商标保护资格。参阅 Park 'N Fly, Inc. v. Dollar Park & Fly, Inc., 469U. S. 189（1985）。在一定意义上来说，这就意味着一个描述性用语，一旦成为非描述性的，那么这一描述性用语就可以取得商标资格，因为取得了第二含义就表明先前描述性的商标已取得了区别于其他商品生产者的含义。例如商标"红"是用来描述苹果的，因此作为商标就是不合格的。但是，如果某生产者用"红"这个词语成功地销售了他的苹果，消费者已将标志"红"和特殊苹果生产者联系起来，那么这种消费者的认同就是第二含义的象征。在这个例子中，一个贴有"红"标签的苹果和颜色已没有关系，而只是和生产者有关。描述性用语一旦获得了第二含义就等于失去了描述的作用。

当然，第二含义并不意味着在某些方面该含义是次要的或不重要的。实际上，获得第二含义在取得商标权方面是基本的和至关重要的。第二含义实际上就是主要含义，在一个特定的贸易和市场上，第二含义就是商标的自然含义。第二含义不是固有的，而是后来取得的，是通过在市场上使用，使消费者能够识别出商标所有者的商品和服务而发展来的。参阅 Coca - Cola Co. v. Seven - Up Co., 497 F. 2d 1351（Cust. & Pat. App. 1974）。第二含义主要指描述性商标在市场上经过长期使用，已经成为与之有关的商品或服务的同义语，就不再属描述性商标了，第二含义至少同某一特殊贸易内容或某市场的消费者有关。第二含义的证据，可以由连续 5 年在商业上合理性使用来初步证实。《美国注释法典》第 15 编第 1052 条（f）款。一个持有已连续使用 5 年的商标的使用者，尽管实际上，从表面上看该商标是描述性的，或在其他方面没有自己的特征，但是根据他已进行了合理性使用的推定，专利商标局依然会考虑该商标持有者的请求。情况往往是，对于一个被拒绝注册的申请人，他可以在辅簿注册（Supplemental Register），参看下面第六节，再经过 5 年的连续使用，便可重新申请在主簿注册。在《拉纳姆法》中，某个商标既是描述性的同时又具备显著性，这无关紧要，关键是该商标的首要性质是显著性而非描述性。

要建立起第二含义，商标所有者必须证实他的商标和消费市场中某一重要部分的唯一来源建立了联系。第二含义的建立取决于许多明确的因素。广告量、销售额、市场特点（其中包括竞争者的情况以及商品出售的环境），还有消费者反馈和认同的证据等都与其有关。参阅 In re Soccer Sport Supply Co., 507 F. 2d 1400（Cust. & Pat. App. 1975）。但是其中一些因素较其他因素更具有说服力。既然第二含义的确和消费者的反馈有关，表明消费者态度的证据便很具有说服力。因此，销售额和广告量在判断是否具有第二含义方面是可接受的。但是如果大量的支出并没有成功改变消费者的态度，这几乎就可以说，尚不足以证明存在第二含义。

弗兰德利（Friendly）法官在阿伯克龙比和菲奇公司诉狩猎世界有限公司（Abercrombie & Fitch Co. v. Hunting World, Inc., 537 F. 2d 4（2nd Cir. 1976））一案的判决中，描述性用语和第二含义结构的作用被阐述得非常清楚，其中分别区分了四类商标。它们是：

（1）通用的；
（2）描述性的；
（3）暗示性的；
（4）任意性或臆造性的。

根据这种区分，缺少第二含义、通用的和描述性的商标都是不符合商标注册要求的，因为它们基本上都是描述性的。但是，暗示性的、臆造性和任意性的商标是用来区别商标所有者的商品和服务的，因此符合注册商标的要求。

照弗兰德利法官看来，通用的用语指产品或服务的种类。虽然无论通用的用语还是描述性的用语都可能逐渐获得第二含义，而只有获得了第二含义之后，描述性用语才可以作为商标注册。但是，无论使用者的商品或服务的通用用语变得多么具有显著性，作为商标保护来说都是不合格的。因此，"勺子"一词是通用用语且不合格的。法院并不愿把一位需要语言来表明他的产品的特征或来源的竞争者提前排除在市场之外。

从另一角度来说，描述性用语可能具有显著性，并因此有资格进行商标注册。"重量轻"一词不能作为不具有第二含义的勺子的商标来注册，因为它是对勺子的一个特征的描述（如果勺子实际上是很重的，就具有"不真实性和欺骗性"，因此，虽然从本意上，使用者并非想描述他的产品，但作为注册仍是不合格的）。通用用语实际上是在给产品或服务下定义。描述性用语只是用来识别商品或服务的重要特征。

暗示性商标可能部分是描述性的，但主要还是突出其显著性。如果一个商标只是通过想象、思考或知觉来反映一个产品的特性，这种商标就是暗示性商标。从另一方面讲，如果一个商标直接反映了商品的特性，这种商标就是描述性的。这类暗示性商标是必要的，只是因为在较早的《联邦商标法》中规定，一个商标无论在哪个方面是描述性的，都不适合注册商标。因此，后来法院就允许即使略带一些描述性的暗示性商标作为商标注册。根据现行商标法，如果一个商标是暗示性的，只要大部分都不是描述性的，就没有必要出示具有第二含义的证据。

臆造性或任意性的商标除了通过市场了解其特性外，这类商标并不反映商品的特性。例如，除了对很了解摄影生意的人以外，"柯达"一词并不表达任何摄影器材方面的含义。当然，这种假定是在这种知识还没有普及，其中的关系还没有达到使该词失去区别某一产品的能力的前提下作出的。当一个商标，无论是图案臆造的、任意的、暗示性的，还是描述性的，当它获得了第二含义而变成通用的商标时，它就不再具有商标保护的资格。

既然只有暗示性的、臆造性或任意性的商标不需要非具有第二含义的证据就可以注册（注意：通用的商标即使有表明第二含义的证据，也不能够注册），那么，注册的前提条件就是：这个商标是暗示性的、臆造性或任意性的。

同时具备描述性、显著性的各类商标，只有在特定的市场和特定的产品上才适用。因此，对某些产品或某些市场，一个商标可能是通用的，而对于另一些产品或市场就可能是任意的或臆造的。例如，"柯达"一词相对于照相机就是一种通用的商标，相对于照相胶片就不是，相对于苹果就更谈不上了。更具体地说，"施乐"一词相对于复印就是通用的，但和实际复制本相对的"施乐"复制本却可能是描述性的。而相对于由静电印刷印制的艺术作品却是暗示性的。相对于水果、蔬菜，它又可能是任意的或臆造的。

一个合法的商标，也许原是臆造的商标，由于变化为描述性的，甚至是通用的商标而变成不合法了，这种情况并非罕见的。在 Bayer Co. v. United Drug Co., 272 F. 505（S. D. N. Y. 1921）案中，"阿司匹林"就被认为已失去了作为辨认拜耳公司特殊产品的独特含义，却反而成为一种对药品的通用描述。同样，在 DuPont Cellophane Co. v. Waxed Products Co., 85F. 2d 75（2nd Cir. 1936）一案中，人们已逐渐用"赛璐玢"来辨认所有这类塑料材料，而最初杜邦公司发明"塞璐玢"一词时，显然如果不是臆造的就是暗示性的。

Singer Mfg. Co. v. June Mfg. Co., 163 U. S. 169（1986）一案中的"重新获权"现象最有力地说明了市场才能决定一个词是否真的具有显著性。在该案中，法院发现"辛格"（Singer）这一符号已失去了它的显著性，因为公众都开始用"辛格"来辨认所有缝纫机。然而，辛格公司继续在所有它的产品上使用这一名称，半个多世纪以后，该公司对这一词语又获得了专有使用权。参阅 Singer Mfg. Co. v. Briley, 207 F. 2d 519 (5th Cir. 1953)。虽然这种重新获权现象不多见，但这一（商标权的专有使用权取决于消费者和市场的认知）原则对所有涉及具有显著性的商标案件都是基本的，并具有决定性的意义。参阅 Miller Brewing Co. v. Falstaff Brewing Corp., 503 F. Supp. 896 (D. R. I. 1980)。

由于存在明确禁止用不道德的、诽谤性的标志作商标以及禁止用国家象征、活人的名字作商标的规定，见《美国注释法典》第 15 编第 1052 条（a）～（d）款，（f）款，即使这种商标已实际获得了第二含义，在法律上它仍然是非法的。这些法律明文禁止的商标是第 1052 条（f）款关于第二含义具体规定的例外情况。另外，即使姓氏一般不受商标保护，但如该姓氏获得了第二含义，就不受以上规定的限制，因为它不属于第 1052 条（f）款关于第二含义规定中所列举的例外情况。参阅 Ex parte Rivera Watch Corp., 1955 WL 6450 (1955)。

最后，最高法院明确规定了产品包装的商业外观（trade dress product‐packaging）和产品外形的商业外观（trade dress product‐design）之间的区别。产品包装的商业外观可根据第 43 条（a）款且无须取得第二含义来加以保护。参阅 Two Pesos, Inc. v. Taco Cabana, Inc., 505 U. S. 763 (1992)。产品外形的商业外观需要获得第二含义才能得到保护。参阅 Wal‐Mart Stores v. Samara Brothers, 529 U. S. 205 (2000)。重要的是，法院明确说明，当难以确定是产品包装的商业外观还是产品外形的商业外观时，最好宁可确定为产品外形的商业外观并要求第二含义。

## 第五节　地理标志、不道德标志及姓氏的禁例

主要由姓氏组成的商标是不能在联邦注册的。《美国注释法典》第 1052 条（e）款。如果作为姓氏的商标特征"对购买人起到了支配作用"，那么就应被禁止。但是如果该商标并不是以姓氏为主的话，则可以注册。参阅 In re Hutchinson Technology, Inc., 852 F. 2d 522 (Fed. Cir. 1988)。

一个商标是否主要属于姓氏可能要受是否把它作为商标来使用的影响。在某商标是否属于姓氏这个问题上，可能不仅会提出是否取得第二含义的问题，而且，对这个问题的回答还影响着前面那个问题。显然，一个姓氏（被用作商标）越和一个特殊商品相关，那么这个商标与这个商品的关系就越重要，

意义也就越大，但对作为姓氏的意义却越小。一个商标是否有资格注册，主要看它对有关市场的影响，而不看它对全体公众的作用。因此，一个曾使用最初主要是姓氏的商标的人，可以通过广告和销售而实际最终来影响商标的地位。当然，这要看这一商标是否获得了第二含义而失去了作为姓氏的重要意义，并且取得了作为某一特定产品商标的重要意义。

姓氏对于商标的作用，必须直接参照产品，而不是抽象地来加以衡量。这仅仅是因为姓氏是很常见的，但这并不意味着它主要作为姓氏来使用。对于某一产品而言，姓氏在消费者心目中的地位具有决定意义。即使一个普通的名字，比如琼斯，当它用于某一特定产品市场时，就会和产品联系起来。只要购买者把这个名字和产品联系起来，而不主要是和姓氏状况联系起来，这个姓氏就可以作为商标注册。因此，获得第二含义是首要的。同样，一个姓氏如果广为人知，就不能作为商标注册了。如果一个名字，比如莫扎特，主要被认为是姓氏时，使用者就只有在赋予这个标志第二含义后，他才可以注册。但如把"莫扎特"作为苹果的商标，即使非苹果购买者依然把它作为作曲家的姓氏，在它已取得第二含义的情况下，它仍然可以作为商标注册。此外，根据传统理论，一个商标应从整体上进行检验，而不应把它分开来。如果从整体上主要不是作为姓氏来使用的，那么，把姓氏本身作为商标，也并非不可能作为商标注册。参阅 In re Hutchinson Technology, Inc., 852 F. 2d 552 (Fed. Cir. 1988)。

禁止把姓氏作为商标的规定甚至在使用者的姓氏和商标同一的情况下也适用。法院并不想绝对禁止使用商标人自己的姓氏，而可以使用自己姓氏的唯一特例就是，这一姓氏不是用作商标，而是在使用者与某一产品联系在一起时用这一姓氏来确定其身份。《美国注释法典》第 15 编第 1115 条（b）款（4）项。例如，坎贝尔先生被禁止使用他的姓氏作为商标来销售肉汤。但是只要不用他的姓氏来推销产品，他就不会被断然地禁止用姓氏在商品上的某个地方作出说明，他是这门生意的所有者。

使用某人自己的姓氏作为商标不仅涉及公平原则，还和法律规定有关。首先，法院并不愿去禁止某人使用父母给他带来的姓氏。因为阻止某人似乎合法的行为显然是不公平的。如果使用者试图欺骗公众，或者如果很显然他只是想利用姓氏来从在先使用者的努力中获利，这种公平就会被破坏。其次，假设第二使用者只是诚实地使用自己的姓氏，并无欺骗或从别人那里捞取好处的企图，法院常常会根据个案采取补救措施。法院会要求在商标上作出某种形式的弃权声明或解释，避免与在先商标相混淆，同时允许第二使用者利用在一定意义上被认为是自然的权利。参阅 Taylor Wine Co. v. Bully Hill Vineyards, Inc., 569 F. 2d 731 (2nd Cir. 1978)。

禁止地理性描述和地理性错误描述的商标和禁止姓氏的商标相类似。首先，这种禁止不包括第二含义的例外情况，连续使用就可以使地理性商标最终合法化。其次，禁止的主要是那些"大多"是地理性描述或不适当的地理性描述的商标。因此，获得第二含义不必绝对消除商标的地理意义；它只需在某一特定市场人们的心目中抵消这一地理含义。

至于地理性描述商标，意在禁止一些人对本应属于公有领域的名称获得优先权。另外，禁止欺骗性地错误描述地理性商标，是为了防止出现讹误、混淆或欺骗。这种保护旨在保护公众的利益，而禁止地理性描述的用语旨在保护竞争者。

在普通法中，地理用语和各种描述性商标是不能获得商标保护的。在《拉纳姆法》之前的法规中，实际上禁止任何带有地理含义的商标。而《拉纳姆法》则改为只禁止那些"主要"带有地理含义的商标。《美国注释法典》第15编第1052条（e）款。由于禁止的侧重点有所不同，这样除非表示地理的含义超过了其他含义，否则地理性用语还是可以注册商标的。禁止地理性商标只是禁止描述性商标的一种变化。毫无疑问，关于第二含义，一般来说，处理方法和描述性商标一样。要使地理性商标符合注册要求，就必须使消费者将该商标和某一特定商品的唯一来源建立起联系。参阅 Prestwick, Inc. v. Don Kelly Building Co., 302 F. Supp. 1121（D. Md. 1969）。获得第二含义至少得意味着在某一特定市场，相对于某一特定产品，该地理标志根本不是地理用语。如果一个标志主要不是地理性的，它的第二含义就会占主要位置。

一个商标所具有的地理意义主要是根据相关的市场和商品来衡量的。因此，只有当商标的用语主要显示出和在一特定市场上出售的产品有关的地理意义时，这个商标才会被禁止。在那个市场，该商标是否显示出重要的地理意义是通过商标的用语是否直接向消费者传递了和某一特定产品相关的地理概念来测定的。这一检测必须要看"公众是否将商品和地点联系起来，也就是说，公众是否相信这一商品……来源于那个地方"。参阅 In re Societe Generale Des Eaux Minerales De Vittel, 824 F. 2d 957（Fed. Cir. 1987）。如果一个本来是地理性的用语所传递的不是地理意义，它基本上就是臆造性的，因为它和产品的关系不是自然的，而是人为的，而且和该商标任何固有的意义都不相关。

一个商标是否被认为主要是地理性的，并不是由多数票来决定。所有的消费者是否都把商标和某一特定的地理联系起来，这并不重要。只有部分地理意义并不会禁止该商标注册，然而即使一些人甚至许多消费者都没有把商标上的用语和某一地理联系起来，这一事实也无法说明该商标的非地理性。检测的方法是，该用语对消费市场的某些已公认部分，是否具有主要的地理意义。参阅

In re Charles S. LoebPipes, Inc., 1975 WL 20760（Trademark Tr. & App. Bd. 1975）。"主要"一词的严格意义并不是非要求把商标作为一个整体主要含有地理意义。相反，这种衡量只是对任何一部分消费者所认同的部分进行的有限衡量，对该商标至关重要的是消费者对该地理标志所产生的主要联系。这并不是意味着市场的一个主要部分产生了这一联系，而是这种联系对市场的某一部分来说是主要的。

　　总之，地理标志是否主要为描述性的，或者是否主要为虚假描述性的并不重要，因为（1）如果主要是描述性的，这个标志就会被禁止，以及（2）还有一种辩词，就是如果标志不是描述性的就会成为主要是虚假描述性的。换句话说，既然问题的关键在于商标用语是否包含地理性意义，就没有必要去调查商品实际上是否来自有争议的地理标志的地区。一旦发现某商标主要是具有地理意义的，那么无论它对产品的描述是否准确，都不能予以注册。如果商标准确地描述了产品，该商标也会因是描述性商标而被禁止，如果该商标没有准确描述产品，则该商标会因错误描述而被禁止。一旦发现某商标是地理性描述的，就只有获得新的第二含义才能使该商标注册，如果实质是虚假描述，那么这样也不可能注册商标。参阅 In re California Innovations, Inc., 329 F. 3d 1334（Fed. Cir. 2003）。

　　商标法禁止下列词语进行商标注册：

　　　　不道德、欺骗或诽谤性的内容；或者含有对个人（生者或死者）、机构、信仰或国家象征有贬损或引起错误联想的内容，以及使之蒙受鄙视或破坏其名誉的内容。《美国注释法典》第 15 编第 1052 条（a）款。

　　与禁止使用姓氏和地理标志作为商标不同，禁止不道德、诽谤性内容及类似有冒犯含义的标志的规定，是无法通过获得第二含义来改变的——至少依然有冒犯含义时仍不能改变。即使这类有冒犯含义的商标获得了足以除去有冒犯含义的第二含义，它依然是要被禁止的。这与姓氏的情况不同，只需把姓氏的作用降到不具有主要意义的时候便可以进行商标注册。由于有冒犯含义的标志的使用只有一种可能可以获取注册资格，即完全改变该标志的意义，因而实际上有冒犯含义的商标几乎没有注册的可能。

　　像用于胸罩的商标"胸的陷阱"，参阅 In re Riverbank Canning Co., 95 F. 2d 327（Cust. & Pat. App. 1938），用于葡萄酒的商标"救世主"，参阅 In re Sociedade Agricola E. Comerical Dos Vinhos Messias, S. A. R. L., 1968 WL 8178（Trademark Tr. & App. Bd. 1968），用于鸡肉餐馆的商标"只有口中的胸能与手上的鸡腿媲美"，参阅 Bromberg v. Carmel Self Service, Inc., 1978 WL 21770

（Trademark Tr. & App. Bd. 1978），用于能量饮料的商标"可卡因"以及名称为"红皮肤人"（对印第安人的蔑称）的足球队，参阅 Pro-Football，Inc. v. Harjo，284 F. Supp. 2d 96（D. D. C. 2003），都被认为是有冒犯含义的。

除了法律上禁止的范围有多大这一点相当模糊以外，有关提出反对注册的适格主体也不确定。一般认为，由于商标法考虑到了个人以及集体可能发现有冒犯含义的商标的问题，因此这些人即使没有从事商业活动或竞争的身份，也是提出该问题的合理且适当的当事人，参阅 Ritchie v. Simpson，170 F. 3d 1092（Fed. Cir. 1999）。

## 第六节　辅簿注册

《拉纳姆法》规定没有显著性的商标不能列入主簿注册。如果一个商标没有被列入主簿注册，它就不能真正享受联邦商标法的保护。由于国与国之间的商标法存在着差异，因此，许多在美国不受保护的商标在别的国家就可能受到保护。为了在别的国家得到保护，与外国的条约通常都规定，外国商标必须在原所在国内注册。因此《拉纳姆法》规定不仅给具有显著性的商标注册，而且对暂时在美国没有显著性的商标也给予注册。

因此，即使一个没有显著性的商标被专利商标局拒绝注册，但商标使用人为了在美国以外的国家获得保护，仍然可以申请要求列入辅簿注册。《美国注释法典》第 15 编第 1091 条。列入辅簿注册并不妨碍使用人在获得第二含义的情况下，在美国申请列入主簿注册，因为商标法明确规定了列入辅簿注册的商标有权申请以后被列入主注册簿。此外，列入辅簿的注册商标允许注册人利用联邦管理机构，即使该商标不具有公民跨州诉讼或其他联邦法院的管辖权，而且第 1052 条（d）款规定，禁止与已被列入主簿注册或辅簿注册相似的商标进行商标注册。

# 第十三章
# 反淡化及商标意义的扩展

## 第一节 概 述

在普通法中，商标主要是用来区别商品的不同来源，使消费者不会对类似的产品发生混淆。在市场上可能有这种情况，消费者既不知道也不关心产品的生产者究竟是何人，要是这样，商标所起的作用就大不一样了。在由无数不知来源的商品所组成的市场里，商标用来辨别商品特定来源的作用并不十分重要，重要的却是表明诸如生产线这类的所有权的一般来源（虽然是不知名的）。商标是要利用消费者对厂家的信任而不是利用生产者的身份。商标给产品树立起一种形象，而消费者对该形象的反应才是关键。消费者选购某一种产品，并不是因为商标使消费者识别出了他所认可的产品的来源，而是因为商标本身所具有的某种价值。

一旦商标本身获得了独立的价值，法律保护就不仅仅是为了避免混淆产品来源的可能性。对于商标所有者来说，商标的价值不再仅仅是告诉消费者哪些商品是他的，哪些不是。当商标有了它自己的价值的时候，它本身就可以寻求保护。换句话说，就是保护商标免受淡化。当商标的作用超出了避免混淆这一作用时，那么显然混淆这个因素并不能覆盖一切，而其他一些因素就变得同等重要或者更重要了。参阅 Allied Maintenance Corp. v. Allied Mechanical Trades, Inc., 369 N. E. 2d 1162（N. Y. 1977）。

## 第二节 商标和商誉

在市场中，商标的区分作用不是根据来源，而是根据消费者通过广告而较偏爱的产品的质量。对于商标所有者来说，商标的价值一般来讲就是商誉。相对于产品来说，对商标本身的投入使商标所有者逐渐树立起了自己的信誉，创出了牌子。

由于商标的已由对不同来源的区分扩大到体现所有者的声誉和商誉，侵权的标准也发生了变化。比如，如果把商标的作用仅局限于普通法规定的区分不同来源，就很少存在侵权，除非破坏了区分的作用。换句话说，如果商标只是被用来区分来源的话，混淆就是唯一和侵权目的相关的因素。如果消费者对所有者的商品的来源没有发生混淆，那么对别人使用该商标，就不存在合理的诉因。如果没有混淆的存在，对侵权的任何起诉一定是针对商标的作用，而不是针对商标所具有的区别特征，因为所禁止的结果（混淆）并不存在。在不存在混淆的情况下，对侵权的指控是在商标的作用已经扩大，超出了区分来源的作用的情况下出现的。

联邦商标法采用了普通法中反不正当竞争的某些内容，这一采纳是通过在《拉纳姆法》中删除对须有购买者对来源发生实际混淆这一要求开始的。在1961年，法案修订为禁止任何可能引起混淆的商标的使用，这种混淆显然是指任何方面的混淆，而不仅仅是由购买者对某一特定产品来源发生的混淆。《美国注释法典》第15编第1114条（1）款。商标法的这种转变大体上是基于禁止竞争者从别人的声誉中不正当地获利。

体现在商标中的商誉方面财产权的发展是现在商标权不断扩大和反淡化思想的基础。在普通法中，商标权只是禁止将某些产品的来源发生混淆。因此，这些权利是非常有限的，也是很短暂的。因为只有涉及某些特定产品的销售时，这些权利才可能存在。在没有实际使用的情况下，对商标所有权的限制从总体上说明了商标权并未被人所拥有，这一点正是商标与所有其他财产权的不同之处。

因此，法院认定商誉是商标可受保护的特征，商标的财产利益也就扩大了。由于这一利益的扩大，对商标所有权的限制便大体消失了。

如果市场上销售的一种上面附有某所有者商标的产品，而该产品又和该所有者在市场上销售的任何东西没有联系，就很可能根本不会出现传统的商标混淆。但是根据商誉的理论，所有者或许可以成功地禁止将他的商标应用到毫不相关的产品上，即使消费者对所有者的实际产品不会发生混淆。因为如果该产品低劣的话，消费者可能会对所有者有不良看法。因此，市场的范围大大地扩大了。另一方面，如果一个侵权人在销售一些与商标所有者的商品毫不相关的产品，而该产品的质量却超过所有者的产品时，至少在理论上对该商标所有者的声誉不构成损害。

然而，那些低劣的侵权产品的案件与上面所说的情况不一样。参阅 Mobil Oil Corp. v. Pegasus Petroleum Corp., 818 F. 2d 254（2nd Cir. 1987）。这是基于一人们确信，商标所有者不必决定他的声誉是否正在被破坏还是正在受益。从这种观点上来看，一个商标就像人的脸，谁也无权盗用一个商标的使用权，这正像谁也无权未经许可使用一个人的肖像一样。对这些案件作出裁决的理由是很模糊的。其一是预防理论，主张所有可能是有害的使用都应被禁止。另一种理论是，既然很难证实低质还是高质，那么就不应由所有者来树立质量。因此，商标的保护范围就扩大了，超过了普通法只是禁止混淆商品来源的限制，这很像对肖像权的保护。这种保护是基于滥用权利的理论（theory of misappropriation），从而总体上将商标变成了一种财产权。

## 第三节　商标权扩展的可能性

一般情况下，法院通过对商标所有者在将来把商标用于不同市场的可能性进行衡量，来审查另一公司是否把商标用于不同的产品上。虽然商标保护只是附属于某种特定的使用，然而这种保护也扩展到产品上，消费者很自然地把该产品与商标所有者已销售的产品联系起来，在这种基础上所做的检验是正当的。参阅 Scarves by Vera, Inc. v. Todo Imports, Ltd., 544 F. 2d 1167（2nd Cir. 1976）。潜在的混淆被认为是对法律上商标所提供的保护的损害。但应当注意，这种依据扩展可能性原则而保护所禁止的混淆不是竞争产品之间的混淆。例如，如果一个商标所有者销售"保甜"苹果和其他苹果商进行竞争，普通法保护中所禁止的混淆是所有者销售的苹果与竞争者销售的苹果之间的混淆。普通法上的商标权禁止另一苹果商企图以销售别的苹果来混淆"保甜"商标所有者销售的苹果从而迷惑消费者，同样也禁止假冒者。然而根据商标权扩展可能性的理论，商标所有者同样有权禁止以"保甜"为商标的销售者来销售橘子，即使商标所有者并未销售橘子。这种潜在的混淆确实存在着，虽然不是和商标所有者现在的使用有关。

因此，这项扩展理论可以给商标所有者提供保护，这种保护最有力的方面是假设性地使用商标。通过这一理论，商标所有者可以将商标的保护扩展到以下领域，即人们可以自然地将所有者目前进行的商业活动联系起来的任何领域。这至少等于获得了部分权利，商标所有者可以提出：他有权只通过选定该商标，而不必使用，就对该商标拥有权利。在普通法中，一个人是不能只通过选定的方式即主张他打算以后在市场上使用该商标，并以此为由来禁止别人使用该商标的。只有在使用以后，权利才可以产生。然而根据这项扩展理论，现代商标法却允许商标所有者禁止他人将商标用于所有者目前暂时还没有使用该商标的商业领域。

消费者的期望有助于限制这一理论。如果消费者认为商标所有者参与到其他商业领域是合理的，那么这些商业领域就被列入到扩展了的市场里。消费者的期望部分是建立在正在销售的产品和扩展了的市场上的产品之间联系的基础上的。例如，苹果和橘子在用途上是相关的，它们都是水果。同样，剃须刀片和刮脸膏在用途上也是相关的。像这类相关领域的使用，即使实际上在先使用者没有在这些相关的市场上使用该商标，其使用权仍应留给在先使用者。

另一个限制是市场现状。这一因素和消费者的期望测试紧密相关，说明如果某些产品共同由同一供货人销售，即使其在用途上不相关，也很可能发生混淆。一家化学公司可能既销售合成纤维又销售炊具的衬垫。尽管这些商品用途不同，但就市场现状来说，它们却是相关的。见前述维拉接待公司诉托都进口公司案（Scarves by Vera, Inc. v. Todo Imports, Ltd.）。

关于限制扩大市场的另一测试是消费者的相似。如果两种产品同时销售给同一类消费者，法院就很可能要禁止侵权商标。因此，在这样一种情况下，一家汽车擦洗处用了"好事达"作为名称，结果便侵犯了"好事达"商标所有者的权利，因为该商标所有者已将该商标用于汽车设备、汽车保险以及类似产品上面。虽然该商标所有者并没有开办汽车擦洗业务，但这类消费者和商标所有者的消费对象如此一致，结果导致了商标所有者和侵权人之间的混淆。参阅Allstate Insurance Co. v. Allstate, Inc., 307 F. Supp. 1161（N. D. Tex. 1969）。

之所以保护与实际使用范围不相干活动中的商标，一个因素是使用者存在一种隐含的期望，即商标所有者可能将商标扩大到这些相关的范围。但是，显然商标所有者没有必要证实有这样的动机。证明责任归被告，他须证实他的使用和商标所有者所期望的一切都不相干，消费者不会把他的产品和商标所有者的产品等同起来。

发生混淆的可能性，在许多案件中都只是从已经讨论过的诸因素中作出的法律推断。一旦产品在使用上有密切联系，尤其是消费者有可能把两者联系在一起，并且一旦同一类消费者可能购买那些不相类似的商品，而且当那些商品都被证明一般由同一供货者生产时，那么法院通常就会推断很可能发生混淆。由于没有必要证明确实存在混淆，这种推断就很难被驳回。即使没有发生混淆的证据，也常常在那种多少有些兜圈子——有实际混淆或没有实际混淆都无法证明这种情况——的基础上被拒绝。

因此，商标所有者可以进入相关市场的利益是很难被驳倒的。一旦确认了市场的相关性，一项侵权使用就会依据法律推断（很可能）发生混淆而被禁止。产品、市场及消费者期望的相关性——这些可能同样表明存在扩展市场的事实——也会迫使我们得出发生混淆可能性的结论。因此在实际的诉讼中，有混淆证据存在或缺少混淆证据都未必起多大作用。

# 第四节 受保护的利益

法院已确认三种利益受现代商标法中反淡化理论的保护。这些利益是，在先使用者进入相关市场的权利，保护商标所有者的声誉不受劣质商品损害的权利以及公众免除混淆和讹误的权利。参阅 Scarves by Vera, Inc. v. Todo Imports, Ltd., 554 F. 2d 1167（2nd Cir. 1976）。

在判定后来使用者是否可以把在先使用者的商标用于在先使用者尚未使用的市场上时，法院要考虑许多因素。其中之一就是后来使用者的目的，如果实际目的是利用别人的商标牟取利益或用来欺骗广大消费者这种更坏目的，这样就很容易说服法院禁止后来使用者使用在先使用者的商标。参阅 A. T. Cross Co. v. Jonathan Bradley Pens, Inc., 355 F. Supp. 365（S. D. N. Y. 1972）。另一个因素就是消费者类型。参阅 Ortho Pharmaceutical Corp. v. American Cyanamid Co., 361 F. Supp. 1032（D. N. J. 1973）。对同样一个商标，一个凭冲动购买商品的消费者市场，比一个由有经验的消费者构成的市场，更有可能得出不恰当使用商标的结论。

虽然劣质商品在判定淡化问题上不起关键作用，但是商品的质量却是法院要考虑的许多因素中的一个。因此，如果第二使用者想利用高质量商品的商标来出售廉价产品，这就与淡化有关了。一方面，在淡化案件中，有一种情况被认为是应予保护的利益，这种利益如同商标所有者"保护与其商标有关的良好声誉免受后来使用者的低劣商品玷污"。见前述维拉接待公司诉托都进口公司案（Scarves by Vera, Inc. v. Todo Imports, Ltd. ）。另一方面，后来使用者以显示其产品质量优于在先使用者产品为辩词，尽管这在逻辑上成立但还不清楚能否经常取得成功。

目前在结合反淡化理论对商标案件作出判决时，法院所要考虑的有关因素主要是混淆的可能性，而不是实际存在的混淆。这类案件举证责任在被告，这意味着，一旦证实存在混淆的可能性，即使并没有发生混淆也不影响判决结果。在这些案件中，如同不可能推翻消费者可能发生混淆这种假设一样，要证明不存在发生混淆实际上更是不可能的。而且，商标所有者无须证实所有消费者，或大多数消费者被误导。商标所有者只需证实确有一部分消费者可能被误导即可。从一些案件的判决可以看出，如果商标本身是销售的基础，而不是消费者所确认的商品来源是销售的基础，那么这种混淆就完全不相关了。参阅 Boston Professional Hockey Ass'n. v. Dallas Cap & Emblem Mfg., Inc., 510 F. 2d 1004（5th Cir. 1975）。

由于公认混淆并不是淡化案件起诉的必要条件，法院便将原告商标的显著性作为受保护的利益。这样即使不存在竞争和混淆，另一个人的使用仍有可能消损该商标的影响力。那么在这类淡化案件中，有时对商标的影响力的考虑就要优先于对指控侵权的考虑。例如，值得注意的是，联邦反淡化法只适用于"驰名商标"（"famous" marks）。参阅本章第六节。影响力强的商标要比影响力弱的商标从反淡化理论中获益大得多。一个商标显著性越强或影响力越大，那么该商标受侵害的可能性也越大，因此，法律保护该商标免受淡化的可能性就越大。

例如，如果消费者购买鳄鱼衬衫只是为了衬衫上的鳄鱼，那么一个竞争者出售鳄鱼衬衫，上面无论是否明显标明它们是仿制品也无关紧要。在这种情况下，商标所有者已经对商标本身取得了一种权利，因为禁止这种侵权，不是为了阻止混淆，而是为了阻止标有相似商标的商品销售。如果存在混淆的话，也只是商标上的而非产品上的。那么，从某种意义上讲，要求存在混淆就瓦解成为商标相似性的基本原理。这种扩展了的商标理论将商标上升为一种财产利益。见前述 Boston Professional Hockey Ass'n. v. Dallas Cap & Emblem Mfg., Inc. 案。一旦商标出现相互混淆的相似，而该商标又是商业活动的基础，那么根据这个理论，就可以获得救济以禁止淡化而非禁止混淆。

## 第五节　州反淡化法

虽然《拉纳姆法》进行了修订，构成侵权的混淆不再局限于竞争的商品之间，总体上扩大了混淆的范围，把反淡化理论包括进来。但是这种变化只是最近才发生的。此外，联邦法院还是有些不愿把反淡化理论完全包括进去，因此联邦法院用各种不同的严格标准来解释"混淆"的要求。事实上，通过采纳联邦反淡化法的明确规定，将保护对象限定为"驰名商标"是有可能的，见本章第六节，因为法院在某种程度上更不愿意通过扩张《拉纳姆法》来涵盖反淡化概念。尽管联邦法院最终接受了反淡化理论，许多没有注册的商标和没有注册资格的商标仍然只能受到州法的保护，但是直至最近，州法还是完全由普通法构成，州法院仍然拒绝对涉及反淡化理论的案件进行审判。为了改变这种态度，许多州的法规中都制定了关于反淡化理论的规定。

州反淡化法的特点是，不再考虑商品之间的竞争和混淆的要求。例如，见

《西佛罗里达州法规公报》第 495. 151 条；《纽约州麦金尼普通商法》第 368 条（d）款。这些法规禁止任何使消费者对来源而不是对商品发生混淆的行为。通过驳回竞争要求，这些法规允许商标所有者将其商标使用在较大范围的有关产品和市场上，在这些产品和市场上，商标所有者无须主动地去阻止被禁止的行为。

## 第六节　联邦反淡化法

也许是因为与传统商标法相比，反淡化法展现出与传统不一致、甚至矛盾之处，最初的《拉纳姆法》没有类似联邦法律这样的条款。然而，1996 年美国国会增加了反淡化条款，见《美国注释法典》第 1125 条（c）款。2006 年《商标反淡化修订法》郑重地扩大了侵权范围，仅仅要求淡化的可能性，不要求经济的损害或者实际发生淡化，从而在法律上驳回了 Moseley v. V Secret Catalogue, Inc., 537 U. S. 418（2003）一案。修订法再一次将反淡化界定为包括特定的丑化和模糊行为。为了证明产品之间发生模糊，原告必须证明其商标的显著性可能受到损害。Louis Vuitton Malletier S. A. v. Haute Diggity Dog, LLC，507 F. 3d 252（4th Cir. 2007）。法院判定一个商标即使没有明显地与商标所有者的商标相似，它也可能违反法律，而且，拙劣的模仿也不是有力地反驳，至少在声称拙劣模仿商标的产品淡化了原有商标的价值的情形下。参阅 Starbucks Corp. v. Wolfe's Borough Coffee, Inc., 588 F. 3d 97（2nd Cir. 2009）。

与州反淡化法不同，联邦反淡化法仅仅适用于"驰名商标"，并且除了故意或者恶意淡化行为，州法只提供禁令救济。商标"驰名"的判断标准有：它的显著性、使用程度、广告宣传力度、公众知晓程度、地域影响范围、贸易渠道渗透情况、销售量、双方相关市场的认知度、他人和第三方的使用情况、联邦注册状态。

# 第十四章
# 商标保护的丧失及部分保护

## 第一节　部分权利

除商标在某项商业活动中已被实际使用这种情况以外，由于商标权在普通法上从未被承认为财产权，因此要解决对同一商标所发生的争议，依据普通法，过去及现在都是根据市场和在先使用来断定的。通常是第一使用人享有在先使用权，但是在先使用权的衡量和获得都只是同第一使用人所进行商业活动的市场有关。既然第一使用人可能甚至很有可能只在一个区域进行商业活动，那么第二使用人在另一个区域获得同一商标的使用权就很常见了。在另一区域，第二使用人当然就成了第一使用人。

甚至在颁布了联邦商标法之后，仍可以用前述传统方式的普通法来解决未注册商标所出现的问题，以及解决因某种原因未适用联邦法而依据普通法判定的商标所出现的问题。例如，尽管已经注册了商标，对于注册商标之外的产品或服务的争议，同样可以用传统的普通法规则来解决问题。参阅 Natural Footwear Limited v. Hart, Schaffner & Marx, 706 F. 2d 1383（3rd Cir. 1985）。当然，有了联邦法，区域性在先使用的理论就被推定通知的理论所取代了。

根据《拉纳姆法》，如果所使用的商标是第一使用人注册后的商标，那么因为该法推定通知的作用，第二使用人就不能获得可以主张使用相同商标的权利。《美国注释法典》第 15 编第 1115 条（a）款。由于第二使用人知道有在先使用人的情况下，再去使用此商标将永远无法获得权利。《拉纳姆法》通过这种推定知道的方式，有效地阻止了第二使用人在别人注册后再去使用该商标的所有主张。这里至少存在着两种潜在的争议：

第一，推定通知并不影响两个使用人之间已经存在的权利。因此，正像上面所描述的普通法中的情况一样，很可能一注册人获得了商标权，而另一使用人在另一较远区域也获得了权利。第一使用人，或者实际上是在后使用人可以根据普通法权利申请注册，甚至可以获得其他使用人所获得的普通法权利。在《拉纳姆法》中，处理这些相互冲突的权利是很困难的。

第二，在申请和公布注册（即推定通知生效）之间，第二使用人由于不知道或没有得到通知，或由于其他原因，可能善意地使用了别人的商标。解决这些权利的争议也是有些麻烦的。

因此，注册人和其他使用人的地位可能依次排列如下：

（1）在先使用人可以申请注册，即使在后使用人在其他区域已获得了某些权利；

（2）在后使用人可以申请注册，即使在先使用人在别的区域已获得权利；

（3）在先使用人可以申请注册，即使在后使用人在申请和公布注册之间一段时间内可能获得权利。

即使上述，（1）和（2）两种情况很容易区分，但由于《拉纳姆法》的用语含糊，在区分时也存在问题。在普通法中，不同的市场里，只要各方都使用了商标而彼此并不知情，谁是在先使用人并不那么重要。换句话说，在普通法中，谁都可以说自己在自己特定的区域内是在先使用人（因为普通法中并没有推定通知这一说法）。但在《拉纳姆法》中，情况就不是这样了。根据《美国注释法典》第15编第1051条，一个申请人必须证实没有其他人对所申请的商标享有权利，但是《拉纳姆法》却提供了可以同时使用的可能性，而不考虑谁是在先使用人。《美国注释法典》第15编第1052条。然而，同时注册的权利（在某种程度上与同时使用的权利不同）却明确地限制在他人之前获得权利的一方。因此，在上面（3）中的在后使用人无权同时注册。《美国注释法典》第15编第1052条（d）款。

根据第1052条，任何申请人都不会被拒绝注册，除非该商标早已被他人使用过。而普通法中通常对善意第一使用人和善意第二使用人不作区别。因此，前面情况（1）中的申请人，根据对《拉纳姆法》的字面解释，不应被拒绝注册。然而在前面情况（2）下，专利商标局有权拒绝在后使用人的注册，即使他有无可否认的权利不能取消他的注册，甚至即使在先使用人也提出了申请（根据共同使用的规定）。然而在情况（2）中，如果在先注册遭到拒绝，在后使用人就有可能禁止他人注册，获得同时注册；或者可以像上面情况（3）中，在申请和公布注册期间善意使用的在后使用人一样，可能获得在已经使用了的区域内的商标使用权，尽管其他申请人已经注册。

第一使用人的请求一般由于注册而得到满足。为了鼓励联邦注册制度的实施，对第一申请人的请求，即便其是该商标的第二使用者，有时也可以给予注册。这样的好处通常在于是非曲直根据双方情况来定，而不偏袒某一方。

## 第二节　先注册人对抗注册前的使用人的权利

法院一致认为，联邦注册并不影响那些善意在后使用人获得的权利。参阅 Thrifty Rent-A-Car System v. Thrift Cars, Inc., 831 F. 2d 1177 (1st Cir. 1987)。虽然该商标已经注册，在后使用人仍有权在所确立的有限区域内继续使用。已经确立的商标的使用能够反驳侵权指控，即使在联邦注册的事实已经成立。第 1115 条 (b) 款 (5) 项规定，注册或公布注册之前的连续使用，可作为反驳侵权诉讼的辩词，甚至亦可对抗无可争议的注册人。然而这种辩词受到限制，"仅适用于在先连续使用得到证实的区域"。

同样，联邦注册人甚至不能进入在后使用人在注册或公布注册之前就已在那个区域确立了权利的市场。参阅 Mister Donut of America, Inc. v. Mr. Donut, Inc., 418 F. 2d 838 (9th Cir. 1969) 及前述 Thrifty Rent-A-Car System v. Thrift Cars, Inc. 案。因此，尽管在先使用人进行了联邦注册，也获得了联邦保护的权利，但他却不能禁止在后使用人在自己所确立的市场内使用注册商标，他自己也不能进入该市场。

但是在先注册人可凭推定通知在全国范围内对任何人主张商标所有权，除了在该商标注册前在后使用人已确立了权利的区域之外。但是即使对于在后使用人，在先注册人也有权禁止他把市场扩大到受到限制的已确立的市场范围以外。在这种情况下，通常唯一的问题就是确定在后使用人已经确立的市场范围。

还有一些判例表明，只要在后使用人是将其市场扩大到在先注册人无意进入的区域，就没有理由去禁止在后使用人在这一区域内使用该商标。在这种情况下，不存在发生混淆的可能性，而且由于混淆是判定侵权的基础，因此，也就不能根据侵权下达禁令。参阅 Dawn Donut Co. v. Hart's Food Stores, Inc., 267 F. 2d 358 (2nd Cir. 1959); Fairway Foods, Inc. v. Fairway Markets, Inc., 227 F. 2d 193 (9th Cir. 1955)。但是这些情况是很少见的，即使他们注意到一旦在先注册人有扩大市场的意图，下达禁令是合适的。其中有这样一个案例，多恩·多纳特（Dawn Donut）就在注册后卷入了一起与在后使用人——换句话说是未经授权使用人——的纠纷，但是这起案件却被大量同时使用相似商标的事实弄得复杂了，尽管在后使用人在不同的商业活动区域进行了很长一段时间使用。

## 第三节　后注册人对抗注册前的使用人的权利

如果存在在先使用人，而且他在某一限定区域内已确立了权利，这时在后使用人在申请联邦注册时，就会面临一些严重的问题。这些问题因在后使用人在申请时是否了解在先使用人的活动而有所不同，这些问题也会因时间的推移，是否使得在后使用人的注册变得无可争议而有所改变。

如果在后使用人知道在先使用人，他就有必要在联邦注册时说明情况，然后申请同时注册而不是排他性注册。在这种情况下，双方都极有可能在同时注册和限定注册原则的基础上获得商标注册。

一个并不知道在先使用人的在后使用人，只要他"尽其所知和所能"（《美国注释法典》第 15 编第 1052 条（a）款（1）项，那么他就可以获得合法的注册，并对该商标享有权利。然而，当发现可能有其他人已"在先使用过"该商标时，这样的申请人就可能得不到注册，因为第 1052 条（d）款有拒绝注册的规定，或至少还有关于同时注册的规定。但是如果在该申请人申请注册被批准之前，并没有发现在先使用人存在，那么该注册仍然有效，而且从注册之日起，连续使用 5 年，该商标就是无可争议的了。《美国注释法典》第 15 编第 1065 条。

在联邦注册中，在先使用人和在后使用人之间有法定的区别，即使双方都显然已在各自不同的区域确立了受保护的权利。第 1052 条（d）款规定，一个使用人所使用的他人"在先使用过"的商标不能注册。因此，在后使用人就会遇到在先使用人不会遇到的障碍。先使用人可以合法地宣称在他之前没有任何人使用过该商标，虽然在后使用人在另一区域已获得了毫无争议的权利。然而，虽然在后使用人获得了平等或者获得比在先使用人更大区域的使用权，他依然要面对在先使用这一障碍，因此，在后使用人就必须设法避免这一障碍。只有在未发生混淆、讹误、欺骗的情况下，在后使用人方可根据第 1052 条（d）款的另一部分，申请同时注册。根据第 1052 条（a）款（1）项关于同时注册的规定，在先使用人要想申请同时注册，就不能提出类似第 1052 条（d）款中的障碍——从理论上讲，也不会遇到这样的障碍。根据第 1052 条，既然无人在先使用过该商标，这样的在先使用人就有权注册。

## 第四节　同时注册

由于实际使用总是先于商标注册，那么当有一个以上的人有权使用同一商标，又不大可能发生混淆、讹误或欺骗的情况时，就可以同时获得注册。《美国注释法典》第 15 编第 1052 条（d）款。然而似乎存在着一种有利于在先使用人的总的前提条件，即如果申请人是第一使用人，那么根据这个条件，全国范围内的注册权就应属于他。虽然在理论上说，第 1052 条（d）款中规定，在没有发生混淆、讹误和欺骗的情况下，在先使用人应有绝对的权利，以及按理说在某些方面不优于在后使用人，但除此以外，似乎并不存在关于这一前提条件的可靠法律根据。

第一使用人也很可能是第一申请人。如果他成功地获得了注册，那么 5 年后，他就获得了无可争议的权利。在这种情况下，另一使用人可能获得的最大权利就是在他已确立了使用权的区域可继续使用。有利于在先使用人的前提只是下列商标诉讼实用主义的结果。即使第二使用人对注册提出异议，他也没有绝对的权利来对抗它，因为他不能主张他的使用是"在先的"。他能够主张的顶多是，该商标的使用失去了显著性特征，正像宏大食品公司诉马隆和海德公司一案（Giant Food Inc. v. Malone & Hyde, Inc., 522 F. 2d 1386（Cust. & Pat. App. 1975））中注册人所适用的情况一样。虽然，这种主张提出了远比涉及在先使用人基于"在先"使用对抗在后使用人所进行的单纯的事实调查更有争议的问题。

海关和专利上诉法院❶认为（The Court of Customs and Patent Appeals），在先使用人有权获得推定全国范围内的注册，在后使用人受限于其实际使用的区域内进行注册。但同时还认为，当在后使用人首先申请注册时，有理由给予其在全国范围的注册。这种后注册将在先使用人限制在他所开发的实际区域内的市场，因此进一步促进了有助于鼓励人们寻求联邦注册的政策。参阅 In re Beatrice Foods Co., 429 F. 2d 466（Cust. & Pat. App. 1970）。结果，这带来了潜在的冲突。

在某些情况下，在先使用人获得全国注册，而第二使用人只能获得在他所开发的市场的有限区域使用该商标的权利。另一方面，在后使用人实际上已获得了同时注册，即使在先使用人的权利是不可争议的。参阅 Old Dutch Foods, Inc. v. Dan Dee Pretzel & Potato Chip Co., 477 F. 2d 150（6th Cir. 1973）。有一

---

❶ 联邦巡回上诉法院的前身。——译者注

种情况，法院允许双方通过协议来解决在没有使用该商标的区域如何分配权利的问题。然而，法院坚持认为，既然同时注册是基于存在混淆、讹误和欺骗的可能性的情况下给予的，那么这种权利的分配应当在商标使用范围有可能扩展的基础上来决定。显然，法院是在推断，如果公众预料双方中的任何一方很可能会扩大到本国的某一特定区域，公众就会混淆。既然混淆是基于已经看到的出现混淆的可能性造成的，法院便推断，权利分配也应分别考虑作出决定。参阅前述 In re Beatrice Foods Co. 案。

法院对另一起案件的裁定，至少隐含这样一种意思，如果在后使用人的注册变得无可争议，那么该注册甚至会产生一些有利于在后使用人的条件。在这种情况下，法院看来会裁定，第二使用人如果是首先申请注册，便有权在全国注册。在先使用人因没有注册，只能获得普通法中实际产生的权利。参阅 Wrist-Rocket Mfg. Co. v. Saunders Archery Co., 578 F. 2d 727 (8th Cir. 1978)。

法律规定可以产生同时注册权利的各种程序包括：异议程序、抵触申请程序、撤销程序、再同时注册程序 (de novo concurrent registration proceedings) 以及侵权诉讼，在侵权诉讼中可提出同时使用的抗辩。结果往往要由具体的程序法来决定。

依据第 1063 条，一个人可以反驳某商标的注册，如果给予注册他会因此遭到损害的话。异议程序必须在专利商标局公报 (Official Gazettc) 上 (这往往优先于注册) 公布后 30 天内提出，虽然有延长的可能性。至少对在后使用人来说，专利商标局似乎认为异议程序不是借以要求同时注册的合法手段。在凹形公司诉德玛 AEH 一案 (Hollowform, Inc. v. Delma AEH, 515 F. 2d 1174 (Cust. & Pat. App. 1975)) 与美国保险银行诉美国保险和信托公司一案 (American Security Bank v. American Security & Trust Co., 517 F. 2d 564 (Cust. & Pat. App. 1978)) 中，海关和专利上诉法院适用了一项有利于在先使用人的条件，裁定在先使用人有权在全国注册，而且裁定任何同时注册只有通过同时注册程序才能取得。然而在凹型公司 (Hollowform) 一案中，在后使用人直到在先使用人已经开始申请注册时才开始使用，因此，他所提出的同时注册程序被禁止，因为只有在他人申请注册之前已经确立了某些权利的使用人方可提出同时注册程序，见本章第一节。《美国注释法典》第 15 编第 1052 条 (d) 款。因此，对提出同时注册的反驳者所能利用的唯一补救措施就是司法判决，因为第 1052 条 (d) 款并未要求法院判决需要有先于申请注册前的使用作为条件。在那个案件中，专利商标局长有权在法院终审裁定后批准同时注册。然而对上述两个案件的审理结果却是没有作出这样的司法判决，专利商标局长无法给在先使用人申请注册以后才使用的在后使用人同时注册，也无法给予任何救济，虽然允许其他在后使用人提出同时注册程序。Rosso & Mastracco, Inc. v. Giant Food, Inc., 720 F. 2d 1263（Cir. 1983）。

该法院还裁定，由在先使用人提出的对注册人的撤销程序后，不宜再公布同时注册，因为同时注册与完全取消注册人的权利这两个程序只能选择一种。在沙尔夫威公司诉旅行者石油公司一案（Selfway, Inc. v. Travelers Petroleum, Inc., 579 F. 2d 75（Cust. & Pat. App. 1978））中，法院裁定，尽管为了鼓励立即寻求联邦注册，政策强调对全国性的注册给予保护，但只有到注册商标无可争议时，在后使用注册人才不容易受到完全撤销注册的打击。因此，在注册 5 年内，这样的商标还有可能面对撤销程序。在撤销程序中，在后使用注册人不能以同时注册的形式来寻求限制性的注册。相反，在后使用注册人只能通过同时注册程序寻求同时注册。

# 第五节 放 弃

商标权只能通过使用方获得，一般不能通过选择或占有获得。因此，商标权是商业活动的一部分。正如没有使用就无法获得法定权利一样，获得法律保护以后不使用，商标也将无法再继续得到保护。下面就是关于商标的放弃。

商标所有者如不继续使用注册商标，又无恢复使用的意图，或者商标所有者必须采取措施而没有采取措施，使其商标失去了显著性，这些都构成商标的放弃。前者称之为实际放弃，因为它是商标所有者的实际意图。第二种放弃因为与所有者的实际意图无关，因此称之为推定放弃或法定放弃。为了避免商标受到实际或推定放弃的裁决，1988 年《商标法修正条例》（the Trademark Law Revision Act, TLRA）规定，须有实际的商业使用，而不是象征性的使用。也就是说，法律要求"须在日常的交易活动中善意地使用商标"。《美国注释法典》第 15 编第 1127 条。

第 1052 条（d）款规定，如果商标所有者放弃了以前使用过的商标，那么他人可以占有使用该商标。因此，放弃商标可以作为他人主张商标不应注册或注册不当时的抗辩。同时，放弃也是使用人主张其权利成为无可争议的九个合法抗辩理由中的一个。

在注册程序中，由申请人提出的认为在先使用人已放弃商标的主张，很可能会受到在先使用人的反对，在先使用人会坚持认为他依然对该商标享有权利。同样，在异议程序或由专利商标局宣布的抵触申请程序中，申请人可能必须回答在先使用人提出的他从未放弃商标的问题。放弃问题在撤销程序中更为常见，其中政府或提出异议的一方试图取消使用人的注册，因为据认为其没有行使联邦注册所赋予的权利。放弃也可能出现在司法程序中，其中大多和侵权有关，这时使用人便会以原告已放弃了商标来为自己辩护。

　　仅仅由于没有使用，并不导致商标的实际放弃，还必须有不继续使用的实际意图。如果一个人迫于经济压力无法继续使用该商标，而没有永远不继续使用的意图，这种情况的不使用就是合理的，不构成放弃。参阅 Miller Brewing Co. v. Oland's Breweries［1971］Ltd., 548 F. 2d 349（Cust. & Pat. App. 1976）。如果一个商标连续 3 年没有使用，就被推定为放弃。不使用的证明责任转移到注册人身上，由注册人证明其是合理的不使用。当不使用可视为一个有意使用商标的理性商业人将会做的事情时，这样的不使用则是合理的。参阅 Rivard v. Linville, 133 F. 3d 1446（Fed. Cir. 1998）。因为要从两个方面进行检验，如果商标所有者能够证实他有意恢复继续使用，这种推定放弃可能被驳回。对于不放弃该商标的意图，要进行仔细区分，看其是一般说说而已，还是非常强烈地要恢复注册。参阅 Exxon Corp. v. Humble Exploration Co., 695 F. 2d 96（5th Cir. 1983）。

　　由于联邦注册是全国性的，放弃也必须是全国性的。在某一特定区域停止使用该商标不能认为是放弃，实际上即使只有一个小的区域使用而全国其余地区都已停止了该商标的使用，也不应算作放弃。如果一个商标是联邦注册的，即使是在各州之间有限的使用，也足以驳回任何人提出的该商标已放弃的主张。一个注册的商标即使只在一个区域使用即可推定在全国范围的其他地区使用。因此，虽然根据普通法如果一个使用人撤回使用就可能失去在所有区域受保护的权利，但是联邦注册却可以防止这一点。然而如果一个使用人要收缩其商标使用范围，只在一个州内使用其商标，而由于联邦注册的使用必须是州际之间的，那么这显然构成有效的放弃。如从这一观点出发，收缩商标使用范围就等于没有使用，可认定为放弃。在多恩·多纳特公司诉哈特食品百货公司一案（Dawn Donut Co. v. Hart's Food Stores, Inc., 267 F. 2d 358（2nd Cir. 1959））中，法院裁定，只要注册人在"任何地方"使用商标就不是放弃。这种解释可能太宽泛了，这种"任何地方"的使用至少应是州际的，或有州际影响的。

　　使商标失去意义的行为或疏漏，还包括不能对该商标进行有效控制。当一个注册人允许他人使用其商标，而这种使用使该商标失去了显著性，那么就会发生法定放弃，即使商标所有者没有不再继续使用该商标的意图。实际上，注册人可能想向他人发放该商标的使用许可，最大限度地从其商标中获益。这样的注册人继续使用商标的意图是不可否认的；它证实了商标所有人扩大商标使用的愿望。但是如果注册人如此热情地利用其商标，以致他不能仔细地对它加以控制，那么，该注册人就可能被认为是有效放弃。当注册人授权他人使用其商标，而不管别人是怎样使用的，也不管用于什么产品上时，这种"毫无保护的授权"也将会导致放弃。同样，注册人不能合理地控制他所授权的人，如果出现了别人将该商标用于不适当的产品或服务上而导致商标失去显著性的话，也将构成合法放弃。参阅 Universal City Studios v. Nintendo Co., 578 F. Supp. 911 (S. D. N. Y. 1983)。

对被授权使用商标的人的控制是推定放弃和法定放弃的关键。然而，这种控制足以对抗放弃主张的程度根据情况不同而有所差异。如果仅仅是失去了对成百上千授权使用商标的人中的一些人的控制，尤其是注册人证明他设法恢复控制时，就不是放弃。参阅 United States Jaycees v. Philadelphia Jaycees, 639 F. 2d 134 (3rd Cir. 1981)。失去控制既要根据时间又要根据数量来衡量，这样，虽然很短一段时间内失去了控制，即使失去了对所有被许可人的控制，也仍然不是放弃。甚至所构成的短时间的失控也可能因具体情况而不同，在适当的情况下，多年的失控也可能不构成放弃。参阅 Sheila's Shine Prods., Inc. v. Sheila Shine, Inc., 486 F. 2d 114 (5th Cir. 1973)。

各种不同的失控，其中能说明法定放弃的是失去了商标的显著性。如果只是失去了对一些人的控制，但仍有大量的可有效控制的被许可人，使公众意识到该商标的存在，那么就根本不会影响商标的显著性。同样，对所有被许可人失去控制也因情况不同而有所不同。对于一个非常有影响力的商标，短时间的全部失去控制也不会影响该商标的显著性。

## 第六节　不可争议性

不可争议性是联邦注册制度的重要特征之一，连同全国性推定通知和意图使用条款，也是《拉纳姆法》与普通法的主要区别。确实，最高法院已经注意到不可争议性和推定通知，以及第 1064 条中关于 5 年以后可对抗撤销程序的保护，显然是国会有意用《拉纳姆法》去改变商标实体法。参阅 Park'N Fly, Inc. v. Dollar Park & Fly, Inc., 469 U. S. 189 (1985)。

基本上说，不可争议性允许符合第 1065 条不可争议条款规定的注册人对他人提起侵权诉讼，并且驳回被告除第 1115 条 (b) 款中规定的抗辩理由以外的任何辩词。同时还允许这样的注册人通过法律诉讼或者通过专利商标局的撤销程序以不可争议性为由反驳他人的指控，以阻止撤销。

此外，不可争议性还说明，除了第 1064 条（撤销条款）和第 1115 条 (b) 款（对不可争议性的抗辩）中规定的理由外，不能剥夺注册人的注册。

在这种情况下，要求撤销的一方通常是要求使用注册人商标的某种权利。仅仅因为存在其他方面的权利不足以撤销商标。当然如果第 1115 条（b）款中的具体抗辩理由中有一个可以得到证实，那么不可争议性就不能成立了。然而应注意区别不可争议性和撤销的根据，因为撤销条款中给注册满 5 年的注册人的保护实际上大于不可争议性条款所给予的保护。参阅 Union Carbide Corp. v. Ever-Ready Inc., 531 F. 2d 366（7th Cir. 1976）。第 1064 条只允许在某种条件下可以撤销，注册满 5 年以后再提出撤销就很难了。事实的确如此，即使注册人没有按程序取得不可争议性。因为第 1064 条不是以不可争议性，而是只以联邦公告的 5 年期限为根据的。

不可争议性对注册人的权利有着极其重要的影响。最常见的影响是对那种有描述特点的商标的使用。这一原则对于扩大联邦商标权的影响远远大于普通法，可以使无可争议的注册人禁止其他竞争者使用描述性和有助于其竞争的词语。

多年来，各种有关行业组织，甚至商标局，在有权抵制撤销虽是描述性的但却是无可争议的商标注册人，以及企图利用这样的商标来对抗另一个人的注册人之间，一直在作指控或抗辩的区别。司法审判抵制企图适用这一区别的指控。而最高法院坚决拒绝这种区别。参阅前述 Park 'N Fly, Inc. v. Dollar Park & Fly, Inc. 案。

如果一个商标是产品的"通用名称"（generic name），就不能取得不可争议性。《美国注释法典》第 15 编第 1065 条（4）款。如果适用不可争议性，且商标"只是"用来描述产品的（即通用式的），一个侵权的被告有时仍然可以成功地逃避责任，因为这是所列的作为对不可争议性抗辩的九个理由中的一个。《美国注释法典》第 15 编第 1115 条（b）款（4）项。然而，"只是"用来描述产品的通用式名称和可能有描述性质的商标是有区别的。正是这种区别才显示出不可争议的最重要的意义，即通用性和描述性的区别。一个通用式商标的注册人永远无法要求得到不可争议性。但是仅从某商标有描述性这一点出发，不一定就会使注册人获得保护的权利无效，因为还有第二含义的可能性。

一个商标是不是通用的，要根据它对有关公众的重要性来检验。如果它的意义只是在识别产品，就是通用的。换句话说，如果它和商品或服务是同义性的，它就是通用的，而不是具有显著性的。乍一看，似乎是在商标法当中加入了相当特别的语言，来处理由一个案件的法官附带判决中所提出的潜在问题。该案指出，如果那些购买汰渍去污清洁剂的人因为要考虑监督机关的反应，并没有被激发去购买的话，那么汰渍或许就不是一个好商标。参阅 Anti-Monopoly v. General Mills Fun Group, Inc., 684 F. 2d 1316（9th Cir. 1982）。国会对此作出反应，在法律中加入下列用语，注册的商标是否已变成了商品的通用名称是通过"注册商标对有关公众的意义而不是购买者的动机来检验的……"《美国注释法典》第 17 编第 1064 条（c）款。

这意味着法院可以询问商标是否只表明商品或服务，不能询问这些商品或服务是否由于识别了来源而受欢迎。也就是说，公众根据来源决定购买的动机不构成问题。然而，显然购买者必须知道这个商标，或至少把它当作商标使用，即使他们没有被特殊的来源特征所激发。然而如果他们把商标和商品等同起来，而不是把商品和特定的来源等同起来，无论这个来源多么无名，该商标也明显是通用的。

不可争议性的最主要特征是它与第二含义的存在或证据的关系。因为只有通用性才是对不可争议性提出抗辩的条件，那么描述性的证据不会使具有不可争议的权利无效。不可争议性的影响就是把具有决定性的第二含义的条件加到了商标上，因为只有第二含义一般才可以使描述性的商标有效。因此，不可争议性就替代了证明第二含义。除非某人驳倒了注册人的不可争议的权利能够证实其商标实际的通用性，否则只有说明描述性的证据是不够的。在这种意义上说，不可争议性的理论才有效地将普通法的保护在联邦保护中扩大了。

在某种意义上，不可争议性就是证据的问题。不可争议性的理论要求被告必须证实实际的通用，只证明公众不一定将商标和原告联系起来是不说明问题的。相反，被告必须证明公众仅将商标与该种产品联系起来，以此说明该商标是通用的。

主要是姓氏的商标通常不符合联邦注册的要求。见前面第十二章第五节。但是，因为这一缺点并不是第 1065 条和第 1115 条（b）款中所列举的对不可争议性提出抗辩的一个理由，因此，如果适用不可争议性理论的话，侵权被告是不能以姓氏原则作为辩词的。参阅 John R. Thompson Co. v. Holloway，366 F. 2d 108（5th Cir. 1966）。那些特别列举的抗辩理由包括，例如，诈骗、放弃、虚假陈述、善意描述性、某些善意的先用、违反反托拉斯法、违反功能性以及各种衡平的抗辩措施。

应当看到，把"合理使用"作为抗辩运用于描述性商标时，的确避免了不可争议性的某些苛刻条件。即使由于不可争议性，注册人可以合法使用并无第二含义的描述性商标，"合理使用"也将允许在有限的情况下使用该商标。换句话说，如果该商标是以描述的方式使用的话，甚至连不可争议性也不绝对禁止注册人运用描述性词语。参阅 Car-Freshener Corp. v. S. C. Johnson & Son，Inc.，70 F. 3d 267（2nd Cir. 1995）。

# 第十五章
# 商标使用

## 第一节 概　　述

　　申请人获得联邦注册的程序在《拉纳姆法》中是按类似时间顺序安排的。该法规定在登记前要取得"所有权"，除了 1988 年《商标法修正条例》中制定的"使用意图"条款外，申请人需先使用该商标，然后在获得联邦保护之前获得普通法上的商标所有权。《美国注释法典》第 15 编第 1051 条。

　　如 1988 年《商标法修正条例》修改的那样，《拉纳姆法》可以按两种方法注册。第一，按第 1051 条（a）款，注册之前需拥有商标的"所有权"。在注册之前获得商标"所有权"，该法要求申请人首先使用该商标，就是所谓的获得"商业上的使用"，从而在获得联邦保护之前获得普通法上的商标所有权的权利。第二，根据第 1051 条（b）款，新的使用意图条款，允许在任何使用之前以备用的形式注册。

　　《拉纳姆法》中关于使用意图的规定，允许在任何实际使用之前提出注册申请，只要申请人说明他是"在商业上善意使用该商标"。《美国注释法典》第 15 编第 1051 条（b）款。根据第 1051 条（b）款提出申请，即从申请日起，构成"推定使用"（《美国注释法典》第 15 编第 1057 条（c）款），并因此确立对抗他人的优先地位。但那些早于该申请即已使用的商标或早于该申请即已提出申请的商标除外。商标局允许提出这种申请，是要把备用登记变为实际的登记。如果该申请人在 6 个月内作出进行实际商业使用的声明，根据第 1051 条（d）款（2）项，在允许申请的公告发布以后，这种登记的有效期将可延长至 24 个月。

　　《拉纳姆法》对申请人宣誓陈述的条件作出规定，申请人应"尽其所知并且确信"为登记所需要的基本事实，在申请过程中如有欺骗行为将使注册无效。申请人必须宣誓保证的内容之一，就是确信没有任何人对该商标享有权利，也不会与任何其他商标发生混淆。申请书必须附有该申请商标的绘图或复制件，以使其申请内容得以由商标局审查。《美国注释法典》第 15 编第1051 条。

由于商标注册申请必须声明申请者已满足了登记所需条件，因此在登记过程中经常会涉及关于这些特别要求的争议。商标局单方可能首先提出这些问题，这些问题最终是以审查员裁定的形式解决的。对于审查员的裁定，申请人可以向联邦巡回上诉法院，有时是向联邦地区法院提出行政诉讼。另外，亦可首先由多个有利害关系的当事人提出这些问题，尽管并不是每个当事人都有理由提出异议。

申请人与商标局之间的单方诉讼程序最为常见。这些程序通常都是审查人和申请人就注册资格问题发生争议引起的。对于专利审查，见前面第七章第四节，审查人必须至少对被拒绝的申请复议一次。审查人公布最后拒绝结果后，申请人可以向商标审理与上诉委员会（TTAB）上诉，该委员会由局长、局长助理若干人及被选举出来经局长任命的审查人组成。通常由商标审理与上诉委员会的三人组成审判团审理上诉。

如果申请人在商标审理与上诉委员会没能获胜，他仍可以根据《美国注释法典》第 1071 条（a）款和（b）款中规定的两个相互排斥的程序中的一个提出上诉。（a）款规定可以向联邦巡回上诉法院对商标审理与上诉委员会或专利局局长提出上诉。这样做，根据（b）款申请人就自动放弃了新的司法审判程序（de novo judicial trial）。然而选择（a）款的程序进行，如果有任何反对方在 20 天内提出反对（a）款中规定的程序，申请人就可能被剥夺向联邦巡回上诉法院上诉的权利。因此，在这些程序中都不是单方的。选择（a）款程序的申请人，如直接向联邦巡回上诉法院上诉，就要面对他人反对的风险，并转到（b）款进行上诉。也就是说，一方可以选择自动放弃新的司法审判程序，按（a）款直接向联邦巡回上诉法院上诉，但必须是在所有反对方都默示或明示同意的情况下进行。

在商标审理与上诉委员会程序中胜诉方有一些相当有利的选择。他可以允许败诉方向联邦巡回上诉法院上诉，或者可以强迫对方行使（b）款赋予的权利，向联邦地区法院进行初审起诉。原始诉讼称为"重审"（de novo），是指起诉的一方可以有机会再一次进入商标审理与上诉委员会程序。的确，初审程序允许原告和被告出示从未向商标审理与上诉委员会出示过的证据。在这种意义上，这种审判的确是重审。然而，诉讼各方均被先前的诉讼所限制，因为

"商标审理与上诉委员会程序所查明的事实具有极强的公信力并不容置疑，除非有新的证据能够推翻所查明的事实"。参阅 Material Supply Int'l. v. Sunmnatch Indus. Co., 146 F. 3d 983（D. C. Cir. 1998）。

当申请被审查而且被批准以后，该商标要在商标局的公报上予以公告。《美国注释法典》第 15 编第 1062 条。自公告之日起 30 天内，"任何认为被该注册侵害的人"都可以提出反对诉讼。《美国注释法典》第 15 编第 1063 条。像双方诉讼一样，直接到商标审理与上诉委员会，以后即按正常的上诉方式进行诉讼。

最后，当一个商标被注册后，"任何认为被该注册商标侵害的人"均可以根据各种理由取消诉讼，但须受许多严格的限制。《美国注释法典》第 15 编第 1064 条。如同双方诉讼一样，取消诉讼由商标审理与上诉委员会直接审理，上诉按常规进行。

## 第二节　在商业中的首先使用

如同上面第一节所述，注册可以通过两种方式中的一种获得——通过 1988 年《商标法修正条例》中的新的"使用意图"方式，或者通过传统的"实际使用"方式。采取新的"使用意图"的方法可以防止实际使用方式中的证明责任和滥用。虽然使用意图很可能最终代替所有或几乎所有的实际使用申请，但是了解一下实际使用的历史是非常有意义的，从中可以更好地理解使用意图的意义。

根据实际使用来注册，注册权将取决于优先使用。然而"使用"的定义不应仅仅理解为它的表面意义。由于在 1988 年《商标法修正条例》之前，使用就必须是在"商业上"的使用，一般的非商业上的使用是不符合该定义的，产品必须在市场上销售。产品在市场上销售这个要求指的是，在一个组织中的不同层次内部销售是不符合在"商业上"的资格的。在销售中的欺诈或人为的手段都是不允许的。因此，即使以最低标准衡量，伪造货物装运或者把货物销售给同伙再返还给申请人的做法都是不符合商业使用的。而善意的州际货物装运或销售则是允许的。参阅 Blue Bell, Inc. v. Jaymar-Ruby, Inc., 497 F. 2d 433（2nd Cir. 1974）。另一方面，甚至某个单一的使用就足以符合"商业上"使用的标准。既然单一使用就足够，那么把产品投入市场，和一个消费者发生接触，只要不是欺诈或人为的，似乎也就足够了。广泛的商业使用没有必要，也无需非引起主要消费者的注意不可。

正规地说，内部装运是不够的。然而商标审理与上诉委员会最终会把组织内部的装运当成是"商业上"的，前提条件是这些内部装运里显然至少有真正的"商业"使用意图，也主要是因为感到有使用意图的必要，商标审理与上诉委员会才会同意这一点。但是早期的装运必须是善意地努力去扩大它的交易。委员会和法院对在注册前需要有大规模使用的要求这一点进行了修改，允许带有善意意图积极使用商标作为象征性的商业交易。因此，带有在将来"继续商业使用意图"的象征性交易也被认为符合商业使用的条件。见前述 Blue Bell, Inc. v. Jaymar-Ruby, Inc. 案。换句话说，至少为了注册的目的，只要"在交易"中第一次使用后"在商业"上有实际运用，即使第一次使用不符合"商业"或"交易"标准也无关紧要。参阅 Standard Pressed Steel Co. v. Midwest Chrome Process Co., 418 F. Supp. 485（N. D. Ill 1976）；同时见 Blue Bell, Inc. v. Farah Mfg. Co., 508 F. 2d 1260 (5th Cir. 1975)。这仅仅说明了在审查过程之前用于发展产品的巨大开支，而实际生产只会出现在申请之后。显然，标准压缩钢公司（Standard Pressed Steel）一案通过认可非真正贸易的公司内的装运为有效使用，几乎等于创造了一项关于"使用意图"的法规。

法院放宽商业使用标准不仅仅解除了严格的制定法要求，实际上也深远地改变了《拉纳姆法》的性质。由于商业上使用和贸易上使用之间存在根本的区别，而法院不再对这两种区别进行区分以及对这两种使用标准的放松的趋势对联邦商标法的转变有很大影响。联邦商标法开始从基于交易上商标的实际使用而产生的普通法权利，转到基于欧洲理论（允许商人仅仅通过确立使用商标的意图就可以申请商标权）而产生的权利。虽然这也许并不总是那么明显，但是通过了解这种基本区别，还是可以直接看出这种转变的。

在交易上使用和在商业上使用的标准在《拉纳姆法》中以及其他法规中都可以找到出处。对在交易上使用的标准是州的普通法，对在商业上使用的标准是美国宪法的商业条款。

在 1988 年《商标法修正条例》之前，第 1051 条就要求在交易上的使用，这种使用可以使注册人成为商标的"所有者"。但这立即引起了普通法上的争议，因为在普通法中，商标所有权要求权利人在交易上使用该商标。因此，除非所有人实际上确立了州的普通法上的商标权，否则他是不符合第 1051 条的要求而成为商标所有者的。这就是所谓在交易上使用的标准。

在商业上的使用在第 1051 条中也有类似的要求，它允许"在商业上使用了的"商标注册。这种标准之所以存在是因为宪法中没有关于商标的条款。实际上，早期联邦政府根据专利和版权条款来规范商标的举动因为违宪而被拒绝。见《商标判例集》（Trade-Mark Cases）（1879 年）。而《拉纳姆法》由于是在宪法商业条款的基础上起草的，因而具有合宪性。宪法商业条款规定，只要被规范的活动是在州际进行的，那么联邦对商业的规范就是合法的。因此，除非所有者在州际的商业上使用其商标，否则就不符合第 1051 条中的"在商业上使用"的要求。这就是所谓的在商业上使用的标准。

由于两种要求具有同样的法律来源，所以法院把它们作同样对待就不足为奇了，尽管其外部来源不同，一个是普通法，另一个是宪法。在宪法性法律中，州际之间的商业性条款的立法呈现出逐年自由化的特点。参阅 Wickard v. Filburn，317 U. S. 111（1942）。结果，许多商标案件，只要州际间有很少的接触就符合商业使用的要求。参阅 Application of Silenus Wines, Inc.，557 F. 2d 806（Cust. & Pat. App. 1977）。然而，商业上使用和贸易上使用的要求之间所存在的明显混淆，使得法院盲目地把二者等同看待，而不考虑每种使用可能产生的不同结果。不过，这种混淆是容易理解的。如果我们看一下 1988 年《商标法修正条例》之前的《拉纳姆法》，其中商业使用的定义在用词上和贸易使用的有关词语极其相似，让人混淆。因此，虽然这些案例降低了对州际的要求，但随着宪法的发展，人们似乎并没有注意到用类似的方法放宽对贸易使用要求的限制，也没有注意到这对于在所有权、财产以及普通法争议方面对正要注册的商标所产生的重大影响。

因此，法院放宽了所要求的"注册使用"似乎是完全合适的，既然实际上这是宪法上的很小要求，这种"注册使用"也就是商业使用的另一种说法而已。然而，当法院同意最低限度的使用甚至象征性的使用便符合贸易使用的要求时，实际上他们正在改变《拉纳姆法》中普通法的主要内容。普通法要求在获得注册资格之前需获得商标的州所有权。在欧洲和其他民法法系的司法审判中，一个商人在没有在贸易上首先使用的情况下，很可能获得注册并且拥有该商标，只要他有使用意图并且符合申请注册程序即可（包括对已有商标的注册检索）。但是在 1988 年《商标法修正条例》之前的《拉纳姆法》中，将贸易上的实际使用和最低限度的商业使用等同起来，这实际上和使用意图的规定，即使有区别，区别也不大。

有时法院也承认这一危险。为了避免这种危险，当认为最低限度的使用就符合贸易和商业上使用的要求时，他们便会偶尔提出警告；如果注册人没有实际上确立起来的真正的贸易使用，如发生了争议，这种最低限度的使用就不一定能够提供全部保护。而且一般说来，这种"宽松政策"只适用于"涉及使用优先权而不涉及商标所有权"的案件。见前述 Standard Pressed Steel Co. v. Midwest Chrome Process Co. 案。最低限度的使用通常允许所有权人注册该商标，但不一定可以保护他排除另一个在贸易上使用该商标的人所提出的要求。有人或许认为，这种注册使用似乎只提供了一种假定的所有权，当发生商标所有权争议时，对这种注册使用的宽松的规定是起不了作用的。

例如，在盖利昂香水公司诉让·帕托公司一案中（La Societe Anonyme des Parfums Le Galion v. Jean Patou, Inc., 495 F. 2d 1265 (2nd Cir. 1974)），帕托拥有用于香水上的 SNOB 注册商标，但帕托"从未认真努力地将它商品化"，只是少量地销售了该香水。事实上，法院有趣地发现注册的真正目的是保留该名称以备将来使用，这是帕托公司"商标保留计划"的一部分。虽然这种象征性的使用对于获得注册是足够的，但是要获得长期所有权却是不够的。"采用和单一的使用足以使使用人有权注册该商标……但是为了反驳没有使用的指控以维护该商标，却得有更多的使用。"

只是秘密使用、建立商标概念、内部装运或任何其他表明申请人企图保留该商标以便将来使用而再没有别的实际使用，那么，仅靠这些要取得联邦注册是远远不够的。贸易上的使用对商标权来说是不言自明的。不涉及实际顾客的贸易，在半数案例中，裁决都不利于申请人。见前述 Blue Bell, Inc. v. Farah Mfg. Co. 案。

因此，直到 1988 年《商标法修正条例》出台，贸易上的使用和商业上的使用的区别，在《拉纳姆法》中才被放到了中心地位。结果，大多数司法审判，也许特别是商标局降低了本应是要求很多的贸易上使用的条件，以保证在最低限度或象征性使用的情况下，注册人可以获得保护。由于 1988 年《商标法修正条例》中加入了使用意图条款，就再没有必要认可这种最低限度的使用。相反，像 1988 年《商标法修正条例》中所修改的，《拉纳姆法》允许在任何使用之前的一段有限时间里进行备用注册。无论有还是没有使用意图的规定，获得长期注册所要求的使用显然是商业性质的，也就是在交易过程中的善意使用，而不是象征性使用。因此，这一修改就使得司法审判没有必要再从并不充分的贸易活动中裁定法律上可以承认的使用。

随着"意图使用"的出现，法院没有必要再给予"最低使用"任何法律意义。见前述 Blue Bell, Inc. v. Jaymar-Ruby, Inc. 案、Standard Pressed Steel Co. v. Midwest Chrome Process Co. 案和 Blue Bell, Inc. v. Farah Mfg. Co. 案。早期审判上所接受的这种最低限度的使用，并不像 1988 年《商标法修正条例》明确规定的那样，必须而且应当一直是在日常贸易上的真正的善意使用，这是贸易上的使用和商业上的使用之间的混淆所造成的。商业上的使用一直只是联邦司法审判上的要求，这些要求像所有州际商业要求以及正当的最低限度的要求一样被同等对待。然而法院还未明确统一商业上使用的含义。近期，第二巡回法院似乎已允许商业上的使用取代作为商标使用这个更为实质的要求。参阅 Rescuecom Corp. v. Google Inc., 562 F. 3d 123 (2009)。然而贸易上的使用，要不是因为缺少使用意图，一开始就一直要求真正的商业交易来支持注册。虽然，从理论上讲，法院现在应该就使用提出更高的要求，但是在意图使用之前的已决先例仍继续有拘束力。参阅 Allard Enterprises，Inc. v. Advanced Programming Resources，146 F. 3d 350（6th Cir. 1998）。

第 1051 条（a）款（1）项和第 1051 条（b）款（1）（A）项所规定的"有关"要求，意思是说只有在商业上实际使用的商品或服务，才可以获得注册。例如，以"保甜"为商标销售或在商业中运输的苹果，这种销售经历就不允许申请人以后申请以"保甜"为注册商标来销售桃或梨。而且，该商标必须实际上被用作商标，而不是以不符合使用的标准来使用。例如，"保甜"苹果在州际进行商业销售时，向消费者保证，可以凭"损伤免费"退换卡退回损伤苹果，但"损伤免费"这一用语作为所销售的商品的商标就不合格。"损伤免费"一词和商品的销售无关，而是和销售保证有关。在下面这个案例中，商标所有人用"Syncom"这个名称来标识测试扬声器的电脑，但是对这些电脑测试过的扬声器来说，因为并没有实际销售给公众所以不具有用该名称为商标的资格，即使很明显只有这些扬声器受过这些电脑的测试。然而，如果申请人能证明该用语是附加在每个扬声器上的，即使"Syncom"一词指的是检测系统，"Syncom"也许可以作为和扬声器有关而不是和计算机有关的商标而进行注册。参阅 In re Bose Corp.，546 F. 2d 893（Cust. & Pat. App. 1976）。

## 第三节　启动异议程序的资格

只要有人提出申请人的商标由于违反了《拉纳姆法》中的明文规定不符合注册标准，即可进入异议程序。在异议程序中，根据有利害关系各方当事人所提异议的确切性质和理由，法院的立场是比较灵活的。例如，禁止将别人已经使用过的商标加以注册的规定只能由商标的另一所有者提出。然而该法的其他条款并不是以如此特定的方式来保护这些个别人的利益的。换句话说，提起异议程序的资格，要由审查反对者所依据的《拉纳姆法》中规定保护的利益来决定。当涉及个别私人利益时，所确定的资格也可能同样是个别的。当要保护较多的公众利益时，公众利益的代表们也可以依法提出异议程序。

例如，《美国注释法典》第 15 编第 1052 条（a）款就禁止不道德的、欺骗的、丑恶的，以及有损个人、组织、宗教、信仰或国家象征的商标注册。见第十二章第五节。审查人或许并不了解某些象征对于某些组织的重大意义。例如，从逻辑上说，一个小型宗教派别成员有权反对冒犯其宗教的商标注册。虽然在过去，在由有利害关系的当事人提起的程序异议中，审查人对某些商标的宗教意义进行过谨慎的审查。在 In re Riverbank Canning Co., 95 F. 2d 327（Cust. & Pat. App. 1938）一案中，很多市民都有对注册提起异议程序的资格。事实上，委员会"有义务获取受影响公众的意见。"比如针对冒犯女人，土著人和基督徒的商标，这些受冒犯的组织成员拥有提起异议的资格。因为依据第1051 条（a）款，利益被保护而不受鄙视、不道德、诽谤或其他非商业后果侵犯，所以该利益并非一定是商业利益。反对者适格与否在于他受到前述商标标识的影响，不在于和大众在这方面有利益上的不同。参阅 Ritchie v. Simpson，170 F. 3d 1092（Fed. Cir. 1999）。

# 第十六章
# 商标的主题

## 第一节 概　　述

《拉纳姆法》分为两个独立的部分。一部分包括规范的联邦注册的公布，涉及内容广泛的各类不同商标、单词、词组，以及可以满足商标、服务商标、集体商标或证明商标等条件的其他标志。另一部分只包括《美国注释法典》第15编第1125条、通常称之为第43条的内容。《拉纳姆法》中注册部分所提供的是商标保护，第43条是新的联邦反不正当竞争法，它禁止与州际商业活动有关的虚假陈述、驰名商标的淡化行为以及用他人商标或姓名注册互联网域名。

除了传统商标外，《拉纳姆法》还允许服务商标注册。服务商标除了旨在表明服务来源而不是商品来源外，在其他所有方面和传统商标都是一样的。《拉纳姆法》还规定了证明商标和集体商标。证明商标通常是这类商标，它允许一个组织表明商品或服务符合某种质量或地区来源标准，因而排除所有其他人以同样或类似的商标作同样的说明，以免造成混淆。集体商标一般是这样一种商标，它给许多个人提供了一种可以证明自己为某一特殊组织中的成员的手段。

## 第二节　证明商标

证明商标用于有关的商品和服务上，说明这些商品或服务来源于某一特定区域，或说明它们的特殊性、质量或特点；或说明它是由某一特定组织，通常是工会中的某个成员生产的。《美国注释法典》第 15 编第 1127 条。换句话说，该商标是被用来确认对消费者有重要意义的商品或服务的特点，这些特点对于避免混淆是至关重要的。证明商标和集体商标都有一个显著的特征，就是商标的所有者可能并不是该商标用于产品或服务的生产者或提供者。这当然和传统商标和服务商标大不相同，除了商标所有者外，他人使用该类商标将受到严格限制。见前面第十四章第五节。实际上，从事产品或服务的生产或销售是取消证明商标的明显根据。《美国注释法典》第 15 编第 1064 条。证明商标的所有者必须像传统商标所有者须当心该商标被别人不加选择地使用一样，要保持对该商标使用的控制。

由于证明商标明显可用来证明商品或服务的地区来源，故适用于大多数商标的禁用地理名称的规定并不适用于证明商标。因为证明商标不属于任何实际生产带有该商标的产品或服务的人，也不存在被使用地理词语的所有者优先占有的危险性。尤其是，证明商标所有者可能不会否认任何具有该商标所确认特点的人使用该商标。任何对他人的差别对待都是取消证明商标的理由。参阅 In re Monsanto Co., 1978 WL 21298（Tradmark Tr. & App. Bd. 1978）。因此，证明商标的所有权并不是通常所认为的专有权利，相反，它可以被公众拥有。

证明商标须符合商标法中所有其他条件，包括显著性的条件。因此，即使确认商标是区域性描述词语，它也必须具有区域来源的显著性，或者表示和确认该商标所代表的某种特征。因此，禁止使用通用式或描述性（除了地理性）名称的规定同样适用于证明商标，就像适合于任何其他商标一样。因此，区域性描述词语很可能变成不合格的通用式的或非地理性的描述，并因此失去注册资格。例如"洛克福"一词不再辨别奶酪是来源于法国的哪个省，反而变成一种特殊的带有蓝色条纹的奶酪的描述，或成为表明非常普通的奶酪的一种分类用语，那么这个商标的法国所有者就无权注册该商标了。参阅 Community of Roquefort v. William Faehndrich, Inc., 303 F. 2d 494（2nd Cir. 1962）。

禁止商品或服务的生产者或提供者拥有其使用的证明商标，并不意味着在所有者和商品之间没有联系。例如，拥有表明商品是由他的成员生产的商标的协会很可能就和雇主有很密切的联系。这种禁止只是意味着该协会实际上不可能自己独自生产该商品。同样，这种禁止并不意味着某一特殊原材料的制造者不能拥有表明所制造的某些商品含有它的产品的证明商标。例如，一个农业合作团体可以拥有表明产品中含有他们培植的棉花和羊毛的证明商标。只要他们不制造最终产品，他们就有注册的自由。实际上，该农业合作团体还可以拥有一种善意使用的商标，来表明实际出售的棉花和羊毛来源。然而，基本要求是，这两项活动应该是分开的。

因此，如果一个所有者既有证明商标又有商标，那么它们应当有所区别。就它们的相似程度而言，它们之间必须被区别开来，不然消费者就会误以为所出售的带有该商标的产品一定具有证明商标所说明的质量。例如，"好管家"这个商标是用来说明某一特定杂志的来源的。"好管家认定"这个商标表明这类特别商品或服务符合该商标（以及杂志）所有者所规定的标准。然而这两种商标必须有所区别，以防止造成该杂志看似符合证明商标的标准，从而获得超过其他杂志的不公平优势。由于商标是表明来源的，而证明商标是确保某种品质的，那么一个共同的所有者就必须认真行事，以保证这两种商标是有所区别的。参阅 In re Monsanto Co., 1978 WL 21298（Tradmark Tr. & App. Bd. 1978）。（"WearDated"一词的使用是用来表明某一特殊纤维与混有该纤维的制成品一样好）。

证明商标的使用与"关联公司"所使用的商标紧密地交叉着。《美国注释法典》第15编第1055条。一个商标所有者可以允许"关联公司"使用该商标，诸如在经营特许权的安排上，即使这些商品的来源变得有些分散了。在这些情况下，商标代表着所有者的信誉，而不是仅仅指明来源。证明商标的使用接近于"关联公司"理论，除了一个重要的区别：证明商标的所有者可以不区分使用者，只要使用者保持质量水平。然而传统商标所有者可以有选择地授权给关联公司以任何方式来使用，只要没有违反反垄断法。参阅 Siegel v. Chicken Delight, Inc., 448 F. 2d 43（9th Cir. 1971）。

# 第三节 集体商标

一个集体商标既表明商品或服务是由一个集体团体的某些成员生产或提供的，也表明这一特别团体的成员资格。《美国注释法典》第15编第1127条。因此，有两种形式的集体商标：集体贸易（或服务）商标和集体成员资格商标。在商标所表明的来源，也就是集体团体中的某一成员的来源这个意义上，集体商标或服务商标属于传统商标；在生产者或提供者没有商标所有权，而从商标所有权归该生产者或提供者都是其成员的团体所有的这个意义上说，它们又不属于传统商标。由于集体成员资格商标根本不表明来源，因此集体成员资格商标完全不是传统商标。该商标不是用来说明来源，而只是表明成员资格的。

然而，集体成员资格商标和集体商标都有一个共同特征：该商标表明和某团体的关系。正是这一特点才主要被定为集体商标，也才与证明商标区分开来。证明商标一般证明某一产品的特点，而集体商标只是表明某一生产者和某一团体的关系。

如果团体成员资格是在和产品质量相关的某种水平或区域来源的基础上确立的话，集体商标和证明商标易于扩大范围。例如，以某区域范围为基础确立成员资格的一个团体生产者，可以获得表明与该团体关系的集体商标。因为有会员资格，一个团体中的会员关系当然也包括表明区域联系。那么商标既可以表明某生产者是某团体中的一员（集体商标的作用），同时也可以说明产品来源于某一特定区域（理论上讲是证明商标的唯一功能）。在这个意义上，会员关系是以某一特定标准为前提的，因此，集体商标实际上可以证明这些标准的存在。

虽然集体商标通常由某一集体团体中的成员共同使用，而不是由团体本身使用，但是没有类似适用于证明商标的禁止所有者使用的限制。例如，一个俱乐部或团体可以注册它的商标，由成员使用，也可以自己将商标用于文具、出版物或新闻稿上。虽然商标局允许集体商标所有者将商标用于诸如文具之类的物品上，参阅汉考克（Hancock）一案，（见专利局注释，《商标判例汇编》第46 卷第 1341 页，1956 年 11 月），但是还有其他迹象表明，这只是一个程度问题。如果集体团体实际制造和销售商品或提供服务，那么其中的成员就有资格获得集体商标，但是必须将所获得的贸易或服务商标用于那些特定的活动。参阅 Aloe Creme Laboratories, Inc. v. American Society for Aesthetic Plastic Surgery, Inc., 1976 WL 21119（Trademark Tr. & App. Bd. 1976）；Huber Baking Co. v. Stroehmann Brothers Co., 252 F. 2d 945（2nd Cir. 1958）。

虽然不清楚法院或商标局对将集体商标用于基本上属于证明性活动上时如何作出反应，但是当服务性商标用作集体商标时就被取消了。在国家拖车站诉拖车货车线公司一案（National Trailways Bus System v. Trailway Van Lines, Inc., 269 F. Supp. 352（E. D. N. Y. 1965）中，其服务商标就由于在代表上的欺诈而被取消，商标本要代表的是申请人所提供的公共汽车交通服务，而实际上却是成员组织，是成员而不是申请人在实际提供服务。一个获得了集体商标的申请人，通过限制成员资格权，很可能有效地用一种选择的方式来证明商品或服务的质量或来源，从而欺诈地申请到一个集体商标，而该商标却是区别质量而不是成员资格的。

## 第四节　服务商标

服务商标基本上是用于服务销售而不是商品销售。《美国注释法典》第 15 编第 1127 条。在其他方面，商标和服务商标都是一样的。有一个问题，就是当服务主要是用来促销具体商品时，这一服务商标是否还具有按服务商标注册的资格。例如，"风标"作为商标使用表明促进体育项目的服务，但这种服务是有问题的，如果所有者也销售"风标"服装，似乎显然是借体育项目名义，意在推销商品。然而，可以这样判定，只要服务是善意的，对商品销售的影响只是偶然的，就没有理由拒绝该商标的注册。相关的裁决是，如果所有者将商标既用于服务上又用于产品上，那么所有者就可以把商标既当作服务商标又当作产品商标。参阅 Ex parte Handmacher-Vogel, Inc. (1953)。

这一问题在《拉纳姆法》中已直接明确下来，因为 1962 年的修正已明确允许电视或广播节目作为服务商标注册，虽然广播节目被用来促销具体商品。《美国注释法典》第 15 编第 1127 条。这一修正是针对普拉科特和甘姆勃公司单方诉讼案 (Ex parte The Procter & Gamble Co. (1953)) 所作出的回应。在此案中法院裁定，申请人不能将广播节目的名称"马·皮金斯"("Ma Perkins")作为服务商标注册，因为该名称没有被用来明显识别节目，而是为了促销产品，虽然该判决认为娱乐节目是符合商标法所规定的服务，是符合《拉纳姆法》的。现在还不清楚该修正案允许普拉科特和甘姆勃公司注册，是否对更大范围内禁止主要用来宣传产品的服务商标注册来说，属于个别例外；以及通过该案，是否说明有较宽规则表明这类活动一般可以作为服务商标注册。

服务商标的构成需满足一定条件，一个词、词组或其他表现手段必须不仅仅是一个企业的商业名称。这并不意味着商业名称不可以是服务商标，但是仅仅一个商业名称是不够服务商标资格的。检测标准是该商标的使用；该商标必须不仅能识别出一个企业为商业组织，还必须识别和区别所提供的服务。参阅 In re Unclaimed Salvage & Freight Co., 1976 WL 21118 (Trademark Tr. & App. Bd. 1976)。

# 第五节　主要目的

为了注册，一个商标实际上必须被用来识别和区分商品或服务。一个图案仅仅因为非常适于区分和识别商品或服务，还不能自动符合商标注册资格。有时，一个能够作为识别和区别商品的图案仅仅是商品的商业外观的一部分。一个包括名称或设计的图案，如果该图案只是商品附带的，只是包装的必要部分或者是销售过程中必须附属的成分，而不是主要用来区分和识别商品的话，该图案就不符合注册要求。但是如果实际上该商业外观用于商品或服务上，起到了区分和识别商品或服务的作用，那么该商业外观就可以合法地作为商标。

由于所有商品都有外形结构，而且许多商品都需要包装，因此在主要用途的检测下，企图将包装的方法和外形的特征进行注册或许是不能成功的。然而，这种测试不是看该图案是否属于该商品外形结构的特征，也不是看该图案是否属于该包装的一个组成部分。相反，应看该图案的主要目的是否就是组装或包装该商品的。如果外形特征或包装方法具有足够的显著性，使得其在市场上的主要目的就是作为商标来使用，那么就不能因为在其他场合没有商标目的或者仅因为存在非商标目的而不给予注册。

在摩根·戴维德利酒品公司一案（In re Mogen David Wine Corp.，328 F. 2d 925（Cust. & Pat. App. 1964））中，法院裁定，申请作为商标的设计同时又是外观专利客体，并不影响该设计获得商标注册。一个申请人将非常有特征的细长形状的酒瓶申请为商标图案，法院认为，如果该图案实际的"作用是作为商标来表明来源"的，那么该图案既可以获得商标注册，也可以获得外观专利。检测手段不是看外表和包装特征是否还具有其他功能，而是看包装和外形（或许也具有商业外观的功能）实际上的确识别了上诉人的商品，并且将其商品与他人商品区分开来。参阅 In re World's Finest Chocolate，Inc.，474 F. 2d 1012（Cust. & Pat. App. 1973）。如果一个图案的主要用途是区分和识别商品，如果它还同时有外形和包装功能，就不应禁止其注册。

主要目的规则还涉及图案除具有外形和包装的目的以外的其他目的。臆造或任意性的商标还可能有装饰价值。如果一个商标由许多成分组成，那么通过对每个个别成分的分析，很可能得出每个单独的成分都仅是装饰的结论。这一发现将会禁止这些成分中的任何一种具有所有权，但是不会影响该图案作为一个整体来注册。整个图案作为商标的实际应用将有助于使该图案作为整体来注册，关键是其组成成分是否实际被用作一个图案来区分和识别商品。

然而由好几个成分组成的复合商标，如果其中的每个独立的成分都符合商标的目的要求，那么每个独立成分都可以注册。例如，当"斯特诺"（"Sterno"）一词是一已注册的固体燃料的商标，又被用在了色彩鲜明的熊的桶形的躯干上时，该词和该图案都可以分别单独注册，因为每一部分都符合作为识别和区分该燃料的目的。参阅 In re Sterno，Inc.，1963 WL 7929（Trademark Tr. & App. Bd. 1963）。然而当成分变得仅是色彩鲜明的动物图形，判断该图形本身能否符合区分和识别商品的目的就变得困难了，而且涉及许多相关的问题。电池上的交错黑白条带被认为"只是'包装'"，它的目的只是外观设计和装饰。参阅 In re Burgess Battery Co.，112 F. 2d 820（Cust. & Pat. App. 1940）。另一方面，两个水平圆点花纹镶边和其他包括词和图形的成分相接，被裁定与其他成分区分开来，可以注册。检测的手段不是看这些成分是否带有某些装饰目的，而是看它是否"被公众作为识别商品的主要方法"。参阅 Application of Swift & Co. 233 F. 2d 950（Cust. & Pat. App. 1955）。

一个图案是装饰的，还是被用作区分和识别商品的，要在它们之间作出判断总是很困难的。然而有一种情况似乎指明了这一点，当一图案普遍地被别人用作装饰时，就可以推定该图案是装饰性的并且缺少消费者认为其具有识别性的证据。换句话说，一个在类似环境下普遍起装饰作用的图案，举出其第二含义的证据是必要的。参阅 In re Soccer Sport Supply Co., 507 F. 2d 1400（Cust. & Pat. App. 1975）。

## 第六节　实用性限制

一个图案只是从实用的角度设计，就不能注册。带有这种图案的商品不能从别的具有同样功能的商品中被区分或识别，因为它们具有同样的图案。批准商标注册不仅仅是注册商标，还应该排除他人与该注册商标相同的功能，从而防止将商标注册变为类似于专利的保护。有人认为，通用药品表面至少部分是实用性的，因为它可以让使用者在服药时识别药品。最高法院认为，"如果对于商品的使用或目的是基本的，或如果影响着商品的质量或成本，那么一个产品特征就是实用性的"。参阅 Inwood Laboratories, Inc. v. Ives Laboratories, Inc., 456 U. S. 844（1982）。

然而仅仅具有实用性的特征，从以往实践来看，是不足以禁止注册的。《拉纳姆法》规定，一个功能性设施不能满足注册要求，除非这种功能性是"整体性的"。《美国注释法典》第 15 编第 1052 条。法院认为，关键不是看图案是不是实用的，而是看它的唯一目的是不是实用的。因此，如果一个图案的成分只有实用意义，而且是被选来显示实用功能的，那么该图案就不能注册。虽然珠宝通常的功能是引起美感，但是特定形状的、有商标意义的珠宝是可以注册的。当吊链、链扣和手镯是悬垂形状或是钥匙形状时，法院就认为，尽管珠宝通常的功能是审美实用的，但如果被实际用来识别和区别商品，就没有理由禁止注册。参阅 In re Application of Penthouse Int'l. Ltd., 565 F. 2d 679（Cust. & Pat. App. 1977）。

有一个法院已明确了对一个图案是否"主要是实用"的检测。参阅 Rolls-Royce Motors Ltd. v. A & A Fiberglass, Inc., 428 F. Supp. 689（N. D. Ga. 1977）。在那个案件中，侵权人声称劳斯莱斯汽车散热器盖上的著名飞行小姐和由直立式放热孔组成的金属栅格是不符合注册要求的。被告企图将原告置于实用性限制和装饰性目的的左右为难的境地，强调金属栅格和散热器盖都具有实用性。而如果原告能够证明金属栅格以及散热器盖并不是实用性的，而只是装饰性的，那么也同样是不符合注册要求的。然而这位被告错误地认为这种说法会让原告无可选择，因为禁止注册并不要求它们完全是非实用的和装饰的，而只是要求其主要不是实用的或装饰的。

一些法院认为，尽管建筑具有实用特点，但如果它们含有可以用来区分和识别商品或服务的成分就可以作为商标。然而注册应被限制在具有独特特征的部分（虽然在有些情况下，整个建筑或许符合条件）。参阅 Fotomat Corp. v. Photo Drive-Thru, Inc., 425 F. Supp. 693（N. D. J. 1977）。其他一些法院裁定，床垫上的刺绣是符合注册条件的，如果是按具有显著特征的直立式双层排列，如果并不是固有的实用性，似乎就可从一个方面说明它并不仅仅是实用性的。参阅 Application of Simmons Co., 278 F. 2d 517（Cust. & Pat. App. 1960）。这是对具有多种用途的图案的一个很好说明。显然，刺绣对于将床垫固定在一起是必要的。但是如果加些随意性，例如用一种特殊的方式来排列直立式的双层针法，这就和它的功能不相关了。在这个意义上，这种非实用性的成分，就可以注册商标。

《拉纳姆法》禁止"标识包含的内容作为整体时，具有功能性"注册为商标，法案同时规定任何商标，即使已具有不可争议性，只要是功能性的，都会被撤销。《美国注释法典》第 15 编第 1052 条（e）款、第 1062 条。

然而一件外观设计专利并不妨碍其进行商标注册，而且在某种意义上，可以说明该设计具有非实用性的特征，从而有助于注册，只有实用专利（utility patent）才是完全受到禁止的。即使在实用专利到期以后，本来具有区分作用的部分亦符合注册条件，但可能因原有的专利而被驳回，这一点充分说明曾经取得过专利的部分主要是出于实用目的。在什那哥陶瓷公司一案（In re Shenango Ceramics, Inc., 362 F. 2d 287（Cust. Pat. App. 1966））中，陶瓷盘底部的一套网纹取得了专利，这套网纹用来减振，便于拿取。即使在该专利到期后，因专利证明是实用的，任何关于这种网纹的主要目的不是实用性的说法都无济于事。专利一到期，受专利保护的特征就进入公有领域。由于人人都有权使用这一特征，那么申请人就不能再用这一特征来识别和区分其商品。参阅 TrafFix Devices, Inc. v. Marketing Displays, Inc., 532 U. S. 23（2001）。然而仅仅因为某个专利能够"诠释出"某特征，也不一定就意味着该特征因具有实用性而被禁止注册商标。参阅 Cable Electric Products v. Genmark, Inc., 770 F. 2d 1015（Cir. 1985）。

# 第七节　颜　　色

最高法院认为单凭颜色也能用作商标，尽管很多年来都有一司法裁决反对这一观点。参阅 Qualitex Co. v. Jacobson Products Co. 514 U. S. 159（1995）。虽然如此，当颜色起到功能性目的作用时，不能注册为商标。因此，例如当黑色能提供竞争优势时，就不能成为舷外发动机的商标，因为黑色与很多种船的颜色都匹配。Brunswick Corp. v. British Seagull Ltd., 35 F. 3d 1527（Cir. 1994）。而另一方面，也有裁决指出"单纯的欣赏或偏好"并不能构成功能性。参阅 The L. D. Kichler Co. v. Davoil, Inc., 192 F. 3d 1349（Cir. 1999）。

然而还有一个因素最高法院没有完全解决，这就是"颜色用尽"。尽管意识到相比于其他标志或图案来说，颜色可用的数量非常少，但法院仍拒绝以不同方式处理颜色问题。法院认为，这个"偶然问题"可以被解决，当产生这个问题时可以适用功能性禁止。但是，实际情况是，等到特定商品或服务用尽了颜色时，才来解决问题似乎就太迟了，因为这需要撤销大量的现存商标，或保留现有注册人已获承认的颜色但是拒绝将来的注册人。可能法院认为以现在的经济，永远不可能在某一产品或业务线上存在那么多的竞争者。

## 第八节　《拉纳姆法》第43条

第43条（a）款，《美国注释法典》第15编第1125条（a）款，在没有商标权或至少不考虑商标权时，可以提供保护。它的作用是创立一个可以调整反不正当交易的联邦法。在属于宪法规定的州际商业活动范围内，它为这些做法提供较宽的民事补救。第43条（a）款不要求意图，只要求有欺骗产品，也就是虚假的广告宣传。它还提供了各种不同的相应的补救，而无需有实际损失的证据。除创立了反不正当竞争的联邦"普通法"以外，第43条（a）款的重要性还在于，即使没有进行联邦注册，它也提供联邦的法院管辖权。这就意味着商业外观——产品的外表甚至包装——即使没有《拉纳姆法》登记仍能受到保护。参阅 Two Pesos, Inc. v. Taco Cabana Int'l, 505 U. S. 763（1992）。不过，尽管当商业外观只是包装时不需要获得第二含义，但是当它作为产品设计的一部分时，需要获得第二含义才能受到保护。参阅 Wal-Mart Stores v. Samara Brothers, 529 U. S. 205（2000）。

普通法补救最初被限制在来源的错误说明上，但是关于事实的任何不真实陈述都足以满足第43条（a）款的民事行为。这种陈述在表面上不一定是不真实的，但在含义上可能是不真实的，或考虑到具体环境时，可能是不真实的。当被告说他正在生产"土豆片"，而实际上他是在加工土豆产品时，他就被认为违反了第43条（a）款。参阅 Potato Chip Institute v. General Mills, Inc., 333 F. Supp. 173（D. Neb. 1971）。当被告制造人造革，而他的宣传广告词中却用了"Normink❶""白金"以及"貂皮之美，貂皮之温暖"字样时，那么虽然有可能产生没有事实真实性陈述的争论，但该宣传仍然被认为是欺骗性的陈述。因为使人产生"不真实印象"就足以满足第43条（a）款的规定。参阅 Mutation Mink Breeders Ass'n. v. Lou Nierenberg Corp., 23 F. R. D. 155 (S. D. N. Y. 1959)。1988年《商标法修正条例》已经有效地否定了那些早期的判例，即认为只有被告作出关于原告的竞争产品的不真实陈述时，才违反第43条（a）款的规定。

有人把该法规狭隘地理解为仅给"商业有关各方"提供了一种补救。参阅 Johnson & Johnson v. Carter-Wallace, Inc., 631 F. 2d 186 (2nd Cir. 1980)。因此，它不能用来作为保护一般消费者的法规。在"商业有关各方"之内，第43条禁止使用不真实的指示、描述或和商业上商品或服务有关的陈述。这就禁止了对某人自己的产品或别人的产品以及服务的欺骗性描述，给那些因欺骗而受到侵害的人，提供了民事补救。

该法规还禁止进行"仿冒"（"palming off"），不允许竞争者通过欺骗购买者、说服购买者相信他的产品或服务是另一个人的产品或服务。在这种"仿冒"中，如果所购买的商品劣于他们所代表的原商品，那么购买者就是受害一方。此外，竞争者如由于他的产品被伪造产品不适当地描述，从而造成商业上的损失的话，可以获得补救。尽管第43条（a）款不单规定仿冒"，特别是从1988年《商标法修正条例》扩大了规范行为，使其不仅包括对原告产品或服务还包括对竞争者的虚假陈述，但是"仿冒"仍属于该条款的规定。然而，为了防止商标法和版权法的冲突，第43条（a）款不能调整没有版权作品的虚假陈述，而且在第43条（a）款含义中的商品"来源"，并没有扩展到那些商品中包含的思想观念的来源。参阅 Dastar Corp. v. Twentieth Century Fox Film Corp., 539 U. S. 23 (2003)。

原告没有必要证实实际的损失。当被告宣称他的产品是假的，并且销售该产品旨在不正当地剥夺原告的利益时，原告就没有必要证明实际销售给被告带来了好处。有不真实陈述的证据以及伤害的可能性时，原告无须证明实际发生了伤害，便有权要求禁令救济。然而关于金钱损失，原告必须证明他的实际损失，以避免获得意外之财。见前述约翰逊和约翰逊诉卡特·威兰斯公司案（Johnson & Johnson v. Carter-Wallace, Inc.）。然而，注意在"域名抢注"的第43条（d）款的新规定中，每个域名可以得到不超过10万美元的法定损害赔偿。《美国注释法典》第5编第1117条（d）款。

---

❶ Mink 有貂的含义。——译者注

　　如果被告通过不真实陈述不正当地获利，或者如果存在发生这种情况的危险，则原告无须证明被告是有意这样做的，便有权要求禁令救济。参阅 International Election Systems Corp. v. Shoup, 452 F. Supp. 684 (E. D. Pa. 1978)。

　　第43条（a）款中诉因还受到诉讼资格的限制。虽然有一些判例表明原告不一定是直接竞争者，而只需有直接的经济上的利害关系，但是消费者并没有诉权，虽然法规中使用了"任何人"一词。参阅 Colligan v. Activities Club of New York, Ltd., 442 F. 2d 686 (2nd Cir. 1971)；另见 Waits v. Frito-Lay, Inc., 978 F. 2d 1093 (9th Cir. 1992)。

　　第43条（a）款仍在发展，最近对1988年《商标法修正条例》的修正已经增加了禁止不真实广告的条款，这种禁止无须任何证实存在混淆、讹误、欺骗或发生这些行为的可能性。《美国注释法典》第15编第1125条（a）款（2）项。另外，近期更多的修订已经禁止进口违反该条款的商品，其中也包括淡化条款，见前第十三章第六节，以及所谓的"域名抢注"。见《美国注释法典》第15编第1125条（b）款至（d）款。第43条（a）款也被用作主张类似版权精神权利。见后第二十七章第三节至第四节。已有一个法院把第43条（a）款概括为"商业道德的确认准则"。参阅 Gold Seal Co. v. Weeks, 129 F. Supp. 928 (D. D. C. 1955)。

　　"域名抢注"违反本条款。恶意注册网络域名，导致与他人商标或姓名相似而容易引起混淆的，本条款规定加以损害赔偿和禁令救济。这里的恶意由几个因素决定，包括向商标所有者发出销售域名邀约，而其自身没有善意使用该域名的意图，或者甚至一个试图只销售互联网域名的"模式"。条款还粗略地规定了裁决为恶意抢注的阻却事由，即当注册人有理由相信其进行的是正当使用或其他的合法行为时。见《美国注释法典》第15编第1125条（d）款。

# 第十七章
# 侵　权

## 第一节　概　述

商标侵权的标准是"淆混的可能性"。要求原告只须证明存在混淆的可能性，减轻了其诉讼负担。由于商标侵权只要求存在混淆的可能性而不一定要求有混淆的事实，因此构成混淆的范围不可避免地被扩大了，同时也放宽了证明损害情况、商标的有效性、市场的特性以及类似情况的要求。

对于混淆的可能性有一些具体的调查检验事项：

（1）在外表、发音、含义和印象方面的相似性；

（2）商品或服务的相似性；

（3）"贸易渠道"的相似性；

（4）售货条件，也就是"冲动的"和慎重考虑的购买人；

（5）相竞争商标的影响力；

（6）实际混淆；

（7）类似商品上类似商标的数量和性质；

（8）共同使用未产生实际混淆的时间长度；以及

（9）该商标用在商品上的种类。

参阅 In re E. I. DuPont DeNemours & Co., 476 F. 2d 1357（Cust. & Pat. App. 1973）。

在 1962 年《拉纳姆法》修订以前，指控商标侵权要求提供购买者发生混淆的证据。现在，混淆的可能性只有在一些较重要的方面才需证实；对于购买者，发生混淆的可能性就不必证实。如果相似且易混淆的商标很可能欺骗或混淆一定数量的人，那么即存在侵权。

对于不相似的商标，存在混淆的可能性极小。所有事情都是平等的，商标越相似，存在混淆的可能性就越大。然而，下面这些事情是重要的：商标的影响力、商品和服务的相似性、市场的相似性和特点以及有无使用意图。参阅 Chester Barrie, Ltd. v. Chester Laurie, Ltd., 189 F. Supp. 98（S. D. N. Y. 1960）。

最后一项因素，使用意图显然既不影响相似性，也不影响混淆本身的可能性。它一半是作为证据使用的，一半是用来确认是否合乎公平原则的。作为证明功能，在优势相等的案例中，意图就有关系了。当涉及故意行为时，法院也许会公正地断定，在均势案例中，混淆是可能的。在依据公平原则进行衡量时，被告的恶意就是一个重要因素，所以有无使用意图可能决定是否发布禁令。

## 第二节　商标的相似性

在外形设计、发音、心理、商业或社会含义及重要性、配色或语言特点上，商标可能产生混淆性相似。这些因素是相互联系的，因此（1）它们是附加的——也就是说，同时存在着相似性的不同基础越多，就越有混淆的可能性；（2）它们各自都独立有效，尽管事实上并不一定如此。例如，外形设计越相似或同一，在发音、含义或颜色上就越不一定相似。

大多数词都有许多同形同音异义词，而且所有一个音节以上的词都有以有限数量存在的成分组成；因为重复的不可避免性，大多数商标的基本成分都将由语言的基本成分组成（或者，当应用到视觉影响、空间设计的基本成分，诸如直线或曲线时），不能只根据分析组成商标的每个成分来检测相似性。另一方面，当商标作为一个整体相似时，通过分析个别成分找到一复杂商标中可以区分的成分，但却无法区分时，对这一复杂商标作为一个整体进行审查，就与另一商标发生混淆的相似。法院不会"分割和分析商标"，允许一个正在使用的一般被认为相似的商标的侵权人逃避责任，也不会允许一个商标所有者禁止一般认为并不相似，但恰巧和所有者的商标有一些共同成分的商标的使用。参阅 Simoniz Co. v. Permanizing Stations of America, Inc., 49 F. 2d 846（Cust. & Pat. App. 1931）。

既然调查是关于商标的相似性（similarity）而不是关于商标的同一性（identity），那么这种检验就涉及评估相似的程度。当一商标是臆造的或是任意的，要证明相似性，就必须找到对这一语言成分少量的实际复制。这至少部分是由于对涉及臆造词语的惊人相似性，并推断这种相似是故意的。就一件臆造的商标而言，存在不同成分——例如，不同前辍或后辍——这并不足以为侵权作辩护。在这样的案例中，没有什么可以帮助区别两个相似的臆造商标的不同意义或含义。因此，就不带有任何实际含义的臆造或任意的名称而言，它们只有发音不同，由于发音是该商标所具有的唯一实际内容，那么，发音上的相似程度就至关重要了。参阅 G. D. Searle & Co. v. Charles. Pfizer & Co., 265 F. 2d 385 (7th Cir. 1959)。

然而法院也确实对成分进行审查。检测手段是看商标是否会在相关的消费者中间产生混淆。具有相似发音的商标侵权根据以下平衡过程来决定：一是考虑市场是否由有时间去分析相似商标的有经验的消费者组成；二是考虑商品是否相似；三是在市场上和混淆的可能性上有逻辑关系的其他因素。

如果商标不是想象的或任意性的，那么含义就可以有助于将商标彼此区别开来，法院就很可能要求在发音方面有更大的相似性。然而这个标准会因其他因素而发生倾斜。当涉及发音相似的商标时，一个非常重要的因素是看购买是否发生在这样的情况下：是发音而不是外观或拼写起了决定作用。因此，在辛格制造公司诉摩尔斯缝纫机及配件公司一案（Singer Mfg. Co. v. Morse Sewing Machine & Supply Corp., 1955 WL 6471 (Com'r Pat. & Trademark 1955)) 中，"斯代尔·噢·马帝克"（styleomatic）一词的注册因遭到"代尔·噢·马帝克"（dialomatic）的商标所有人的反对而被拒绝，虽然两个词语实际意义完全不同，但是它们有近乎一样的发音。事实上，消费者常常通过电话来订购商品，以及收听收音机商品广告，这些因素都是决定性的：由于消费者是根据商品名称的发音来决定购买的，因此发音的相似就足以产生混淆，虽然有关商品在内容上和外观上不同。但有一个法院发现"Lexis"和"Lexus"商标在广播广告中是可区分的，因此认为合适的标准不是"日常所讲的英语"，而是"普通的、合理谨慎的言论"。参阅 Mead Data Central, Inc. v. Toyota Motor Sales, U. S. A., 875 F. 2d 1026 (2nd Cir. 1989)。

## 第三节　商品和服务的相似性

一方面，在一定程度上，商标可能并不十分相似，而商品或服务却如此相似，以致打破了这种平衡。另一方面，近乎一样的商标也可能被裁定不构成侵权，如果它们是被用在完全不相关的、不相似的商品或服务上。有一种实际情况，即当商标只有少许差异，而商品却绝对一样时，消费者将发生混淆。有一个著名的例子"卓玛卖恩"（"Dramamine"）案例，可以说明这一点。在该案例中，相同的商品——晕车药用相似的商标"卓玛卖恩"和"玻玛卖恩"（Bonamine）进行销售。参阅 G. D. Searle & Co. v. Charles Pfizer & Co., 265 F. 2d 385 (7th Cir. 1959)。将相同的商标"卓玛卖恩"用于完全不相似和不相关的产品上很可能不会发生侵权。这是显而易见的，在非臆造性商标名称案例中，其商标影响力就小得多，并不会像上述例子中任意性商标"卓玛卖恩"那样。因此，如果晕车药丸起名为"安定"药丸，那么用"安定"商标生产智能手机的制造商就不可能负侵权责任。即使是同样的商标，如果用于毫不相关的市场或毫不相关的商品或服务上，也不可能发生混淆。

当然，判定商品或服务的相似性并不是如此简单，它和判定商品是否一模一样不同，前者比后者难得多。一旦商品不是完全一样，那么判定它们的相似程度必须通过调查分析。

商品或服务的相似性要通过调查产品或服务在大多数消费者心目中是否相似才能判定。从消费者的角度来看，当商品是用于同一目的、与同一活动相关或者是满足同一需要时，商品就是相似的。例如，虽然狗的食物和狗用维生素在形状、外观、功能和许多其他方面不相似，但是它们的目的是一样的，都是为家庭宠物提供营养，都与饲养动物之类活动有关，都是为了满足这些动物的健康需要。当一个狗食物制造商用"狗餐"作为商标销售他的产品时，他就会反对"狗营养餐"作为狗用维生素的商标注册。虽然两个商标有许多差异，但因为所用的产品和目的都很相似，因此他将胜诉。参阅 S. E. Mighton Co. v. La Pryor Milling Co., 274 F. 2d 676（Cust. & Pat. App. 1960）。因此，大多数消费者的反应在判定相似商标方面很可能是决定性的。

例如，在下面这个案例中，一个销售有关用于种植玫瑰花的产品的注册人，反对销售兽医产品的申请人注册相似的商标。法院注意到，即使双方都制造杀虫产品，但它们的用途不同，因为玫瑰公司的消费者"将由于原告在说明书中所描述的……小公牛尾部的扁虱而可能产生厌恶"，所以足以排除混淆的可能。参阅 Conard-Pyle Co. v. Thuron Industries, Inc., 1978 WL 21398（N. D. Tex. 1978）。

判定商品的相似性可能涉及定义商品和有关市场。在某种程度上，这一过程和定义产品和市场密切相关，常见于反垄断案例中。参阅盖尔霍恩（Gellhorn）和科瓦契奇（Kovacic）著《反垄断法和经济学概要》（Antitrust Law and Economics in a Nutshell），第四版。产品和市场的定义范围越宽，商品越可能相似。例如，在一起涉及男装的案例中，一个先使用"海德公园"商标的人，指控后使用同样商标销售女装的人为侵权。然而法院却发现使用者并没有侵权，这主要是根据男装和女装并不相似来判定的。参阅 Hyde Park Clothes, Inc. v. Hyde Park Fashions, Inc., 204 F. 2d 223（2nd Cir. 1953）。如果法院当时将该商品定义为服装而不是男装，那么商品就会一样，均为服装，从而判决结果就会大相径庭。因为在商品和商标都完全相同的情况下，是很难否认侵权的。

## 第四节　市场的特征及相似性

一般消费者是否会被用于相似产品或服务上的相似商标混淆，可能取决于消费者及其所处环境。例如，在"冲动"情况下去超市购物，而商品又紧密地堆放在一起，消费者就可能不太注意商标，这样就很可能发生混淆，这也是常见现象。当考虑购买昂贵的汽车或高科技设备时，消费者就会相当小心而富有判断力，混淆就几乎不可能发生。衡量商品和商标相似性的标准是根据市场的特征来决定的。随着市场变化的复杂程度，这一标准也应再重新调整。"区分购买者"的理论通常有决定作用。例如，一个空调设备商标，"人工气候"（Climatrol）注册人和同样设备"人造气候"（Climematic）商标的申请人就商标专用权发生争议，法院裁定，鉴于产品的昂贵性和购买者在购买过程中可能耐心进行比较，因此两个商标不存在发生混淆的相似。参阅 L. J. Mueller Furnace Co. v. United Conditioning Corp., 222 F. 2d 755（Cust. & Pat. App. 1955）。

产品或服务是否以相似的商业渠道销售也是不可忽视的。例如，差异极大的消费者购买两种不同的产品或服务时，就不大可能发生混淆。一方只通过批发渠道将带有某种商标的产品销售给其他商人，那么他的消费者将可能是这样一个不同的消费者群体，他们将同样的产品或成品向消费者零售，这种情况下，即使商标和产品非常相似，也不可能发生侵权。在多恩·多纳特公司诉哈特食品百货公司一案（Dawn Donut Co. v. Hart's Food Stores, Inc., 267 F. 2d 358（2nd Cir. 1959）中，法院裁定，正是零售和批发市场之间的这种区别在认定不侵权的过程中起了重大作用。下面案例中也出现了类似的问题。一方销售供低龄儿童购买的书，另一方销售供高龄儿童购买的书（参阅 Field Enterprises Educational Corp. v. Grosset & Dunlap, Inc., 256 F. Supp. 382（S. D. N. Y. 1966）），以及一方以批发形式销售家具，另一方以零售形式销售家具（参阅 Habitat Design Holdings Ltd. v. Habitat, Inc., 436 F. Supp. 327（S. D. N. Y. 1977）），尽管在后面的那个案例中，销售的不同特点并不足以避免侵权指控——如果所谓的"批发"展厅实际上也对大众开放的话，零售消费者也就被卷入了批发购买中。

销售各方以完全不同的方式销售，即零售和批发，也可能意味着不可能发生混淆，因为有两类不同的消费者。当然，在这种情况下，也不存在竞争。如果存在不同类型的消费者，他们意识到了不同的产品或服务，而且可能倾向将两种产品以一般的方式联系起来，那么法院就可能依据商标权扩大的理论，判决保护其中一个应受保护的商标，虽然并没有真的发生混淆。没有竞争不一定是决定性的。现在许多法院都认为，当商标权适用淡化的时候，有没有竞争无关紧要。在这些案例中，法院倾向于将竞争和混淆等同起来，也许这是不合理的。参阅 World Carpets, Inc. v. Dick Littrell's New World Carpets, 438 F. 2d 482 (5th Cir. 1971)。然而这种主张似乎得到现行《拉纳姆法》的字面解释的支持。在以前的用语中，曾要求在商品或服务来源上必须存在混淆，现在这一点已被修正，放弃了关于来源上发生混淆的要求，而只要存在混淆即构成侵权。

这就留给法院来决定关键问题：什么是混淆？对于任何视觉或感觉相似的商标，根据法规均足以认定产生混淆并据此判决的法院，将混淆的要求降低到相似。这一步并不是法规中明确提出的，而是承审法院将商标大胆地向版权靠近的一步。参阅 Boston Professional Hockey Ass'n. v. Dallas Cap & Emblem Mfg., Inc., 510 F. 2d 1004 (5th Cir. 1975)。然而，许多法院依然使用原先法规用语中引申出的概念，要求在来源方面存在混淆，或者在"该商品之间或指控侵权商品使用者之间联系"的含义上存在混淆。参阅 Lindy Pen Co. v. Bic Pen Corp, 725 F. 2d 1240 (9th Cir. 1984)。

"相关商品"的理论认为，尽管在商品、产品或销售渠道上有差别，但是，如果存在一个普遍的想法，认为商品可能都来自同一个地方，消费者或许容易将不同商品联系起来。这种理论包括，在相似商品类别中，消费者可能把这些商品都认定是由同一制造商制造或同一服务提供者提供的。这一理论的影响是，似乎根本不相关的商品也会被认定为相似的或相关的，结果导致使用与之相似的商标就会被认为是侵权，即使商标所有者并没有生产或提供在任何方面与受到指控的侵权人的商品或服务相似的商品或服务。

例如，在一起侵权诉讼中，用于冷冻果汁的"瞬间少女"商标所有者起诉被告在冷冻肉上使用同样商标，因为相同的消费者都在同一个地方（食品零售商店）购买同一类商品（冷冻食品），法院裁定被告侵权。由于双方都销售冷冻食品，而且消费者会理所应当地认为这两种产品可能都由一个生产商负责，因而就有很大的混淆的可能性。法院注意到，允许相似的商标用于如此相关的商品上的危险，在于注册商标所有者的信誉可能由于和侵权人的商品有联系而受到侵害，即使实际上并没有劣质商品的证据。见前面第十三章第四节。在这个案例中，即存在实际的混淆。参阅 Pure Foods Inc. v. Minute Maid Corp., 214 F. 2d 792 (5th Cir. 1954)。

另一方面，有些法院拒绝保护这种垄断，因为通过这种垄断，注册商标所有人将设法禁止其他任何人以任何方式使用该商标。他既不考虑是否存在竞争，也不顾及是否发生实际的混淆，而只是把商品或服务的范围划得很宽，结果将事实上禁止其他任何人使用该商标。例如，一个法院曾指出，与水果销售相关的"萨科斯特"商标的所有者企图禁止将该商标用于销售面包产品的行为是"极不正当的",是"通过垄断在通常食品店销售的附有'萨科斯特'字样的各种商品,来垄断食品市场"。参阅 California Fruit Growers Exchange v. Sunkist Baking Co., 166 F. 2d 971 (7th Cir. 1947)。法院注意到,在现代社会,销售是在超市和类似这样的场所中进行的,在这些地方,许多不同产品都在同时出售。把所有这些产品都称为"相关"的,将大大扩大商标权,结果将破坏商标保护只与实际使用相关这样一种权利概念。因此,在适用"相关商品"理论时,有这样的结论,商品或服务仅处于同样的销售环境中,不足以认定商品是相似的或是相关的。在这种情况下,应更多地注意发生混淆可能性的证据,而不能只看产品或服务是通过常见大宗货物市场来提供的证据,因为这是现代社会的典型特征。

## 第五节 混淆可能性的补充证据

证明混淆和侵权的可能性的最具决定性因素,是商标的相似性、商品或服务的相似性以及市场条件的特征及相似性。然而,商标的相对影响力、受到指控的侵权人的意图、商标的性质以及存在实际混淆也都是很有说服力的。这些因素都是相互联系的。因此,商标的性质可能和商标的相对影响力互相影响。例如,一个任意性或臆造性的商标可能要比一个普通词组得到更多的保护。其中部分原因是在任意性的商标上,人们对保护公众权利的兴趣,要比对保护我们语言中一部分的词和词组的兴趣小的多。同时,任意性或臆造性商标可能比一个普通词或词组变得更有影响力。原因很简单,它们更易于识别和更具有特征。同样,因为意图也是有说服力的,通常对任意性或臆造性商标的故意侵权是被禁止的,因为第二使用者不可能"恰巧"找到同一个任意性的商标。这种推断是公正合理的。

最后,发生实际混淆的证据要比可能发生混淆的证据更有说服力。当争议是关于消费者是否发生混淆时,实际混淆的证据马上就可以说明问题。另一方面,被告利用提供几个声称没有被混淆的假证人,来证明不存在混淆可能性并不总是成功,从反面证明这一点是困难的。但是这并不意味着反证总是不成功的,因为偶尔也有人提出没有实际混淆的证据,可以用来支持侵权不成立的裁决。参阅 California Fruit Growers Exchange v. Sunkist Baking Co., 166 F. 2d 971 (7th Cir. 1947)。

从衡平法救济考虑,意图在逻辑上也是相关的,因为它和衡平法院所考虑的诸如善意等因素有直接关系。然而只有发现侵权,才能作出给予救济的判决。实际上，法院倾向用故意侵权人自己说的话，裁定如果侵权人认为通过模仿他人商标可以成功地赢得商机，那么禁止使用他人商标就没有什么不公平。这就类似禁止反悔。法院把侵权人的话作为一种承认侵权的证据，侵权人不能轻易地否认。

　　意图和混淆的可能性有间接联系，这完全取决于侵权人判断的准确性。侵权人的判断代替了法院的判断，否则法院本应通过审查诸如商标的相似性、产品或服务的相似性以及市场的特征，对混淆的可能性进行复杂的调查。然而有些故意的使用并没有证实这种方法。例如，当一善意侵权人被告知侵权时，他仍故意继续使用该商标，仅仅是因为他已在他自己所在地发展了该商标，此时该侵权人并不是在利用别人的商标来获取利益，而只是设法保护自己的投资。参阅 Straus v. Notaseme Hosiery Co., 240 U. S. 179（1916）。因此，根据意图进行侵权判断时必须谨慎。

　　一些法院已经确切地将意图的重要意义解释为存在侵权人成功地制造欺骗的前提。换句话说，查明意图的意义，在于侵权人必须证明他的意图没有成功。实际上，查明意图是非常重要的，有时上诉法院可以推翻下级法院的判决，下级法院根据审判怀疑理论，怀疑侵权人出现错误，作出不存在混淆可能性的裁决。这些法院所作的裁决表明，判断是否存在混淆的可能性，与判断侵权人是否故意兴讼，以达到使用他人商标的目的相比较，承审法院更容易犯错误。参阅 Harold F. Ritchie, Inc. v. Chesebrough-Pond's Inc., 281 F. 2d 755 (2nd Cir. 1960)。

## 第六节　抗辩——合理使用与平行使用

　　既然商标法在衡平法上是有效的，它就可以利用传统的衡平法上的抗辩，与商标注册带来的有利于注册人的推定对抗。但是在大多数适用衡平法的案例中，法院一般要考虑公众的利益，在商标案例中保护标准常常被大大倾斜而有利于注册人。注册人不仅有法定的许可使用商标的权利，而且有由于注册所得到的关于注册有效的推断。虽然如此，在一些商标侵权案例中仍适用疏忽、禁止反悔和邪恶之手等衡平法理论。

　　合理使用允许进行合理的评论，其中包括偶尔地为某种目的使用商标，而不是正常地利用商标。平行使用允许使用带有先前商标的商品，类似于专利中的修复、重建理论。见前面第八章第六节。在一些案例中，平行使用与修复重建是非常相似的。当一方将一个注册商标用于一件较为复杂的产品的一部分时，平行使用理论允许该方用该注册商标的名称来识别这一部分，而不必担心承担侵权责任。然而，必须确保这种使用是在这样的范围之内，即该方没有欺骗公众，使公众误认为该产品在出售时，实际上是商标所有者在销售。因此，重新加工的使用人可以将商标用于不引人注目的地方，只是用来识别商品的某一部分，而不是将成品错误地归属商标所有者的商品。参阅 Prestonettes, Inc. v. Coty, 264 U. S. 359 (1924)。如果已用于产品上的商标是被修改的或重新加工制作的，就没有必要一定将该商标从产品上取下来。

在这些情况下，仅存在商标的重新加工制作者没有将商标从产品上取下这一事实，并不一定构成侵权。如果有任何欺诈，也只有在商标的重新加工制作者按新商品出售带有这种改制的商标的情况下才会出现。在这种情况下，与其说这是商标侵权，倒不如说它是在欺骗消费者。除非出售者自己称自己的商品为新商品，这种情况和并没有被要求出售旧车的出售者为了避免商标侵权，在出售之前取下原汽车制造厂家的标志的情况没有什么不同。参阅 Champion Spark Plug Co. v. Sanders, 331 U. S. 125 (1947)。在另一方面，当制造商行使质量控制意在将过期产品清除出市场时，一个法庭初步禁止了过期止咳剂的销售，即使这些产品的过期日期已经清楚地表明了这一事实。参阅 Warner-Lambert Co. v. Northside Dev. Corp., 86 F. 3d 3 (2nd Cir. 1996)。

合理使用还包括在"合理评论"中对商标的使用。这种情况在广告宣传中最为常见。在这种情况中，所谓侵权人的产品或服务被称为可与商标所有者的商品相媲美。在仿制或复制别人产品的案例中，仿制者或复制者有权使用原商标来识别仿制的产品，只要仿制者不搞欺骗，避免混淆即可。然而，使用该商标必然会有一定的混淆风险，并且仅是混淆的可能性并不构成对合理使用抗辩的阻碍。参阅 KP Permanent Make-Up, Inc. v. Lasting Impression I, Inc. et al., 543 U. S. 111 (2004)。

而且专利法特别规定没有申请专利的产品属于公有领域，如有人想复制没有申请专利的产品，合理使用理论就可以禁止将商标保护变成相当于不合法的专利保护。法院已作出裁定，如果禁止合理使用，就会阻止复制者让人们得到复制品。当然，如果一方将只是属于对比的商品称为相同商品或暗指用过的产品为新产品时，那么他就违反了第 43 条（a）款的规定。参阅 Smith v. Chanel, Inc., 402 F. 2d 562 (9th Cir. 1968)。

滑稽模仿已经成为商标合理使用的一种合法形式，并且在事实上，这个问题已经被最高法院在坎贝尔诉阿库夫 – 罗斯音乐公司（Campbell v. Acuff-Rose Music, Inc., 510 U. S. 569 (9th Cir. 1994) 案中对于著作权滑稽模仿的处理方式所说明（见后面第二十三章第七节）。但当一项声称的滑稽模仿被用来促销相竞争产品或服务时，则不被认为是合理使用。参阅 Harley-Davidson, Inc. v.

Grottanelli，164 F. 3d 806（2nd Cir. 1999）。

## 第七节 灰市商品

所谓"灰市"商品是指那些具有有效商标被进口到美国，并和美国国内制造或销售附有同样有效商标的商品进行竞争的商品。"灰市"一词被用来指这些商品或这些商品的销售有些不合乎要求，虽然这些商品的商标是完全合法的。也正因为这些商标是合法的，才没有把这些商品称为"黑市"商品。国内的销售商们抱怨这些低价"平行进口"的商品，由于各种各样的原因，和他们自己的产品进行不公平竞争。然而，显然商标法并没有给任何一方排除灰市商品销售的权利。灰市上的商标都是由合法的商标所有者认可的，这一事实就足以摆脱任何商标侵权的指控。关于平行进口的争议并不属于商标法的范围，而属于国际贸易法的范围，有时有点近似于贸易保护。至少需要有一种特殊的法律，因为仅靠商标法无济于事；在商标是合法的情况下，商标法就不起作用。1930 年《关税法案》（The Tariff Act）禁止非常有限的一些类别商品的平行进口，《美国注释法典》第 19 编第 1301 条及下文。最高法院支持美国海关总署的观点，认为当有共同控制时，就不能适用制定法，国内与国外的关系就像母公司与子公司或附属公司的关系一样。《联邦法规汇编》第 19 编第133. 21 条（b）款（1987 年）。只有在灰市生产者不听从共同控制，而仅是被授权的独立一方平行进口时，才会有法律补救。此时的补救不是商标补救，而是国际贸易法的补救。参阅 K Mart Corp. v. Cartier, Inc.，486 U. S. 281（1988）。然而，当灰市商品与那些在美国国内销售的商品存在显著区别时，就不能适用《美国注释法典》第 19 编第 1337 条被认为是商标侵权，除非它们充分标注以减少消费者的混淆。参阅 Gamut Trading Co. v. United States ITC，200 F. 3d 775（Cir. 1999）。

## 第八节 《第十一修正案》豁免

尽管美国国会试图通过将第 43 条（a）款及第 1127 条中的"人"定义包括各州及它们的执行机构的方法来废除各州在《第十一修正案》中的豁免权利，但最高法院在一项涉及第 43 条（a）款的诉讼中认为，这种做法因缺少了一种州商标侵权的模式而违宪，这同它在专利法中拒绝豁免的理由是类似的。见前面第九章第五节、第十章第一节及后面第二十六章第六节。参阅 College Savs. Bank v. Florida Prepaid Postsecondary Educ. Bd.，527 U. S. 666（1999）。

# 第十八章
# 补救措施

## 第一节　概　　述

在《拉纳姆法》中，关于侵权的补救是法定的，包括（1）禁令救济；（2）估算（accounting）被告获得的利润；（3）原告所受一切损失，必要时有可能是实际损失的3倍；（4）"特殊情况"的律师费；（5）其他费用。《美国注释法典》第15编第1117条。

重要的是，这些补救都是累计的，这样原告不仅可以收回被告所获利润，而且还可获得赔偿金。此外，法院可以在实际已被证实的损害数额上和被告实际获得的利润基础上进行调整，损害赔偿费最多可达实际损害数额的3倍，利润部分可由法院酌定。

## 第二节　禁令救济

正常的衡平法原则适用于商标法，其中包括标准的抗辩。然而在给予衡平法救济时，总的原则是要考虑公众的利益，这一点是它显著的特征，因为《拉纳姆法》被认为是代表公众利益的法律。因此，授予衡平法救济通常不仅保护原告免受侵害，而且也将保护公众不受欺骗。另一方面，救济有时可能会产生这样的情况，即原告可以有效地控制产品，又可以控制商标。因此，公众的利益又分成两方面。参阅 Crossbow, Inc. v. Glovemakers, Inc., 265 F. Supp. 202（N. D. Ill. 1967）。

另外，初步的和永久性的衡平法救济反映了法律的其他方面内容。在商标案件中，衡平法救济必须是小心地以肯定的方式作出，以便使该法既可以禁止不合法的侵权行为，又可以允许合法的竞争活动。原告可能要求被告停止一切商业活动，但是法院必须谨慎地作出判断，也许那些使原告丧失商业机会的被告商业活动是合法的竞争活动。例如，当原告要求禁止被告进行竞争时，法院反而肯定地要求被告显著通知所有预期购买者，被告的产品和原告的产品并不一样。这样就不仅禁止了侵权，而且允许继续竞争。参阅 William R. Warner & Co. v. Eli Lilly & Co., 265 U. S. 526（1924）。

## 第三节 估 算

估算是衡平法中对不合理地从别人财产中获利取得补救的传统方法。在《拉纳姆法》中，原告有权对直接损失以外的其他损失作出估算。被告必须证实费用项目，而原告所要做的就是证明被告的全部销售额。换句话说，原告依《拉纳姆法》起诉，只需证明被告的销售总额，而不必担心这些总额中哪些属于费用项目，哪些属于广告费用，哪些属于管理费用，以及哪些属于任何其他可以从总额中扣除的支出。被告必须向法院证明，哪些支出是正当支出。

此外，原告不必证明，要不是被告进行了大量的销售，消费者就会转而购买原告的产品。换句话说，原告没有必要证实被告的销售是和原告直接竞争的。为了维护公众的利益，避免欺骗行为，使原告获利而不是被告获利的做法是合适的。这就可以有效地使作为商标权人的原告成为一位共同私人代理人（private attorney general）。参阅 Monsanto Chem. Co. v. Perfect Fit Products Mfg. Co., 349 F. 2d 389（2nd Cir. 1965）。

最后，当法院确信所证实的数额按补偿标准而不是按惩罚标准过多或不足时，其有权不考虑原告和被告提供的证据，对利润的分配作出或上或下的调整。法院必须保证利润的估算不应产生如下结果，即它是对被告的惩罚而不是对原告损失的补偿。法院还必须保证不应剥夺本属于原告的利润。参阅 Caesars World，Inc. v. Venus Lounge，Inc.，520 F. 2d 269（3rd Cir. 1975）。

## 第四节 损害赔偿

《拉纳姆法》规定，原告有权收回所遭受的损失。根据"具体情况"，法院可以要求付给原告 3 倍于所证实的实际损失。然而，该法最后又规定，"这一数额……属于补偿，而不是罚款"。《美国注释法典》第 15 编第 1117 条。

因此，反复出现的问题都涉及《拉纳姆法》中侵权诉讼中的超过实际损失的惩罚或损失的惩罚的适当性。较为合理的是，第 1117 条的最后一句明确排除了收取惩罚性的损失费。因此，这句话被解释为，当可以证明原告的证据中没有包括他所有的损失时，赔偿费可以是实际损失的 3 倍。参阅 Caesars World, Inc. v. Venus Lounge, Inc., 520 F. 2d 269 (3rd Cir. 1975)。

## 第五节　律师费

"不判给胜诉方律师费"曾经是传统规则，而商标案子曾经沿用这个规则。最高法院认为，在没有法定的授权的情况下，没有理由更改该规则。参阅 Fleischmann Distilling Corp. v. Maier Brewing Co., 386 U. S. 714 (1967)。然而，1975 年国会修改了《拉纳姆法》，规定在"特殊情况"下，败诉方应负担律师费。《美国注释法典》第 15 编第 1117 条。专利法中也有相同的规定。《美国注释法典》第 15 编第 285 条。在同样的情况下，也允许支付律师费。见前面第九章第四节。相当肯定的是，律师费的判定基于当事人中立，虽然由于一些原因可能会有利于胜诉的被告。参阅 Fogerty v. Fantasy, Inc., 510 U. S. 517 (1994)。

# 第三编

# 版　　权

# 第十九章
# 版权保护的理论基础

## 第一节　版权法的起源和发展

版权法在英国的发展曾受到某些意欲对出版业取得垄断控制的商业利益集团的影响——这一点与那些同业工会促成专利法和商标法形成的情形相似。版权法的历史在很大程度上是司法和立法对导致各种垄断限制作出反应的历史。出版者利益集团要取得对图书生产的垄断，这与中世纪的同业工会利益集团要取得对新技术的控制相似。除此之外，版权法的发展还特别受到那些想要对新的创作作品的内容进行控制的利益集团的影响。具有这种特点的最主要的利益集团就是教会。教会曾试图限制那些反对教权言论的散布和宣传改革出版物的发行。然而，这个利益集团没有留下多少重要遗产；迄今最持久的影响来自出版者自身。

在 17 世纪晚期，出版集团对图书印刷实施的控制，受到了作者以及希望分享图书出版商业利润的其他人的挑战。在 1710 年，英国议会通过了《安娜法》，该法的主要目的是把出版者永久的权利予以限制，规定了一定的年限。从此，至少从 1710 年起，由于旨在限定以及建立独占性版权保护的实践和法律的出现，版权法得以形成。

对于图书印刷者的法律保护表明，作者和出版者之间的根本性商业区分，至少早在 18 世纪即已出现。尽管作者在出版前对其作品享有某些不确定的法律权利，但在作品发行之后，出版者即取得出版权。这种在出版前与出版后的权利的区分，源于在有关的两个利益集团——作者与出版者之间的区分，这种区分保留至今，在形式上没有多大变化。

在作者对其未出版的创作所享有的"普通法"权利，与其已出版的创作可能取得的制定法版权之间，美国版权法作出了区分。因此，直到目前，作者对其创作仍然享有永久的权利，其中包括决定何时、是否以及如何出版该作品的权利。但是普通法权利在作品出版之后即告终结，从那时起，制定法权利成为仅存的权利，如果该权利仍在保护期内，则归作者享有。这种区分已由1976 年《版权法》（"新法"）作了修订，它把普通法版权与制定法版权之间的界限从出版那一时刻，改为从作品以有形形式固定那一时刻。

美国宪法第 1 条第 8 款第 8 项规定："国会有权……保证作者及发明者对其著作及发明于限定期间内之专有权，以奖励科学与实用技艺的进步。"这就是"专利和版权条款"。根据该条款，国会有权通过任何符合宪法旨在限定期间内保护版权的立法。国会行使这项权利不受任何限制。这一点使关于《版权法》不得规定保护作者的任何说法均站不住脚。事实上，美国国会自 1790年起便行使其权力了。

虽然国会完全不必行使这项宪法权力，但如果它这样做，就必须在条文规定的范围内行事。因为第 1 条第 8 款仅赋予了"限定于期间内"的权利，所以无期限的权利很可能不符合宪法规定。但国会究竟如何实施该条款或许乃至整个宪法条文，他们似乎都拥有实质上的无懈可击的自决权。参阅 Eldred v. Ashcroft, 537 U. S. 186（2003）；Golan v. Holder, 132 S. Ct. 873（2012）。而且，版权保护的主题也只能通过使用"作者"和"著作（Writings）"这两个词作出不那么严格的限定。正如我们所看到的那样，"著作"一词可以作非常宽泛的解释，以至于这个词甚至包括了如雕塑、录像带、有舞谱或有录音的舞蹈以及计算机程序。然而，最高法院却宣布，国会试图依据这项规定去颁布商标法是无效的，见前面第十一章第一节，因为商标并不是著作。

版权，至少在英美法学理论中，从来没有产生一种在登记前即进行审查的制度，这跟专利法和商标法要求审查不同。相反，在版权领域已经形成了这样一种理论，即对那些已经表达出来的作品，未经审查——并且事实上几乎未经登记，即受到保护。当然，如果要求事先进行审查，而作者的隐私权又是保护的目的之一，那么，在普通法中对未出版作品的保护将是不可能的。版权登记对现代美国版权法来说是十分重要的，但是这个国家版权法的基本理论是保护作者而无须登记。

## 第二节　版权法

依据宪法的规定，国会于 1790 年通过了一部版权法，从那以后，该法于1831 年、1870 年、1909 年和 1976 年经过了四次重大修订或改写，国会不时立法通过更多有限的修订，这些修订只能解决具体的问题。由于新的表现（expression）形式在商业上变得越来越重要，版权法经过修订或修改以保护对那些新技术的利用。在 1802 年，国会在受保护的作品类别中增加了印刷品。1831 年修订版在受保护主题中增加了乐曲，而在 1870 年修订本中则增加了如绘画、雕塑及其他美术作品，把它们列入可获得版权保护的作品清单中。

1909 年《版权法》对于今天最重要的地方在于，它是在未出版和已出版作品权利之间仍然保留区分的最后一部版权法。虽然 1976 年《版权法》取消了那种区分，但是 1909 年《版权法》在已出版和未出版作品之间所作的区分，对于多数可以依据 1909 年《版权法》受到保护的作品来说，仍然具有重要意义，并且在某些方面一直如此，尽管有 1976 年的修订。见下面第二十四章第七节。

所有四部《版权法》都在不同程度上要求将受保护的作品缴存（deposit）样本或登记版权（registration）。所有四部《版权法》都要求受保护的作品通过以下一种或其他方式之一来缴存样本或登记版权。这些方式包括：在美国地区法院、州政府秘书长处或者以目前的情况即版权登记簿的方式来进行缴存或登记。缴存样本曾经作为受保护的先决条件，但在 1909 年《版权法》中，缴存样本就已流于一种形式，只有在提起侵权诉讼时才变为强制性的。实践中版权登记的作用也同样是降低了。

版权保护的历史也是履行手续制度不断弱化的历史。正如缴存样本和登记版权的重要性逐渐下降，直到它们最后只作为提起法律诉讼的先决条件一样，所有其他履行手续制度实际上已失去意义。

随着美国于 1989 年加入《伯尔尼公约》，美国国会对版权法作出了重大修改，本质上使版权标记完全成为一种选择性的手续，这或许也是最为重要的。实际上版权标记现在的意义仅在于用它来反对善意侵权的抗辩。作为《伯尔尼公约》的一个成员国，美国作者在国际版权保护范围内获得了更多的权利和利益。

直到不久前，美国版权法所提供的保护期一直是 14 年的倍数。1909 年《版权法》的第一个保护期是 28 年，期满后可以续延第二个 28 年保护期。而 1976 年《版权法》规定，保护期为作者有生之年加死后 50 年（现在是作者有生之年加死后 70 年）。

目前的《版权法》将保护扩大到任何以有形形式表现的作品。某些作品获得的保护少于其他作品——最突出的就是录音，除了对其进行数字传输外没有所谓的"表演权"。

# 第三节　普通法版权与制定法版权的
# 区分和 1976 年《版权法》

从历史上来看，作者对自己未出版作品的权利，同出版者（不管是独立印刷商、装订工人还是作者自己）对利用复制企业的专有控制权利之间的区分，建立了扎根持久且健全的美国版权制定法，同时也从中发展出了普通法权利的主要部分。这种区分产生了两种不同的版权概念。普通法版权已成为作者排除所有其他人使用其未出版作品的权利。如果有人擅自使用了另一个人的未出版的手稿，将另一个人的未出版的艺术创作复制，或将未出版的乐谱出版，都可能受到作者依普通法版权提起的诉讼。普通法版权是具有永久性的，如果作者决定不将作品出版，或由他本人将他的作品保存起来，他就完全可以永远阻止其他人复制该作品。实际上，作者的继承人同样可以阻止其他人复制该作品，直到一个得到授权的人将其出版——此时，该作品便进入制定法版权领域，就不能永久阻止其他人复制该作品了。

而一旦该作品出版，普通法版权即告丧失。从那时起，对作者的保护只能够通过制定法进行。普通法版权是永久性的，而制定法版权则是有期限的——依据 1909 年《版权法》，保护期最长为 56 年。依据普通法版权，作者享有永久性保护，但却不能利用其作品，因为只要他将作品出版，普通法版权即告丧失。因此，如果把公开利用其作品并从中营利的特权作为交易的筹码，作者卖掉的是他永久性的普通法版权，而取得的是公开传输其作品的在一定期限内的专有权，所取得的保护也将不再是他所放弃的普通法保护。

多年来，人们认识到在普通法与制定法保护之间的这种区分已成为负担。就说一点，在那种二元保护制度下，人们很难准确地说出什么时候普通法特权丧失，什么时候制定法保护开始。许多难题都出自关于出版的定义——从出版那一时刻起，普通法保护结束，制定法保护开始。每当一个新的表达媒介产生时——比如戏剧、电影、无线电广播、电视节目，这个问题都会越发复杂。许多人认为，有必要建立一种一元化的保护制度，该制度将不依赖于那种多少有些说不清楚的出版的概念。结果，1976 年《版权法》试图取消关于普通法版权的所有重要方面，并建立一种统一的保护制度，即一旦作品以某种有形形式固定下来，便给予制定法版权保护。《美国注释法典》第 17 编第 102 条（a）款。

# 第四节　版权的基本原则

根据 1976 年《版权法》，一旦作品以某种具体方式记录下来，作者即受保护，因为该法保护固定于有形媒体中的所有表现形式。《美国注释法典》第 17 编第 102 条（a）款。1976 年《版权法》的保护在作者死后 70 年内一直有效。《美国注释法典》第 17 编第 302 条（a）款。某些专有权属于作者，属于其受让人；有时，在"雇佣作品"的情况下，属于其雇主。《美国注释法典》第 17 编第 203 条（a）款、（b）款、（d）款。作者或版权所有者享有复制作品的专有权利。《美国注释法典》第 17 编第 106 条（1）款，任何人未经授权制作复制品均将受到侵权指控，该法规定了损害赔偿，有时包括律师费，以及禁令救济。故意侵犯联邦版权法还是一种犯罪行为。《美国注释法典》第 17 编第 506 条。除复制权以外，版权保护还许可版权所有者控制演绎作品——诸如戏剧、电影或其他对原作品的改编。《美国注释法典》第 17 编第 106 条（2）款，以及对任何制作与原作实质相似作品的人提出损害赔偿及禁令救济诉讼。对于大多数作品来说，版权所有者还享有展示和表演作品的专有权。《美国注释法典》第 17 编第 106 条（4）款、（5）款。

正像专利保护范围涉及任何具有实用性、非显而易见性、新颖性的思想的应用方面，版权保护基本上集中在思想的原创性表达上，不管该表现是文学的、艺术的、商业的还是其他性质的。表达是关键所在，因为只有思想的表现才受版权保护。例如，南北战争时期，恐惧和内乱斗争的痛苦笼罩一个家庭的构想就不能受版权保护。但是以一个复杂而富有戏剧性的故事体现那个构思的表达，如《飘》就符合版权保护条件，完全能受版权保护。

版权的基本概念是原创性。在专利法中相对应的基本概念是新颖性、非显而易见性和实用性，而在商标法则中是可识别性。一项发明要获得专利，必须具有新的内容，或具有新颖性；它必须是在他人之前首先完成的发明。而受版权保护的作品，不需要具备新颖性。作者不必声明是他第一个在其作品中创作了那个独特的表达。因为，他的作品不必具有新颖性。取得版权所必需的就在于原创性——该作品是由他独立创作的；该作者的作品不能是抄袭他人的作品。《美国注释法典》第 17 编第 102 条（a）款。因此，该作品的构思和主题可能已出现在早先的作品当中。确实，许多表现形式可能早已被他人创作过，但是版权允许第二个作者进行同样的创作，只要他的作品是独立创作的作品。

因此，表现和原创性这两个概念是版权保护的奠基石。具有原创性的表现是法律规定的版权保护的条件，版权法所保护的是特定的表现形式。《版权法》第 102 条将受保护主题分为八类：文字作品、音乐作品、戏剧作品、舞蹈作品、绘画和刻印作品、视听作品、录音作品和建筑作品。但《版权法》的规定显示，这些形式仅仅是通过举例的方式列出的一份清单，并不意味着对版权保护主题更广泛的含义作出限制，它意味着版权保护的范围将扩大到任何固定在有形媒介上"具有原创性的创作作品"，不管该作品是否在所列类别当中。

# 第二十章
# 版权的主题

## 第一节 原创性

版权的核心是原创性，它意味着版权所有者或主张版权者独立创作了作品。然而，与专利不同的是，具有原创性的作品不要求具有新颖性。一个作者只要是他本人进行的创作，便可以对该作品主张版权，即使已有 1000 个人在他之前就创作过同样的作品。所以原创性仅仅意味着主张版权者没有复制其他人的作品。从原创性的这个含义出发，我们便可以找到一个普通而又实际的例子，一个作者可以取得《罗密欧与朱丽叶》的版权，前提是这个故事是他自己写的，而不是从莎士比亚那里抄来的。这样一种版权可以阻止任何人复制版权所有者的这件作品（但它却不能防止其他人复制莎氏的创作，因为莎氏的创作已进入公有领域）。

了解一下原创性要求的产生经过是十分重要的，版权的获得首先取决于对宪法条文的理解。宪法条文只规定"作者"可以享有对其"著作"的保护。不管是隐含的还是以其他方式表明的，宪法上对可受版权保护的条件限制仅仅在于，这种保护必须受到"作者"和"著作"这两个词所具有的含义的约束。从历史上看，这些限制一直是相当小的，版权保护的条件也远远少于专利保护的条件。在过去的 200 年间原创性一直是版权保护的条件，因为这个条件看来几乎是不言自明的：除非一个人独立创作出了某件作品，否则他便不能成为作者。因此，原创性就是宪法条文本身所规定的"作者身份"的直接要求。

然而，这并不意味着，过去没有由于"作者"和"著作"的要求而产生的关于版权保护限制的争议。例如，版权保护是否可以扩大到文字作品以外的其他作品就是早期争论过的一个问题，在第一批版权制定法当中规定了对美术作品的保护之后，这个问题很快便解决了。而一旦版权保护不再局限于文字作品范围，"著作"一词也可以包括绘画、雕塑及其他艺术作品，"作者"一词所包括的也不再仅仅是从事文学的艺术家。事实上，作者不仅可以不是"从事文学的"，他们甚至可以不是"艺术家"。一旦对宪法中"作者"和"著作"含义的扩大性解释为世人所接受，那么标准很低的原创性要求便成为对版权保护所设定的外部限制的全部内容。换句话说，此时版权保护限制中仅仅保留了最低程度的原创性要求，即版权保护适用于人们独立创作的任何东西。

然而，对于原创性本身的限制已经引起了争论。多年来，法院在何为适当标准这个问题上一直摇摆不定。在布莱斯坦诉唐内森印刷公司一案（Bleistein v. Donaldson Lithographing Co., 188 U. S. 239 (1903)）中，最高法院裁定，版权保护并不局限于美术范围，试图对独创物的艺术优劣进行评价，既超越了版权法，也超越了法院的权限。该法院明确阐述了原创性的广义概念，并拒绝对印刷品的创造性或艺术性的优劣同它们更为实用的商业价值一起进行衡量。只要该作品属于法定可享有版权主题的范围，并且只要该作品是权利主张者独立创作的，那么对可享有版权性就无可争议。一件作品只要是"独立创作"的，它就具有原创性。

例如，至少从最高法院伯罗－贾尔斯印刷公司诉萨罗尼一案（BurrowGiles Lithographic Co. v. Sarony, 111 U. S. 53 (1884)）的判决以后，表现现实生活状况和实物的照片就成为可享有版权的作品。之所以给予保护是因为摄影师在其图片中融入了自己的艺术构思和创作努力。但是在布莱斯坦一案（Bleistein）以后，显然，这样一个理由就是不必要的了。照片作为可享有版权的作品不是由于它包含了任何艺术创作努力，而只是由于它们属于"独立创作（one man alone）"作品。法院的这项判决使得扎普鲁德偶然拍摄的关于暗杀肯尼迪的影片符合版权保护所要求的原创性的必要条件。参阅 Time Inc. v. Bernard Geis Associates, 293 F. Supp. 130 (S. D. N. Y. 1968)。那些影片产生于偶发事件与拍摄机遇的巧合，这进一步说明，对原创性的要求确实是最低限度的。当然，影片所有者"独立创作"的全部内容看来就只是按动摄影机的快门。

一件复制品（reproduction）基本上也可以说是一件临摹品（copy）。该作品的最初来源并非出自复制者，而是出自原始作者。然而，复制品的可享有版权的性质也是完全成立的。参阅 Alfred Bell & Co. v. Catalda Fine Arts, Inc., 191 F. 2d 99 (2nd Cir. 1951)。这种性质之所以被大家接受是基于这样的事实，即临摹者独立制作了复制品，如果除了这一点就没有其他创作的话。尽管公有领域的作品不受保护——因为其他人可以自由地去临摹原件——但保护临摹者的目的是为了阻止那些企图"搭便车"的人，他们只是简单地对复制品进行复制，而不是投入必要的劳动去临摹原作。

临摹者必须证明他为最后完成的复制品增添了某些东西。用这种方法，一些法院就可以确定复制品与原作之间的区别或实质变化，找出满足原创性的条件。只要从原作到临摹品的变化不再仅仅是"细微的"，就满足了原创性的条件。见前述 Alfred Bell & Co. v. Cataldo Fine Arts, Inc. 一案。

直到最近，所谓"额头出汗"理论对于显然没有任何艺术价值并且仅仅是将公有领域资料汇总而成的作品，如地图、图表和电话簿等，提供了满足原创性的条件。"额头出汗"理论仅仅要求作者能够证实其将某些"原创作品"的投入融进最终产品。然而，这个理论被最高法院在费斯特出版公司诉乡村电话服务局（Feist Publications v. Rural Telephone Service, 499 U. S. 340 (1991)）一案中被断然否决，最高法院认为，对作品所要求的原创性条件至少要具备"某种最低限度的创造性，"在电话簿白页上将姓名简单地按字母顺序排列，没有满足这个标准。

没有了"额头出汗"理论的支持，一度被认为可受版权保护的许多简单的事实汇编，例如司法案件笔录，就被认定为不受版权保护，因为像这样逐页记载的简单事项，不具备最起码的创造性。参阅 Matthew Bender & Co. v. West Publishing Co., 158 F. 3d 693 (2nd Cir. 1998)。同样，一些廉价的事实的集合，比如简单的计算机数据库，似乎达不到版权保护的程度，这促使了特殊数据库保护法的出台，正如欧盟所做的那样。无论这些法规是否有效，是否符合宪法，是否比其他特殊权利制度更值得期待，这始终是一个悬而未决的问题，因为特殊权利制度经常被证明是考虑欠周的。

另一个悬而未决的问题是，单纯事实作品与虚构作品采取不同原创性标准的想法是否持续可行。看来，所有的作品都必须满足在费斯特出版公司（Feist Publications）一案中所要求的最低限度的创造性。但是，在特定情况下根据费斯特案所要求的创造性究竟是多少一直模糊不清，一些联邦地区法院一直在与最高法院对费斯特案的裁决作抗争。

## 第二节 可享有版权的作品

宪法中对于版权的限制和授权不一定与版权法中的授权和限制范围相同。宪法首先确定了版权的范围，而国会必须明确给予保护。根据 1976 年《版权法》，该法似乎与宪法规定的权利范围相同，因为尽管同前几部版权法那样列举了可享有版权的作品的具体形式，它同时还规定"对于目前已知的或以后发展的，固定于……任何有形表现媒体中的独创作品"予以版权保护（《美国注释法典》第 17 编第 102 条（a）款）（加粗为作者所加）。此外，在专门列举作品类别时使用了版权将"包括"如下作品的表达，这表明版权不仅局限于专门列举的作品类别。在 1976 年《版权法》中，国会尽可能地使版权保护范围扩展到可依据宪法管辖的所有主要的作品类别。见本章第四节。

因此版权保护的范围并没有受到第 102 条（a）款所列举的作品类别的限定，而是由判例法所表明的较为宽泛的版权概念所限定。其中最基本的概念之一就是在实用和非实用物品之间所作的区分。纯实用物品不受版权保护。然而，对于非实用作品，或对于那些从一件作品中能够分离出来的非实用部分，如果它们符合法律要求，就没有理由不给予版权保护。例如，在梅泽诉斯坦一案（Mazer v. Stein, 347 U. S. 201（1954））中，法院判定雕塑形式的台灯底座受版权保护，尽管该台灯本身只有照明功能而明显地属于实用物品。

法院不愿意给予纯实用作品版权保护的一个原因是因为实用作品已拥有专利保护。由于版权保护期比专利保护期长，并且由于只要具备少量的原创性即可享受版权保护，这一点与专利保护截然不同：专利保护对新颖性、非显而易见性和实用性提出了严格的要求，所以法院试图在版权与专利之间确定一个清楚明白的界限。因此，给予某件实用物品版权保护将使某些可能更适于用专利法保护的东西受到垄断控制。但可能不能满足专利法（和宪法专利条款）所要求的严格的专利法保护的先决条件。

在表格、记账方法、赛事空白表（contest blanks）、试题及类似内容的可享有版权性问题上，也出现类似争论。同样，这也涉及版权的基本概念。联邦法院在这一点上十分明确，版权只保护思想的表达，而不延及思想本身。当作品看上去等同于其潜在的思想时，法院就不愿给予保护。例如，在贝克诉塞尔登一案（Baker v. Selden, 101 U. S. 99（1879））中，对记账方法的可享有版权性就出现争议。最高法院裁定，被告的账簿在编排上不同于原作者，使用原作者所阐述的编排原则或思想不构成侵权。法院强调指出了"技艺"或该账簿的主题与对该技艺的"描述"或其表达之间的区别。塞尔登记账方法所包含的思想不受版权保护，但该思想的表达却受版权保护。因此，如果存在对原作者记账表格文字上的复制，将构成侵权。由于被告的账簿是不同的编排，它从原作者那里借取的只是编排思想或是编排"技艺"，而编排思想或技艺不受版权保护。

当然，贝克诉塞尔登一案所涉及的更为基本的问题是关于思想的可享有版权性。由于所有人都可以无偿借用一种思想（因为思想是不能被垄断的），那么原作者对于相似的记账系统或经营方法就几乎不能取得任何保护，只有出现了对该记账方法的原始说明文字进行复制的情况，才可能获得版权保护。因此，除非出现对作品本身进行文字复制的情况，许多其他领域几乎都得不到版权保护。在大陆伤亡事故有限公司诉比尔兹利一案（Continental Casualty Co. v. Beardsley, 253 F. 2d 702（2nd Cir. 1958））中，法院裁定保险表格和契据是可享有版权的，但法院认为对于表格进行保护的范围是不同的，它要根据潜在竞争对手对于该表格本身的可利用的程度来确定。换言之，只有在某表格可以采用多种方式加以表现的情况下，该表格原作者才能获得禁止他人复制的保护。然而，随着表格变得越来越简单，并且对所包含的思想以不同方式加以表现的可能性也越来越小，只有在出现了极为相似的文字复制的情况下才构成侵权。

因此，可享有版权保护的主题的范围是根据两个基本原则确定的：实用非实用或功能非功能二分法，以及思想表现二分法。这样，尽管记账法本身不受保护，但对塞尔登记账法的说明文字却是可享有版权的。而在比尔兹利（Beardsley）一案中，争论的问题只是那些表格本身，其中实用功能与表达功能是结合在一起的。法院不能把二者分开，就像在梅泽诉斯坦（Mazer v. Stein）一案中把经过雕刻的基座与台灯分开那样。法院因此具有两种选择：当实用与非实用功能不可分开时，可以裁定不予保护；或者是另外一种选择，只要存在这样一种不可分开的情况，就不应完全否决保护。如果选择后者，法院就得像从梅泽的台灯中把经过雕刻的基座分开那样，把保险表格区分出来，并且为了使版权保护不致过于宽泛，应采用对保护的范围加以限定的方式，而不是对不符合要求的主题一概不予保护。

由于思想和表达的范畴越来越混同，实用性与非实用性的界限越来越趋窄，法院将面临同样的选择。当某种构思的表达方式非常有限的时候，思想表达趋近说往往用来排除可版权性，计算机程序的许多特征就是这样被排除了可版权性。莲花发展公司诉宝蓝国际公司案（Lotus Development Corp. v. Borland Int'l., Inc. 49 F. 3d 807（1st Cir. 1995）），由于最高法院法官投赞成票和反对票的人数相同，上诉法院的判决得到了支持。就拳击比赛而言，一般认为，当某场不受版权保护的拳击比赛的规则的表现方式，与该比赛本身的思想混同时，就不适用版权保护。参阅 Morrissey v. Procter & Gamble Co., 274 F. 2d 487（1st Cir. 1967）。同样，布纹设计、时装设计及珠宝设计的版权保护也有争议。如果这种设计能够从其实用方面分离出来，即使是简单的纺织面料，亦具有可享有版权性。参阅 Peter Pan Fabrics, Inc. v. Martin Weiner Corp., 274 F. 2d 487（2nd Cir. 1960）。如果版权保护所涉及的是最终产品本身，如一套绘图服装，则不适用版权保护。参阅 Jack Adelman, Inc. v. Sonners & Gordon,

Inc., 112 F. Supp. 187（S. D. N. Y. 1934）。

各种结构的设计图本身倒是可享有版权的，但直到最近，按图施工建造一座大楼却不一定侵犯该建筑师的版权。参阅 Imperial Homes Corp. v. Lamont, 458 F. 2d 895（5th Cir. 1972）。从 1976 年《版权法》的整个立法过程来看，在诸如房屋和大楼等功能性结构，与诸如纪念碑和雕塑等非功能性结构之间，一直存在着一种界限划分。根据这种划分，后者受版权法保护而前者不受版权法保护。但是，部分由于我们加入了《伯尔尼公约》，在 1988 年和 1990 年版权法两度修订，版权保护的范围延伸到了建筑图及其具体表现，比如依该图纸建成的房屋；但是并不包括"单独且常用的特征"。这样的规定大概是为了将诸如门窗和常用的器具之类的功能性元素排除出版权保护的范围，并且仅给设计图中的建筑学意义上的元素予以保护。此外，版权法明确规定，对一个"在公共场所寻常可见的"受版权保护的建筑物进行拍摄，不构成侵权。《美国注释法典》第 17 编第 102 条（a）款。

对一件作品保护与否不仅取决于思想表现二分原则和实用非实用二分原则，而且还取决于能否得到其他形式的法律救济。例如，如果能够得到专利保护或外观设计保护，将对法院判决产生影响，从而否决某件作品的可享有版权性。尽管法律上未禁止多重保护，但一件作品能否得到专利保护，将在法院确定其处于功能—非功能链谱的位置时起到决定性作用。一件作品越可能得到专利保护，法院就越可能认为它是功能性的，而不是非功能性的。参阅 Brown Instrument Co. v. Warner, 161 F. 2d 910（D. C. Cir. 1947）。与外观设计有关的作品也是这样，尽管这类作品的功能性极少，但作品的可享有版权性被否决的情况仍然是存在的，只是没有获得专利保护的作品被否决的情况多罢了。在亚德利一案（In re Yardley, 493 F. 2d 1389（Cust. & Pat. App. 1974））中，法院就裁定同样一件作品，可以同时获得外观设计专利与版权。

## 第三节　不可享有版权的作品

1976 年《版权法》规定，任何固定于有形媒介，并可由该媒介将思想的表达进行复制的原创作品，是可享有版权的作品。因此，几乎没有什么作品是在该法保护范围以外的了。而只有一个领域——无固定形式的表达——显然仍得不到该法保护。这种作品的一个明显例证就是舞蹈表演。设计者创作了一种舞蹈，或设计了一套动作，但并未把它转变为一种有形的表现媒介，就不能按《版权法》给予联邦法律保护。但是，如果舞蹈设计者用胶片拍下了他的作品，或把它转变为舞谱，对它的版权保护就不成问题。

对口头表达形式也可以作同样的分析。即席发言、讲演或其他口头表演，只要没有转变为有形形式，就不受《版权法》保护，而只能受普通法保护。同样，如果作者把它转变为文字或任何有形形式，即可获得保护。

不可否认，字体是有形的，但却得不到版权法保护，这在很大程度上是由于历史原因以及也许由于字体的功能性。版权局从未把字体当作作品来登记，尽管它现在接受字体设计的计算机程序的版权登记。参阅 Adobe Systems v. Southern Software, Inc., 1998 WL 104303（N. D. Cal. 1998）。

## 第四节　著作与固定

由于宪法只保护"作者"的"著作"（writings），那么，显然对于那些不属于、至少在"版权条款"中不属于"著作"的作品，就不予以宪法保护。然而，最早从 1865 年摄影被纳入版权法开始，"著作"一词就被赋予非常宽泛的意义。

根据新的《版权法》，与宪法中"著作"一词相对应的词是"创作作品（works of authorship）"。这里有一个问题，即在著作概念以外，是否有其他东西可称作创作作品。然而，由于"著作"一词所具有的宽泛的意义，即指"任何对于创造、智力或艺术劳动成果所作的物质化的表达"（Goldstein v. California, 412 U. S. 546（1973）），并且由于原创性同样宽泛的定义，看来宪法条文对于作者创作的任何有形内容的原创性主张都不会构成实际障碍。国会已明确否认了"创作作品"这一用语与宪法中的"著作"一词具有相同含义，但似乎也不能说，仅仅由于版权法所使用的词语的不同，而使两个词语所覆盖的实际范围有所不同。鉴于新技术的发展，为避免采用一种固定立场，国会明确限定了"原创作品（original works of authorship）"一词的范围，该词的含义比宪法中"著作"用语的含义要窄。但是，要识别出那些属于著作，却不属于原创作品的作品，却是相当困难的。不过由于长期以来对于"著作"一词所作的宽泛的司法解释，以及版权法的重要规定中的宽泛的表达，这个问题从来就没有出现过。

尽管对"著作"一词采用了十分宽泛的方式进行解释，诸如计算机程序、唱片以及戏剧人物一类的作品有的时候却得不到保护。即使现在，不管在推出一个公开表演的戏剧角色上投入有多少，它也得不到版权保护，除非它在某一时间上以某种有形表现形式固定下来。在哥伦比亚广播系统公司诉德科斯塔一案（Columbia Broadcasting System, Inc. v. DeCosta, 377 F. 2d 315（1st Cir. 1967年））中，原告制作了一个名叫"帕拉丁"的角色，他是一个身着黑衣的西部牛仔，骑着马出现在公众面前，手里举着一个名片，上面写着"带枪走天下——记得给帕拉丁打电报"。原告指控被告剽窃了他的角色，把它制作成了一部名叫"带枪走天下"的电视连续剧，剧中角色酷似他早先制作的那个帕拉丁。然而，由于他从未将其创作以具体形式固定下来，因此法院裁定他不能获得版权保护。仅仅制作这样一种稍纵即逝的戏剧角色，并不能满足宪法或1909 年《版权法》的要求，即版权只存在于"著作"当中，尽管对著作一词有其他宽泛的解释。但这并没有使作者完全失去保护，因为州普通法有各种补救措施，仍然可以对遭受不正当竞争及其他侵权行为的当事人提供实际保护。

同样，基于一些反对的声音，对于计算机程序的可享有版权性也存在一些疑问，其中之一就是计算机程序能否满足著作的条件。由于计算机程序自身几乎没有表达的能力，计算机程序是否属于宪法意义上的著作在某种程度上存在疑问。一个程序的意义只有当其在计算机内部运行过程中才能显示出来。因此，它作为著作的法律地位在某种程度上是无效的，它看起来就是一件实用性作品。然而，在1976 年《版权法》颁布之前，版权局就决定接受对各种程序的注册。该法由于在1980 年被修订，计算机程序现在已经可以获得版权保护。《美国注释法典》第17 编第117 条。见本章第五节内容。

近一个世纪以来，"著作"和"固定"的概念一直与"复制"的概念相联系。在1908 年的怀特－史密斯音乐出版公司诉阿波罗公司案（WhiteSmith Music Publishing Co. v. Apollo Co., 209 U. S. 1（1908 年））中，法院判定自动钢琴上用于控制琴键的穿孔纸带不能作为侵权复制品。法院指出，一件复制品必须是能够被人直接感知的东西，并且它所负载的作品可以被复制。尽管怀特－史密斯直接感知测试法（direct perception test of WhiteSmith）已被1976 年《版权法》明确排除，但其对复制品的基本要求仍然有效。1976 年《版权法》扩大了版权保护的范围，包括了能够被复制的任何有形形式的作品。但是作品应具备有形形式的条件，反映出宪法上的限制，即版权只保护"著作"。然而，作品的有形表达不能是暂时的，就像一台计算机"写入"到内存或其他易失性电子存储设备时所发生的那样，即使它真的被固定了短暂的几秒钟。参阅Cartoon Network LP, LLLP v. CSC Holdings, Inc., 536 F. 3d 121（2008）.

## 第五节　计算机程序

多年来，在版权法作出特别规定之前，版权局已经允许对计算机程序进行版权登记。当然，仅仅进行了登记并不能使其得到版权保护，但这确实反映了版权局内外的许多有识之士的观点，即计算机程序是具有足够的原创性和可享有版权的创作，并且不存在因适用实用非实用及思想表达二分原则而产生的重大缺陷。

尤为重要的是，1976 年《版权法》第 117 条在 1980 年被修订，间接地承认了计算机程序具有可享有版权性。第 117 条是全国版权作品新技术应用委员会（CONTU）的研究成果，该委员会曾提出过三项建议：（1）计算机程序应是可享有版权的；（2）新的《版权法》应适用于所有对有版权程序的计算机使用，以及（3）应允许计算机程序的版权人复制那些程序，只要这种复制为有效使用那些程序所必需，复制者即不构成侵权。目前经修订的第 117 条的法律用语，几乎毫无改动地采用了国家委员会所提出的建议。因此，可以有根据地说，国家委员会建议报告中的意图，确切地反映了国会的意图。

根据经修订的第 117 条的规定，尽管计算机程序明显属于可享有版权的主题，但某些程序不受版权保护并非由于它们是计算机程序，而是由于它们缺少最低限度的原创性，十分简单粗糙，反映出劳动投入不足，不值得版权保护；或者仅仅构成为实现某种特定结果的唯一方法，以至于只能说该程序根据思想表达混同理论仅体现某种思想，而不能说该程序在表现那种思想的许多方法之列。

目前，关于计算机程序版权保护的许多重大争议看来都涉及对最终保护的程度和范围，特别是关于思想表达混同理论和程序的文字及非文字部分的区分。《版权法》将计算机程序定义为"用于计算机的……一组说明或指令"。《美国注释法典》第 17 编第 101 条。这个定义已被用于程序的文字组成部分，以及尽管没有像这样明确的规定，也已被用于非文字组成部分。

文字部分包括源代码——以一种由程序员可以读懂的形式存在的代码，以及目标代码——机器可以读懂的代码，以及最近出现的微代码——内置在微处理机当中的指令组，主要供微处理机作为"词汇"使用。也许由于源码和目标码看上去与"文字"材料相似，所以一般享有较强的保护。参阅 Apple Computer, Inc. v. Franklin Computer Corp., 714 F. 2d 1240 (3rd Cir. 1983)。

非文字部分包括程序的顺序、结构、组织以及屏幕显示或用户界面，有时称作程序的"视触觉"。在保护这些非文字部分方面，法院一向比较谨慎，部分原因是它们看上去与程序的"思想"更为接近，而不是程序的"表达"，并因此可能有争议地被归入第 102 条（b）款的范围。参阅 Computer Associates Int'l., Inc. v. Altai, Inc., 982 F. 2d 693 (2nd Cir. 1992)。它们同样引发有形固定的问题，它们的性质往往取决于短暂的人机互动。

"程序的非文字部分，包括结构、顺序、组织和用户界面，其版权是否受到保护，取决于具体案例特定事实中有争议的组成部分究竟是一种思想的表达，还是那种思想本身"。参阅 Johnson Controls, Inc. v. Phoenix Control Systems, Inc., 886 F. 2d 1173 (9th Cir. 1989)。但是，当屏幕上的显示画面依赖于用户和机器的互动，每一次的画面可能只是用户的一次短暂选择的结果，而屏幕缺乏有形固定的画面，这种情况将限制屏幕图像的可版权性。那么，它是否受保护，将取决于该程序与用户的互动结果是否被有形地固定下来，如果被有形地固定下来，例如，用户创建了文件，那么该文件就受版权保护。参阅 Micro Star v. Formgen Inc., 154 F. 3d 1107 (9th Cir. 1998)。

但是，计算机程序取得完全的可版权性也存在一些普遍的障碍，因为它们需要输入程序及运算。例如，一些标准化的特征，几乎就像一台电视机的按钮和旋钮，也许不具有可版权性，因为它们太接近实现某种功能的思想。因此，一个诸如使用了各种图标和"桌面"外观的"windows"程序，已经被裁定不具有可版权性，因为这只是一个思想。参阅 Apple Computer, Inc. v. Microsoft Corp., 35 F. 3d 1435 (9th Cir. 1994)。同样，莲花"1 - 2 - 3"下拉菜单也被裁定不具有可版权性，因为《版权法》第 102 条（b）款对"操作方法"作出限制。参阅 Lotus Development Corp. v. Borland Int'l. , Inc., 49 F. 3d 807 (1st Cir. 1995 )。此外，一个程序的文字组成部分也并不会都受到保护。尽管这更多地涉及侵权而与版权主题无关，事实是计算机程序取决于输入程序及运算步骤，这意味着，尽管原则上计算机程序可受版权保护，思想表达混同理论及相似理论将排除大部分计算机程序的可版权性。见前述 Computer Associates Int'l. , Inc. v. Altai, Inc. 一案。

计算机程序的可版权性是否会影响通过其他方法——主要是专利法，来取得对它的保护尚不明确。见前面第二章第八节。虽然认为二者存在特定的关系似乎是合乎逻辑的想法，在版权和专利两个领域互相趋近的势态看起来太不协调，以至于在目前难以支撑任何预测。

## 第六节　半导体芯片保护法

1984 年《半导体芯片保护法》（以下简称《芯片法》）（《美国注释法典》第 17 编第 902 条及以下各条），尽管被列入《美国注释法典》的版权标题之下，但却是包含版权和专利法的混合法，它保护有形的"芯片"，而芯片正是计算机技术赖以存在的基础。《芯片法》保护固定于半导体芯片产品上的掩膜作品（mask work）——主要是防止照相影印复制。因此，在某种程度上说，《芯片法》保护以电路图形式存在的计算机代码，包括固定在 ROM（只读存储器）芯片上的代码。在《芯片法》以前，这种代码并未依据版权法由法院给予普遍保护。

在进行版权登记或商业利用后，不管哪项行为首先发生，即开始适用该法的保护。商业利用是指，为商业目的向公众发行包含在半导体芯片中的掩膜作品，或指以书面报价形式出售或转让芯片现货。《芯片法》提出的对原创性的要求，并且仅仅排除对思想的保护。因此，《芯片法》在很大程度上借用了版权保护的原则。该法特别排除了对任何"程序、过程、系统、操作方法、概念、原则或发现"的保护。此外，该法的保护也不包括"在半导体工业中常用的、普通的或通用的设计"，这是该法在很大程度上从专利保护的新颖性与非显而易见性理论中借用的一个概念。

《芯片法》规定了借助任何方法复制掩膜作品的专有权，以及进口或传播包含在半导体芯片中的掩膜作品的专有权。但是在许多情况下对掩膜作品的"反向工程"不构成侵权。此外，可将反向工程的分析的结果并入一件新的掩膜作品，只要该掩膜作品符合原创性的条件。由于在有形物与专有复制权之间作出了区分，因此销售包含掩膜作品的芯片，并未转让复制该芯片的权利。

假如芯片在进行商业利用时起 2 年内进行了版权登记，则保护期为 10 年。尽管这个保护期看上去不长，但鉴于芯片革新的速度，实际上该期限被认为是足够长了。尽管没有特别规定，但采取某些保护措施还是必要的，如标明"掩膜作品"一词，附加符号 ∗ M ∗ 或 Ⓜ。

# 第七节 录 音

尽管音乐和活页乐谱长期以来就属于可享有版权的主题，但音乐录音的版权地位却在很长时间里存在争议。录音的可享有版权性涉及三个不同类型的利益团体。作曲者显然对其劳动成果带来的利润有所要求。同样，那些制作录音的人和机构也有所要求。第三个利益团体是表演者。尽管他们的立场有时会重合，但每一个团体都有各自的利益要求；每一个利益团体所得到的法律保护也有所不同。

1972 年修订了 1909 年《版权法》并规定了更多的保护。在新的《版权法》实施以前，制作者和表演者对录音都不享有版权。这主要是由于早先最高法院的一个判例。在怀特－史密斯音乐出版公司诉阿波罗公司一案（White Smith Music Publishing Co. v. Apollo Co., 209 U. S. 1（1908））中，法院裁定自动钢琴上用于控制琴键的穿孔纸带不属于乐曲的复制品，由于这种穿孔纸带不能被读出或被人眼识别。怀特－史密斯一案的影响被扩大到录音。所以，从 1908 年直至《1976 年版权法》实施前，录音一直得不到版权保护，那些盗版者却一直可以对录音进行复制而不被相关的联邦版权法追究。

　　然而，1909 年《版权法》的修正案对怀特－史密斯一案所作的过于苛刻的判决进行了某种弥补，赋予了音乐作品的创作者某些保护。尽管没有明确宣布录音或钢琴自动唱机的穿孔纸带属于由版权法所调整的复制品，并以此来推翻怀特－史密斯一案的判决，但 1909 年的立法还是赋予了作曲者进行录音授权的专有权。而一旦授权他人制作录音，曲作者就获得了一种法定许可及获取版税的权利。只要支付作曲者法定使用费——每个复制品两美分，任何其他制作者都可以自由生产该作曲者的录音。在维持怀特－史密斯一案的判决与确认录音可享有充分的版权保护之间，国会之所以采取这种折中办法，是由于担心一旦授予完整的版权保护，穿孔纸带的制作者，即当时能够有效地垄断录音市场的公司，将可能控制整个市场。因此，这种强制许可制被看作是一种改善措施，而作曲者所享有的选择首家制作单位的权利则被看作是给予作曲者一种公平的补偿。

　　由于国会对怀特－史密斯一案判决所作出的调整具有折中性，因此，在作曲者从每一张录音唱片中收取版税的权利，与该录音唱片的出版者及表演者的不明确的法律地位之间，就存在一段差距。又由于录音不受版权法保护，其他人只要向作曲者支付了法定使用费，即可自由进行复制。这就使录音制品的盗版现象逐渐成为一个严重的问题。各个竞争厂商只要得到经授权制作的录音制品的原版录音或复制品，向作曲者支付少量的法定使用费，或不支付任何费用，即可进行复制并销售非法翻录的复制品。最初取得授权的表演者和生产者没有版权，也就谈不上被侵权；同样，作曲者也仅仅有取得法定使用费的权利，除此之外，再没有其他补偿。生产厂家当然也没有版权可言，因为他的产品根本就不是可享有版权的作品。

　　在认识到这种难以维持的局面之后，国会最终在 1972 年授予录音公司对其制作的唱片享有版权，使其有权对盗版行为提起侵权诉讼。根据 1976 年《版权法》，录音作品和唱片获得了与其他表现媒体的同等对待，成为可享有版权的主题。《美国注释法典》第 17 编第 102 条（a）款。由于唱片是以有形形式对音乐乐曲的固定，因此作曲者依据现行《版权法》，对音乐作品及唱片享有版权保护。由于唱片作为独立作品也被赋予版权保护，其制作者也同样享有相应的版权保护，尽管这种保护相比较而言有严格的限制。

　　以前盗版者总能有效地通过支付强制许可使用费来免除其非法翻录的责任，1976 年《版权法》清楚地表明，盗版者的这种惯用伎俩将不再能够对抗作曲者或制作者的权利。根据第 115 条（a）款（1）项的规定，在未取得录音版权所有者明文许可的情况下，制作者不能复制他人的录音（意为毫无原创性地将他人录音原封不动地制成电子信号形式的副本）。尽管如此，相比于其他版权所有人，仍然有一些特别条款在严格限制着作曲者、录音制作者及表演者的权利。

除了对作曲者作品实行的强制许可以外，对录音最重要的限制，就是对各项专有权的限制。录音版权拥有者仅有禁止他人制作实际的有形复制品的权利。大多数版权所有人都可以适用第 106 条所列举的各项权利，而录音的版权所有人——主要指录音作品的制作者——却不享有比如排除他人公开表演（录音）作品的权利。这意味着一旦录音制作完成以后，购买者就可以任意地公开表演该录音（如电台播放）而无须向制作者和表演者支付任何费用（尽管该作品的作曲者享有从每一次这种表演中取得版税的权利）。此外，第 106 条列举的其他专有权，针对录音在第 114 条又作了进一步的限制。录音制作者排除他人复制作品或制作演绎作品的权利，被严格限制在制作实际的有形复制品范围内。因此，录音的所有人可以禁止他人，如"非法翻录者"对某一特定唱片进行实际的复制、对其录音中的实音进行改编、对唱片中的实音进行演绎，以这些方式制作演绎作品。但录音的版权所有人不能禁止他人模仿其录音或其演绎作品，"即使这样的声音是模拟或模仿有版权的录音中的声音"。《美国注释法典》第 17 编第 114 条（b）款。

从现行《版权法》来说，将典型的录音作品的两个部分加以区分是十分重要的。第一，音乐乐曲是一种单独的可享有版权的创作作品，它不受《版权法》第 114 条所确定的各种专有权范围的影响，除非直到作曲者授权使用乐曲制作录音。那时，他对作品的控制就会由于实行强制许可而受到较大的削弱（尽管这只涉及他无法禁止他人用其乐曲制作录音）。第二，录音本身是另一种单独的可享有版权的创作作品，它是通过录音程序固定下来的声音。如果该录音利用了一部乐曲，那么它的作者就可能不止一人——主要包括作曲者、制作者，也许还包括表演者。如果录音所固定的是其他非音乐的声音，诸如鸟鸣、汽车比赛时的轰鸣，大海的涛声，那么它的作者极有可能就是该录音的制作者。在这种情况下就不涉及乐曲问题，该唱片就仅仅是表现录音的有形媒体而已，尽管它有很小的可能性潜地包含了一首音乐乐曲或其他作品，其作者就仅仅是制作了这张唱片的人。他创造了该有形物，有权禁止他人进行复制，这项权利在 1972 年《版权法》修订之前的各项法律当中都不存在。

因此，一张唱片中可能包括两种单独的可享有版权的音乐作品，即由制作者个人或多人自行录制的唱片以及记录了音乐乐曲的唱片。

## 第八节　版权手续——登记和声明

由于美国于 1989 年加入了《伯尔尼公约》，版权手续，特别是与加入公约后出版或发行的作品有关的手续，几乎已没有任何法律意义。履行版权手续的意义已在 1976 年《版权法》实施以后降低了。现在的版权标记，无论其实际价值如何，已基本上失去法律意义。版权声明唯一的作用，除了某些合理使用的情况以外，将能防止侵权者以善意侵权为由进行抗辩。《美国注释法典》第 17 编第 401 条（d）款，第 402 条（d）款。当然，即使未加注声明，善意侵权的举证责任仍然在被指控侵权的一方。也就是说，遗漏版权声明，并不能使侵权行为自动变为善意行为。同样，版权登记也几乎不具有法律意义。对于进行过版权登记的作品，在发生侵权时可要求获得律师费及法定赔偿，这是版权登记唯一一种实际的作用。版权登记在诉讼程序上保留的唯一一个作用就是，凡是未进行版权登记的美国作者，版权登记将作为进行起诉的前置程序。《美国注释法典》第 17 编第 411 条、第 412 条。

对于美国加入《伯尔尼公约》以前，根据 1976 年《版权法》出版或发行的那些较早的作品来说，加注版权声明仍具有某些重要意义，那些作品是作为加入《伯尔尼公约》而对版权法加以修订之前的作品来看待的。一般来说，对于那些作品而言，如果遗漏了版权声明，而版权人在作品出版 5 年内又未对这种遗漏采取补救措施，即未进行有关登记材料并将版权声明补加在存留的复制品之上，版权就可能丧失。《美国注释法典》第 17 编第 405 条。

# 第二十一章
# 专有权利

## 第一节　概　　述

　　现行《版权法》第 106 条系统地列举了专有权利。但首先应注意以下六种专有权利：（1）复制权，（2）演绎作品权，（3）发行权，（4）表演权，（5）展示权，和（6）数字传输表演权（the digital transmission performance right），其中后四种权利仅限于在公开场合行使，前两种权利则不论是公开还是私下行使均可构成侵权。该法将"公开"定义为向家庭或朋友以外的"足够多的人"进行表演或展出。《美国注释法典》第 17 编第 101 条。此外，该法绝没有将权利人的权利仅仅限制在商业利用方面。因此，以非商业目的制作一件复制品或者非营利团体举办的一场表演并不构成抗辩的理由，尽管这些因素可能会与涉及合理使用的抗辩相关。其次，读者应该明白的是，第 106 条以下条款中的制定法包含非常多的具体限制，这些具体限制以版权人专有权利为基础，包括不同种情形——其范围从音响商店以促销目的播放作品选段的权利，无此权利就会侵犯表演权（《美国注释法典》第 17 编第 110 条（7）款），到以保留或修复为目的制作电脑程序临时复制件的权利，无此权利就会侵犯到复制权。《美国注释法典》第 17 编第 117 条（c）项。这些在版权人专有权利基础上的制定法限制并不能以概括的形式加以归纳。

## 第二节　复　　制

　　最基本且具有历史意义的专有权利就是复制权。它允许版权所有者排除任何人以制作复制件或录音制品的方式复制作品。该法特别增加制作录音制品的专有权利，这是因为录音制品未被确定为复制品（见本章第四节）。如果不对所列专有权利作此点补充，其他人就可以将权利人的作品随意制作成录音制品。

虽然复制权既基本又似乎很明白，法律还是要对复制品加以定义。复制品是指任何能够直接地或借助于机器或装置感知、复制或传播作品的实物。《美国注释法典》第 17 编第 101 条。由于录音制品被特别排除于复制品的定义之外，第 106 条特别加入制作录音制品是被禁止的一种复制手段。

就高级技术而言，《版权法》对专有复制权作出了例外规定。第一种是允许诸如广播、电视或有线电视公司等"传输公司"临时录制作品以进行其后的转输。《美国注释法典》第 17 编第 111 条（b）款、（c）款。因为即使是临时录制也构成对专有复制权的损害，所以法定例外有必要允许此类公司因时区问题及类似使用进行延时转输。第二种是允许计算机程序的拥有者从技术角度出发为有效使用、修复和保留程序而进行复制。《美国注释法典》第 17 编第 117 条。这两种例外规定均要求使用者在达到存档目的后的一定时间内删除或销毁有关免责的复制品。

## 第三节　演绎作品

版权所有者有权禁止任何人基于其本人的作品进行创作。这项权利保障版权所有者排除了因对复制权过于狭窄的解释导致的他人较多地改动作品的内容或改变作品的呈现方式却不能构成对作品的实际复制的情况。此外为了保障复制权，《版权法》还规定的制作演绎作品的专有权利具有非常重要的独立意义。《美国注释法典》第 17 编第 106 条（2）款。

"演绎作品"的法律定义是非常综合性的，包括诸如译文、乐曲改编、改编成的戏剧、小说、电影剧本、录音制品、删节本、缩写本，"或者任何其他进行重新安排改变或改编的形式"。《美国注释法典》第 17 编第 101 条。此定义的内涵最好从其发展的历史来理解。在 1976 年《版权法》之前，法院的裁决有些前后矛盾，有些种类的改编或演绎被裁定侵权，但另一些改编或演绎，从实际结果上看它们完全相同，却被裁定不侵权。

例如，译文曾经就被裁定属于新的作品，没有侵害被翻译的作品。参阅 Stowe v. Thomas, 23 F. Cas. 201（C. C. E. D. Pa. 1853）。这就是对版权理解得过窄导致的结果，它反映了版权只存在于作者所创作的确定的表现形式当中这样一种观念。由于这种狭隘的认识，即版权保护并不包括书中的概念、观点或主要情节，因此也就很自然地得出结论，翻译一部巨著需要付出很大的努力，译文是一部独立的创作，不是"技术性"的复制，也就不构成对作者专有复制权的侵犯。同样，一本梗概书当然也不能构成对原作的复制，因为"复制"的定义是对原作进行原样的重制。参阅 G. Ricordi & Co. v. Mason，201 Fed. 184（S. D. N. Y. 1912）。

显然，由于法律的差距（1870 年的国会立法），在斯托（Stowe）❶ 时代翻译一部译文并不产生法律责任，但今天这种做法则构成侵权，因为在《版权法》对演绎作品的宽泛的定义中明确包含了翻译。然而，对于 G. 里克迪（G. Ricordi）一案中所涉及的作品的情节梗概，现行法并未作出明确规定，尽管现行法禁止对一部作品"进行重新安排、改变形式或改编"等任何形式的演绎的规定要明显地比旧法宽泛，而且有争议地把对此类情节梗概的演绎包括在禁止的范围以内。举一个新演绎权潜在范围的例子，一法院裁决，变更使用有版权的书中的照片（将书中画页取出贴在瓷砖上）是侵权行为，因为尽管作者已经通过销售书的方式放弃照片的所有权，但该行为的成果仍然是原作的"变体"。参阅 Mirage Editions, Inc. v. Albuquerque A. R. T. Co.，856 F. 2d 1341（96th Cir. 1988）。另一个判决可能更加合理，即裁定这种处理并不侵权，因为首次销售原则，见本章第四节，以及这种广泛适用演绎权的做法，会产生出比任何欧洲版本都宽泛的美国的精神权利，而国会肯定并无此意图。参阅 Lee v. A. R. T. Co.，125 F. 3d 580（7th Cir. 1997）。

# 第四节 发 行

第三项列举的专有权保障版权所有者享有"通过出售或所有权转移的其他方式，或者通过出租或出借，向公众发行……复制品或录音制品"的权利。《美国注释法典》第 17 编第 106 条（3）款。由于复制权和演绎作品权为版权所有者可以得到的所有或大多数利益提供了保证，并成为公开发行的基础，因此，发行权与其说是赋予版权所有者的一种专有权，不如说是一种限制。在这个意义上说，这种限制就是"首次销售"原则。参阅 American Int'l. Pictures, Inc. v. Foreman，576 F. 2d 661（5th Cir. 1978）。

一方面，首次销售原则保证版权所有者在其放弃所有权之前，有权禁止任何人发行其作品。另一方面，一旦开始销售，首次销售原则即允许新的所有者将其占为己有。因此，虽然一位版权所有者在把所有权转让给买主时可附加某些条件，但该买主将作品销售给其他人时并不构成侵权，即使版权所有者要求

---

❶ 斯托（1811～1896），美国女作家，其代表作是长篇小说《汤姆叔叔的小屋》。——译者注

买主承诺不进行再次销售。版权法和发行权只能保证版权所有者有权控制所有权的第一次转移。首次销售原则的一项法定例外是针对录音和电脑业的规定，即禁止录音制品和电脑程序的商业出租、出借或者"属于出租、出借性质的"其他任何行为。《美国注释法典》第 17 编第 109 条（b）款（1）项。

根据现行《版权法》，"首次销售"原则包含在第 109 条。该条（c）款将该原则的适用范围限制在那些获得了所有权而非仅仅取得了作品使用权的人。因此，首次销售原则可以适用于一位拥有了一部电影拷贝的买主，即使该买主使用后销毁了拷贝。但是，如果某人所取得的仅仅是放映电影的权利，就不能适用首次销售原则，即使他为取得放映权支付了租借费。因为"所有权"，或者说某些权利的获得，是适用首次销售原则的前提。

首次销售原则允许继续销售或者以其他方式转移复制品及原件，但不允许对作品或其复制品作进一步的复制。因此，发行权和首次销售限制仅适用于已被销售或以其他方式转移的作品（一件复制品或者一件录音制品）。版权所有者因享有复制权仍可保护其作品不被非法复制。复制权可能不会被排除，但是，有形作品的变体本身的所有权已经确认。Lee v. A. R. T. Co., 125 F. 3d 580（7th Cir. 1997）。

发行权导致了两个结果。其一，由于首次销售原则的目的在于防止对买主转让其所购作品进行限制，因此，它看上去与实际销售类似而有别于其他行为，例如租借，租借人只能自己使用，转租是不允许的。其二，首次销售原则对第三方有着重要的作用。由于版权侵权并不要求必须是故意的，因此至少在民事关系中，如果没有实行首次销售原则就可能使善意第三方负有侵权的责任。这也许可以解释法院为什么不愿对达不到所有权转移程度的占有权的转移进行分析，因为这样做会使所有以后的善意买主都可能受到不可预知的版权问题的影响。

# 第五节　表　　演

20 世纪，由于通信、娱乐和技术产业的高发展和高获利，版权所有者阻止他人公开表演其作品的权利便成为版权法所保护的最重要的权利之一。因为现在众多的人口通过大众传媒、影视、电视磁带和唱片、电台广播以及大量其他技术获得有版权的信息，消费者也是通过这些传媒技术获得信息的，换言之，这些信息被公开表演和传播，公开表演权因而成为版权所有者非常有价值的权利。

法律规定公开表演权只适于文字、音乐、戏剧、舞蹈、哑剧、电影和其他音像制品。《美国注释法典》第 17 编第 106 条（4）款。除了那些纯画面、图形和雕刻作品可以不那么严格地被称作视觉艺术及录音外，这份清单涵盖了所有可享有版权的作品。由于很难想象对一件视觉作品进行"表演"，这样说也许是正确的。除了录音以外，专有的公开表演权所涉及的作品是非常广泛的。

然而，将录音，不包括数字传输表演，排除在表演权以外却是非常重要的。除了第 106 条（4）款未赋予这项专有权外，录音在第 114 条的表演权中也被略去，这再次表明了国会将录音排除在这个重要的保护领域之外的意图。但不管怎样，第 106 条保证作者有权排除他人公开表演录音中的音乐或载有音乐的其他作品。因此，将录音排除于公开表演权之外仅仅意味着录音的制作者无权从公开表演中获取使用费（royalties），其载有作品的作曲者并不受此影响。显然国会认为，鉴于录音业的经济条件，规定电台、电视台在向公众播放录音的同时，向录音公司及其进行录音的艺术家和作曲者支付使用费是不明智的。当然对于同表演权相关联的数字传播表演权来说，这一观点并不正确。《美国注释法典》第 17 编第 106 条（6）款。

除了将录音排除在表演权之外，第 106 条（4）款的一个非常重要的影响是未规定侵犯版权所有者专有权的表演需要有营利目的。这个规定与 1909 年《版权法》有重大区别，后者尽管未统一规定需要有营利目的，但限制音乐作品的专有表演权为"以营利为目的"进行的表演。司法部门为此进了大量的努力，尽可能对"营利"的定义予以扩大解释，使得作曲家在仅有一点营利迹象的情况下即可控制表演。在赫伯特诉山利公司一案（Herbert v. Shanley Co., 242 U. S. 591（1917））中，霍姆斯（Holmes）法官判决对音乐作品进行公开表演所要求的"营利"，仅指音乐表演必须与营利活动有联系，该案中所进行的音乐表演发生在一家旅馆餐厅内。

根据 1909 年《版权法》，法院裁定，接收不同机构的电台传输并将接收到的节目向顾客播放，即使未直接向顾客收费，亦构成未经许可的表演，属于不正当地剥夺作曲家的使用费的行为。在博克诉朱厄尔一拉·萨勒·里利公司一案（Buck v. Jewell-La Salle Realty Co., 283 U. S. 191（1931））中，法院裁定一家旅馆以营利为目的通过扬声器在公共场所向其顾客传播含有音乐作品的电台节目，损害了作曲家的专有权利。法院裁定，电台广播并没有穷竭作曲家的表演权，因此，该旅馆的行为属于未经许可表演作曲家的作品。在欧洲国家词曲作者协会诉纽约斯塔特尔饭店公司一案（Society of European Stage Authors & Composers v. New York Hotel Statler Co., 19 F. Supp. 1（S. D. N. Y. 1937））中，法院裁定，即使旅馆将其接收的节目仅限于传送到客人的私人房间，也构成未经许可而侵害作曲家专有表演权的行为。然而最近，在 20 世纪音乐公司诉艾肯一案（Twentieth Century Music Corp. v. Aiken, 422 U. S. 151（1975））中，法院裁定快餐鸡商店的老板在其商店内通过四个扬声器传播电台节目不构成侵权。法院说，基于某些原因，这种接收不专属于版权所有者的表演。第一，它有别于拉·萨勒（La Salle）一案，因为该案中的广播完全未经许可，而在艾肯（Aiken）一案中，作曲家已经向电台发放了许可；第二，法院认为控制这些有争议的公开表演是不现实和不可操作的。此外，该裁定结果还源于过去两个案例，即双周公司诉联合艺术家电视公司（Fortnightly Corp. v. United Artists Television, Inc., 392 U. S. 390（1968））和哥伦比亚广播公司诉讲词提示器公司（Teleprompter Corp. v. Columbia Broadcasting System, Inc., 415 U. S. 394（1974）），这两个案例本质上都认为，有限电台重新传输其接收的信号的表演行为并不单独构成对原传送表演的侵权。

根据 1976 年《版权法》，作这种司法上无益而又琐细的分析已大无必要。取而代之的是，第 110 条将某些特殊性的表演排除在版权所有者专有的表演权之外，绝大多数的例外规定都与 1909 年《版权法》规定的不以营利为目的的例外规定相一致。这些例外规定主要包括："面对面"的教学活动，宗教仪式，以慈善目的的非商业、非公众表演活动，不涉及许可指控的家用无线接收（试图纳入 Aiken 一案），合理使用以及由残疾人或为残疾人进行的表演行为。这些例外大部分并不全面包含而是限于非戏剧作品或音乐作品，这使得即使一个非营利表演，如果不符合第 110 条的具体情况，也不必然被免责。另外，这些免责都有详细的规定，例如针对扬声器的数量，电视机的尺寸以及饭店的面积。

此外，最重要的是，第 110 条的例外规定与过去 1909 年《版权法》围绕"非营利"所作的例外规定是非常接近的。根据现行《版权法》，属于例外规定的活动逐渐地被限制在"没有任何直接或间接谋取商业利益的目的，也不付给任何表演者、主持者或组织者任何演出费或其他报酬"之内。《美国注释法典》第 17 编第 110 条（4）款。因此，在前述赫伯特诉山利公司一案（Herbert v. Shanley Co.）中，一项表演尽管本身未直接收费，但该活动如果属于营利行为的一部分，就不能作例外处理。

由于这个问题和与之交叉的各种技术有着内在的关系并经常与之对抗，现行《版权法》针对传输接收广播节目所引出的问题作了特殊处理。有线电视的问题则在现行《版权法》第 111 条中得到全面解决。

1976 年《版权法》第 110 条（5）款和第 111 条（a）款仅允许对以下电子传输进行接收，即接收装置基本上属于一件个人家用的设备，或者接收的节目以不直接收费的形式传送到一个公寓、旅馆或类似设施内的不同房间。因此，《版权法》没有对"表演""公开"或"营利"等词汇进行人为解释，而是直接规定了特别的情形。现在，不管一家餐馆或其他机构能否向公众传输其接收的电子节目，而只需要看它所使用设备的种类（它是否属于家庭常用的）、数量、尺寸，建筑物的面积以及它是否在提供此项服务时直接收取费用。与此相似，不管一家旅馆能否向其客人传送音乐，只要看它所接收的信号是否属于当地接收区，以及是否直接收取了费用。最后，根据现行《版权法》，这些接收的合法性不受原始传输的合法性的影响，也就是说，不考虑该电台或电视台是否已从版权所有者手中合法获得了许可。

## 第六节 展 示

版权所有者展示其作品的专有权是一项很新的权利。随着电脑网络和互联网的激增，相关的法规也与之相适应且具有重要意义。《美国注释法典》第17编第106条（5）款。展示权承认潜在的技术发展方式对作品的利用并不相当于表演或实质的复制。

第109条（b）款允许一件复制品的合法所有者在其陈列的地方展示该复制品的图像。当此条规定与版权所有者的专有展示权相结合时，第106条保证该专有权除作品或其复制品自身陈列外，不得在不同场所中分别展示多个图像，例如通过电脑网络或互联网展示。

因此，一件绘画、照片、微缩胶片，甚至是一件计算机储存的有版权物品的一个复制品的所有者，可以在一处场所公开地向他人展示该绘画或照片，或者向公众展示该微缩胶片或计算机终端，这样做不与第109条（b）款相抵触。但是，为了保护有版权作品作者免受由传播技术的发展所造成的不合理的利用，国会授予版权所有者以多个图像展示或向复制品实际场所以外的人传播的专有权。因此，任何由网络或互联网的数字形式传输而形成的公开展示，都会侵害版权所有人的专有展示权，尽管第109条（b）款所赋予的权利较窄，即严格限制在"以一次不超过一个图像的方式向复制品所在地的观众公开展出"之内，这种行为也不能得到豁免。

## 第七节 数字传输表演

很多人认为1976年《版权法》最不同寻常但却有历史依据的一点就是缺少对录音作品所有人表演权的保护。由于已经建立的工业联系是基于美国版权法的特点而发展起来的，因此尽管偶尔努力游说，也不可能再去改变这一现状。电脑数字传输依靠互联网发展起来，基于其发展出现了音乐发行和表演这一全新领域。随着该领域的产生，现在已能适当地认识到，由于缺少工业联系的发展，在上述领域中的表演权可能会与法律规定相反。由于各种压力，版权法修订在1995年得以成功。因此，就数字传输而言，录音制品版权人有完整的表演权，而且现在有机会来协商并从许可表演的费用中获利。

## 第八节 高级和数字技术的其他权利

数字传输表演权只是有关版权法新发展的一个预兆。包括数字技术在内的高科技发展，加速了版权法的改变，新的表演权只是其变化之一。

最早的变化体现在1992年的《家庭录音法》中，该法试图保护录音制品所有人在数字录音方式下的权利，这是因为数字录音不同于模拟录音，并不会因复制而使得品质下降。为了应对对这些所有者权利的反对，以及针对这些毫无瑕疵的精确复制件的使用费问题，人们采用了各种版权保护措施，包括禁止发行没有特殊保护措施的数字录音制品——串行复制管理系统（Serial Copy Management System）。这一措施使得在机器和例如磁盘、磁带和驱动等传播媒介上确定使用费成为可能。《美国注释法典》第17编第1001条及以下。法案中的一部分是折中条款，意在确保法案的主要部分不会被用来针对私法上的录音复制品。法条指出消费者无论是通过模拟还是数字方式制作非商业的录音，都不会构成侵权。这就有效地将"家庭录音"合法化，而如果没有这一折中条款，该行为就会因未授权复制录音作品而侵权。

1999年的《知识产权和通讯综合法案》进一步规定了有关高科技的内容，所设立的权利也较传统版权法更加广泛。这些条款规定，规避管理版权作品使用的保护措施的行为是违法的。和传统版权法不同，1999年的法案没有直接保护表达本身，取而代之的是用"技术措施"防止表达被抄袭——禁止解扰技术、解密或其他规避该措施的行为。《美国注释法典》第17编第1201条及以下。该立法的一个附带或许是无意的影响就是，技术措施（通常是电脑程序）本来意在保护基础作品，最终变成其措施自身获得的保护，比基础作品从传统版权获得的保护更多。"技术措施"受到保护不能被破解，尽管其他受版权保护的作品通常都能被阅读、检查或理解。一反对这种显著的"技术措施"保护的观点认为，这种做法会阻碍特定领域的技术发展，即对作品而言是必须的加密技术。

不出意料，这些权利在司法方面有很多麻烦。法案提供的保护之一就是有权使用加密编码和基础作品。而提供有权使用基础功能的编码——比如打开车

库门或计算机打印机——不是加密编码或基础作品就不会被认为是侵权。参阅
Chamberlain Group v. Skylink Techs. 381 F. 3d 1178（Fed. Cir. 2004）和 Lexmark
Int'l. v. Static Control Components，387 F. 3d 522（66th Cir. 2004）。由于加密能
对不受保护、甚至不受版权保护的作品加以保护，因此该问题有很多宪法上的
争论，即这些权利是否超过了宪法版权保护条款的立法目的，以及合理使用在
该法上是否优先使用。

# 第二十二章
# 版权侵权

## 第一节　概　　述

版权侵权一词在版权法中并没有定义。当某人未经版权所有者同意而行使其专有权时即构成侵权。《美国注释法典》第 17 编第 501 条（a）款。侵权无需故意，善意侵权也要承担责任。参阅 Carter v. Hawaii Transportation Co., 201 F. Supp. 301（D. Haw 1961）。甚至作者创作自认为是其独立构思的产品，在非故意并且是未察觉到的情况下"借用"了他人的作品，也可能构成无意识侵权。例如，在布赖特·特恩斯音乐公司诉哈里森音乐有限公司一案（Bright Tunes Music Corp. v. Harrisongs Music, Ltd., 420 F. Supp. 177（S. D. N. Y. 1976））中，法院裁定"披头士"演唱组中的乔治·哈里森（George Harrison）侵犯了"齐云"（"Chiffons"）过去录制的一首歌曲的版权。尽管出于无意，也构成了实际的剽窃。哈里森曾接触过前一首作品（指他曾经听到过这首歌的演出），由于其作品《我亲爱的洛德》和前一首音乐《他是如此的绝妙》非常相像，法院裁定，尽管哈里森没有蓄意剽窃而且他也没意识到抄袭了前作，但"他的潜意识知道已经用了前一首作品，只是他的显意识不记得了"。

善意侵权的概念对复制权、演绎权、发行权、表演权和展示权均适用。因此，在与布赖特·特恩斯（Bright Tunes）一案相似的情况下，也许一个作者无意中根据一部以前的作品创作了一部作品，因而不可避免地侵害了原始版权所有者享有的演绎作品的专有权。

尽管未经授权实际使用他人专有权的人是直接侵权人，但这里同样存在间接侵权，即包含刑事"帮助和教唆"元素的民事变体。一个积极并故意鼓动他人侵权的人就是间接侵权人。在米高梅影城公司诉格罗斯特有限公司（MGM Studios, Inc. v. Grokster, Ltd., 2005 WL 832356（U. S. 2005））一案中，最高法院认为，被告推广其产品，并鼓动其他人使用其"点对点"网络下载有版权音乐的行为方式，足以支持认定间接侵权。

共同侵权在版权法中仅仅体现为一项司法原则，尽管在专利法中它是以法律形式体现出来的。参见前述第八章第五节。在美国索尼公司诉环球城市影片公司（Sony Corp. of America, Universal, v. City Studios, Inc. 464 U. S. 417（1984））一案中，最高法院认为，仅仅生产了一种侵权设备不构成共同侵权，只要该设备同时还有大量非侵权使用。见下面第二十三章第三节。在 A&M 唱片公司诉纳普斯特公司（A & M Records v. Napster, 239 F. 3d 1004（96th Cir. 2001））一案中，法院认为，被告的文件共享系统为其侵权用户的行为提供了帮助，因此，被告成为帮助侵权人，事实上，无需很多检查，该系统确实有一些非侵权使用，就像索尼案中机器所为的那样。纳普斯特案（Napster）的法院没有把大量的非侵权使用作为不构成帮助侵权的判断标准，相反，该法院认为，（存在）侵权使用正是明知用户侵权的证据。这一断定似乎与索尼案的裁决相矛盾。

除了善意侵权外，还有一种代位侵权或相关侵权的原则。例如，某人从一场侵权演出中获益，他监管或者他有权控制或监管这场演出，那么他就应同实际的演出者一样承担责任。雇乐队招待顾客的旅馆或舞厅的老板，和演奏时侵犯他人音乐版权的乐队指挥或乐手一样承担责任，即使这些雇员是独立的签约人，并且该旅馆或舞厅的老板没有能力判断他们演出作品的详细情况。在 M·威特马克父子公司诉帕斯泰姆娱乐公司一案中（M. Witmark & Sons v. Pastime Amusement Co., 298 F. 470（E. D. S. C. 1924）），电影院的老板对她所雇佣的一个乐队为电影画面伴奏的演出负有侵权责任。在梦幻舞厅诉夏皮罗和伯恩斯坦公司一案（Dreamland Ball Room v. Shapiro, Bernstein & Co., 36 F. 2d 354（7th Cir. 1929））中，一舞厅老板对其雇佣乐队进行的演出负侵权责任，尽管该乐队并不依赖于舞厅老板，是自行决定选择音乐的。另外，在罗伊出口公司诉哥伦比亚大学信托公司一案（Roy Export Co. Establishment v. Trustees of Columbia University, 344 F. Supp. 1350（S. D. N. Y. 1972））中，尽管该大学有能力控制演出的进行并且被提醒演出将要发生，但被告并未对在其校园内侵权演出卓别林的《摩登时代》负有责任。原因是该大学并未由此获利。因此构成代位侵权的双重要件是控制权和有可能获利。但是现在有一个法定的例外以保护网络服务提供商免除替代责任。见美国《版权法》第 17 编第 512 条。

# 第二节　侵权证据

证明侵权，一方必须对版权拥有所有权，还要有未经许可进行的复制。见 Ferguson v. National Broadcasting Co., 584 F. 2d 111（5th Cir. 1978）。如果能证明被告对原始作品受保护的部分进行了实际的复制，侵权即非常容易成立。然而，由于很少能够获得剽窃的直接证据，因此，侵权通常要借助有关的间接证据来证明。一般来说，只要说明被指控为侵权的作品与原始作品具有明显的相似性，并且说明被指控的侵权者有机会接触了原作并创作了被指控为侵权的作品，即可证明侵权。同时具备了明显相似和有机会接触原作对于认定侵权者抄袭了原作是有说服力的。换言之，接触和实质性相似的证据使侵权得以成立，参阅前述 Ferguson v. National Broadcasting Co. 案。当然，这些因素仅被算作另一种描述必要间接证据的方式，即那些证明确实抄袭的间接证据。

如果被指控的侵权是逐字逐句或字面上的抄袭，便构成抄袭的铁证，这时对接触的证据的要求将相应地变得不太重要。与之相反的是，当原作和被指控侵权的作品之间有着较多不同，就得证明被告实际接触了原作，这种证据将变得至关重要。当不同之处变得越明显和越具有实质性，对接触的证据的要求就越重，仅仅证明有机会接触是不够的。必须证明有实际的接触，换言之，必须证明存在实际的抄袭。

然而，证明接触和实质相似不能截然分开单独适用。它仅仅是一种证明方法——对构成侵权所必需的相关证据的一种重申，它意味着非法复制的发生。此外，实质相似必须与原作中有版权的内容相关，而不是仅仅涉及公有领域中不受版权保护的构思或事实等构成原作的因素。见 Bleistein v. Donaldson Lithographing Co., 188 U. S. 239（1903）。（"人人皆可自由抄袭原作，但却不可随意抄袭经抄袭而成的作品"）。

侵权通常通过两个阶段予以证明。第一阶段用来揭示是否发生了抄袭。第二阶段用来判定抄袭是否属于未经许可的盗用。第一阶段是分析、剖析的阶段，被告的证据通常要包括判定有关的作品是否属于公有领域。所提供的证据至少要有两点结论，其一是被告所借用的东西源于公有领域而非原告的作品；其二是原告自己也是借用了公有领域的东西，因而它不受版权保护。见 Novelty Textile Mills, Inc. v. Joan Fabrics Corp. 558 F. 2d 1090（2nd Cir. 1977）。有时公有领域的东西也可证明被告抄袭了原告，因为被告和原告的作品之间有着惊人的巧合，而已经属于公有领域的作品与原告的作品却有着较大区别。见 Eisenschiml v. Fawcett Publications, Inc., 246 F. 2d 598（7th Cir. 1957）；Greenbie v. Noble, 151 F. Supp. 45 (S. D. N. Y. 1957)。

要证明抄袭，与其否认原告作品是属于公有领域的内容，不如证明原告作品可以受版权保护。与此相关，就是说，"只有否认原告作品可以受版权保护，才能推翻根据原告作品与盗版之间存在的相似所推断出的抄袭"。参阅 Sheldon v. Metro-Goldwyn Pictures Corp., 81 F. 2d 49 (2nd Cir. 1936)。

专家们通常利用第一阶段来分析原作和被指控侵权的作品，以发现它们之间是否存在足够的相似性，并由此得出被指控侵权的作品是原作的一件复制品。然而专家证言并不是得出侵权法律结论的法定证据，它只是审判者在判定被告是否盗用了原作作者受保护表达时的一种事实。无论是通过专家认证，采用"分析"手段，还是判定是否相似，第一阶段仅限于对间接证据规则的适用。第一阶段形成的结论是，被告通过接触，抄袭了原作已有的成分，这些成分与被指控侵权的作品有着实质性的相似。然而，这种抄袭的证据并不必然得出侵权的结论。

第二阶段将得出侵权的结论。现在，原告必须证明那些"抄袭"或"取自"原作的成分，至少它们当中的某些部分属于版权保护的客体。合法复制是与非法复制或者非法盗用相区别的。参阅 Arnstein v. Porter, 154 F. 2d 464 (2nd Cir. 1946)。非法复制或者与之相反的合法复制要由非专业的观察者判断，而不是由专家证人判断，也不需要对两部作品的成分逐项进行分析。合法复制包括对构思的使用；非法复制则是盗用了受保护的表现形式。参阅 Nichols v. Universal Pictures Corp., 45 F. 2d 119 (2nd Cir. 1930)。同见 Sid & Marty Krofft Television Productions, Inc. v. McDonald's Corp., 562 F. 2d 1157 (96th 1977)。"非专业的观察者"的测试或者"普通的观察者"的测试是区别两种不同性质的复制的关键。普通的观察者与正常人的标准相似，选择普通观察者是要将在观察者所注意的两部作品之间的那些相似之处，与普通观察者所忽视的，认为对两部作品中的人物不重要或无关的那些内容之间，作出区分。见 Peter Pan Fabrics, Inc. v. Martin Weiner Corp., 274 F. 2d 487 (2nd Cir. 1960)。

## 第三节　对音乐作品的侵权

由于音乐的构成要素数量有限——传统西方音阶中只有7个音（"do，re，mi，fa，sol，la，ti"）以及半音，因此音乐作品之间存在某种相似是难以避免的。问题在于判定在什么情况下难以避免的重复属于可不经许可的使用。

由于大多数，而且几乎是所有的包含基本音乐旋律的作品都已经进入公有领域，这种公有领域作品的概念对于音乐侵权案件就有着特殊的意义。当人们对其进行取舍，那些经过修改、交响化及改编的艺术形式，实际上已形成独立的乐曲时，无论从证据还是从实际观察来说，公有领域材料的意义都变得尤为重要。

例如，用公有领域的一组音符就可以表明，被指控的侵权者能够像原告一样轻易地把它们组合成一组乐句。相反，原告作品中一个独特的表现被用在被告作品中，即意味着抄袭。在海姆诉环球电影公司一案中（Heim v. Universal Pictures Co., 154 F. 2d 480（2nd Cir. 1946）），法院指出，即使缺少接触的证据，但只要"一个单独的简单短句包含在两部作品中，短句处理具有作者独特的风格，足以排除巧合"，即可证明侵权。因为基本的音乐要素有限，这种"巧合"的抗辩只具有一定的合理性，当有证据证明，被告接触原告的作品和实施侵权行为，在时间和空间上联系密切时，可能出于巧合的辩词通常就站不住脚。参阅 Fred Fisher, Inc. v. Dillingham, 298 F. 145（S. D. N. Y. 1924）。

如果证明被指控的作品"借用"的是公有领域的成分，就能够支持被告所作的是独立创作或者是源于原告以外作品的辩词，即被告的创作没有侵犯原告的作品。见前述 Heim v. Universal Pictures Co. 案。事实上，被告有时亦明确承认使用了公有领域的内容，如一个作曲家就声称从德沃夏克一个 16 音符的乐句中借用了 14 个音符。见前述 Heim v. Universal Pictures Co. 案。在前述 Fred Fisher, Inc. v. Dillingham 一案中，被告声称其作品和原告作品的相似之处体现在一属于公有领域的内容上。法院发现该公有领域的作品不包括体现在原告和被告作品中的明确的音符，但确实可以看出原告作品和公有领域作品之间有相似之处。于是法院将公有领域和音乐版权的两个重要的原则结合起来：即使原被告的作品均出自同一个相似的公有领域作品，也不能驳倒对侵权的指控，除非（1）原告未对公有领域作品增加新的创作，以致其作品由于缺乏独创性而不受保护；或者（2）被告也确实证明他所借用的是公有领域的作品而非原告的作品。这个原理的另一种说法是，允许抄袭原作而不允许抄袭原作的复制品。法院发现，由于被告接触了原告的歌曲而不能适用巧合的理论，因此，抄袭原告的作品得以证实，而抄袭公有领域的作品则没有证据。

即使作品的表达出自少数几种组合，以及与已有作品相似，不能排除独创性的存在，尽管有相似之处，它们也只是巧合。换言之，当只存在有限数量的组合时，巧合就很有可能发生。音乐作品常常是对过去作品的修改、演变或者改编。假设这种改编是可以受版权保护的，那么相关的先前相似的作品就会变得更重要。例如，一个作曲家提起侵权诉讼，如果他所改编的作品被认为使用了公有领域的材料（除非他在获得授权的情况下改编了一部较新的作品），被告就得花费更多精力去证明，该作曲家对该不受保护的作品几乎没有或根本没有增加独创性成分。如果他不能证明这一点，被告就必须证明他的作品也取自公有领域。参阅 Novelty Textile Mills, Inc. v. Joan Fabrics Corp., 558 F. 2d 1090（2nd Cir. 1977）。

## 第四节　对文字作品的侵权

正像实际复制行为就是典型的侵权行为那样，对文字作品的侵权似乎就成为一种典型的侵权。这点至少在历史上就已被接受，见第十九章第一节，因为在版权保护的初期，侵权只涉及文字作品。至于侵权行为的因素，文字作品的侵权与其他的版权客体的侵权并无不同：必须要证明存在非法复制，通常要说明被告接触了原告的作品，被告作品与原告作品存在实质性的相似。鉴别对文字作品的实质性相似十分困难，因为如此多的文学材料不可避免地在一个又一个作品中重复。由于一些材料在众多作品中被共同使用，法院非常费力地利用各种方法，把那些可以不受保护地加以利用的材料，与属于作者的东西区别开来。那些非常基本的文学材料，即作者可以自由使用的最实质的部分，仅指构成构思的东西。由个别作者所创作的更为详细的部分，即法院所要保护的，是它们的表现形式。例如，南北战争的故事对于任何作者来说都是可以自由使用的素材。除了属于公有领域部分的由系列历史事件构成的事实外，在欧里庇得斯（Euripides）甚至《飘》创作出来之前，一个国家或一个人的基本故事所分化出的许多意义深远的社会事件，以及所引发的家庭、个人和政治团体，都属于一个大厦的建筑材料或者构思。但是，一旦故事经由人物、事件和戏剧元素润色后，原先最基本的思想就成为受保护的表达。

伦纳德·汉德（Learned Hand）法官在尼古拉斯诉环球电影公司一案（Nichols v. Universal Pictures Corp., 45 F. 2d 119（2nd Cir. 1930））中，阐明了文学创作中的受保护和不受保护材料的传统区分。由于文字作品财产基本上是由角色和场景构成的，因此确认在什么程度上角色或场景顺序或是它们的组合受版权保护是非常必要的。尼古拉斯（Nichols）一案的裁决并未划出一条清晰和明确的线，但是给了这样一个度，即故事或角色是否受保护，取决于它们在一单独作品中的复杂性或者故事发展。"角色愈缺少发展，受版权保护的可能性愈少。"尼古拉斯一案没有阐明发生侵权的某个特定的点，但确认了角色和发展是一个连续统一体。这就是所谓的"摘要层次法（abstractions）"检测，通常法院能将此方法适用于不同的情况甚至可应用于计算机程序。

就场景而言，作为一个整体，它贯穿了不受保护的构思、相关的不受保护的主题、是否受保护尚有争议的情节、相关的受保护的事件以及受保护的对话或语言。参阅 Sheldon v. Metro-Goldwyn Pictures Corp., 81 F. 2d 49（2nd Cir. 1936）。就角色而言，它成为受保护的那个点取决于他们在作品发展中的位置以及对作品的作用。一个角色的普通构思是不受保护的。平凡的形象、标准或者老套的角色同样也是不受保护的，它们实际充其量不过是一些构思。角色越丰满、越是故事的核心，越可能受到保护。而角色的一般属性，诸如勇气或者富有激情的性格，诸如怜悯等并不足以得到版权保护。

角色比故事的受版权保护的可能性要小，受版权保护的程度往往取决于角色在故事中的发展，以及这些角色在作品中所起的作用。在一些文学流派中只有角色起着重要作用。因此，角色可能得到保护，这并不使人感到惊奇。最典型的例子是出现在一个又一个平凡故事中的卡通形象，这些卡通人物独有的性格特征构成了喜剧作品或者连环漫画的主要内容。因而，在 Detective Comics, Inc. v. Bruns Publications, Inc., 111 F. 2d 432（2nd Cir. 1940）一案和 National Comics Publications v. Fawcett Publications, 191 F. 2d 594（2nd Cir. 1951）两个案例中，法院都裁定，只有当特别滑稽动作和形象结合在一起时，角色才受到保护。假设在一个图像中角色的特征和滑稽动作形成其"人格"时，就像超人、史努比或米老鼠，该角色就受保护。正是由于这种出众的特征和画面形象的结合，使得卡通角色受到特别保护。

其他奇异的角色同样也受到保护，尤其是以特别的图像形式表现的人格化的角色。例如，在 Sid & Marty Krofft Television Productions, Inc. v. McDonald's Corp., 562 F. 2d 1157（9th Cir. 1977）案中，原告创作了"古装的角色"，与木偶相似。被告将它原样复制并用于其商业促销活动和服务中。法院裁定这些角色是受保护的。毫无疑问，栩栩如生的卡通或奇异角色使得它们比大多数文字作品中的角色更适宜受到保护。

当作者对角色进行了深刻塑造（而不仅仅是构思）时，"平凡"角色或者老套角色，与受保护的经过塑造的角色之间的界线是交织在一起的。作者不能对一个人物未加塑造的表达，比如一个构思加以垄断。不过，如果是奇异的卡通人偶角色或者是非常有内涵的文学人物，它经过对多种可能的材料组合的选择，便形成了原告可享有版权的特殊表现形式。

另外，一部文字作品的简单标题不是版权保护的主题，虽然它可以在反不正当竞争、反侵占甚至在商标法的理论下受到保护。例如，在 Warner Brothers Pictures, Inc. v. Majestic Pictures Corp., 70 F. 2d 310（2nd Cir. 1934）一案中，原告试图禁止被告以"巴黎的掘金者"的标题为一部电影的标题，因为原告拥有权利的一部剧本题目叫做《掘金者》。法院根据版权法驳回了原告的诉讼请求，认为"一部剧作的版权不能延及对其标题的使用享有专有权"。然而，根据普通商标法，法院发出一项禁令，由于该标题获得了第二种含义，公众已把它当作原告的产权。原告的诉讼请求得到支持，因为被告的行为存在着欺骗公众的可能性。

# 第二十三章
# 合理使用

## 第一节　概　　述

如果版权法是法律"玄学"（见本书导论），合理使用则首当其冲。合理使用的分界线是难以确定的。合理使用与侵权法中的豁免很相似，而且也像侵权法中的豁免一样是由广泛的政策概念所确立和调整的，而不是靠严格的法条或普通法的定义。因为合理使用实质上是对侵权指控的一种抗辩，因此它成为豁免权的同类。如同侵权诉讼中的豁免那样，合理使用的抗辩承认侵权的因素，但必然还通过减轻或免除的方式提出其他一些重要的事由和策略。

合理使用通常是在某些传统的关系中被引发出来。这些关系包括教学活动、文学和社会批评、滑稽模仿以及最重要的诸如新闻报道等涉及《宪法第一修正案》（以下简称《第一修正案》）的活动。对法院来说，合理使用几乎永远是权衡竞争政策的一种结果。这种调整版权控制权的广泛政策总是对侵权的确定产生影响。这仅仅是因为合理使用允许对一个案件中的特别情况进行调查，以致在一些时候出现了相反的结论。但是由于合理使用需要这样一种特别的调查，因此，不能笼统地说，例如，教学活动或滑稽模仿或者一些其他的活动就是合理使用。

在现行《版权法》之前，合理使用的原则完全属于普通法调整的范围，《版权法》第 107 条似乎是对普通法的编纂整理：它只是简单地说，合理使用是对侵权的一种抗辩，并提供了一些例子，却没有给合理使用下定义。它列出为"批评、评论、新闻报道、教学……学术或研究"等目的的使用，可以确定为合理使用。它还规定了确立合理使用的一些通行准则，包括使用的目的、是否具有营利性、作品的性质、所用材料的数量以及对版权所有者的经济影响。

该法明确规定这些准则并不是穷尽的。《美国注释法典》第 17 编第 107 条。

# 第二节　合理使用的作用

合理使用涉及一种利益平衡过程，对各种变化的复杂情况进行判断，以确定其他利益是否应高于创作者的权利。现行《版权法》明确规定了四种利益标准：

（1）使用的目的和性质，包括这种使用的商业性质；

（2）有版权作品的性质；

（3）所"引用"的数量；以及

（4）这种"引用"对有版权作品的经济影响。

——《美国注释法典》第 17 编第 107 条

这里至少还有两种利益标准涉及合理使用。第一，尽管确定侵权不需要故意的要件且被告的意图不具有决定作用，但是判断合理使用常与被告的意图和动机相关；第二，《第一修正案》所保护的利益经常与版权的控制权相反。但是，在哈珀与罗出版公司诉民族企业公司一案（Harper & Row，Publishers，Inc. v. Nation Enterprises，Inc.，471 U. S. 539（1985））中，法院发现《版权法》和《第一修正案》之间没有内在矛盾，特别是存在合理使用抗辩理由。在哈珀与罗一案中，《民族》杂志在《时代》周刊出版之前出版了前总统福特回忆录的精选部分，使其不得不放弃原定出版计划。法院几乎没有考虑《第一修正案》的影响，它裁定思想—表现二分原则允许《民族》杂志报道回忆录中的重要事实，其行为不属于以原语言形式"抢新闻"，另外，根据有别于版权的"公共人物"的分析，其行为也未超出合理使用的范围。由于对构成合理使用的一个重要因素，即显著的经济影响存在争议，法院还强调了该作品没有"首次出版"的事实，这一点对版权保护的影响一直存在，即使 1976 年《版权法》通过以后，制定法版权几乎完全取代了普通法版权，即使制定法不像在普通法中版权保护那样须具备该前提条件。

在涉及合理使用的案件中，法院至少要对这六个标准中的一个、经常是多个加以考虑，来平衡保护作者专有权的利益。使用者不是为了营利，而是为了教学或者纯粹是个人使用，那么他不必为使用版权作品付费的理由，就比他营利性地使用作品更有说服力。参阅 Sony Corp. of America v. Universal City Studios，Inc.，464 U. S. 417 1984）。索尼公司一案中的案情很复杂，被告被诉向购买者销售录像带，购买者将其用于对电视节目的家庭录像复制，被告的行为虽未直接侵权，但却"帮助侵权"（contributory infringement）。法院认为家庭录制属于合理使用。法院强调，由于电视广播是观众自由接收的，因此上述事实未表明对原告，即对电影和电视节目造成了侵害。在这种情况下，个人进行的家庭录制属于合理使用的范围。

因此，合理使用原则的作用在于权衡各种各样的、互相对抗的利益。这些利益难以确定，不能通过规定加以限制，而且彼此之间相互交叉。因此，有人说合理使用是"整部版权法中最麻烦的"，这种说法并不奇怪。参阅 Dellar v. Samuel Goldwyn, Inc., 104 F. 2d 661（2nd Cir. 1939）。

## 第三节　使用的目的和性质

使用的目的和性质包括了商业与非商业的和公开与私人使用的双重概念。因为合理使用的适用涉及了相互关联的而又不确定的因素。然而，并不存在这样的原则，即只要是非商业目的或者纯个人使用便可自动适用合理使用规定。但无论如何，正如最高法院清楚表明的那样，非商业性和私人性质的使用通常是允许的。参阅 Williams & Wilkins v. United States, 487 F. 2d 1345（Ct. Cl. 1973）；Sony Corp. of America v. Universal City Studios, Inc., 464 U. S. 417（1984）。

在环球城市电影公司诉索尼美国公司一案（Universal City Studios, Inc. v. Sony Corp. of America, 480 F. Supp. 429（C. D. Cal. 1979））中所认定的"私人"合理使用原则是非常清楚的，著名的"贝特麦克斯"（Betamax）案件的裁定认为，私人性质的使用有助于认定为合理使用。然而，联邦第九巡回法院裁定，私人性质的使用并不是合理使用法定的组成部分，它更应被说成是版权侵权诉讼中作为免除侵权责任的理由。虽然有些案例表明，一个声称合理使用的行为具有清晰的商业性质，对于认定是否合理使用具有极高的甚至是推定的重要性，最高法院曾裁定，这只是判断是否合理使用的一个因素而且也没有设立该推定。参阅 Campbell v. Acuff-Rose Music, Inc., 510 U. S. 569（1994）。

正如商业性是反驳合理使用抗辩的一个基础那样，教学性的、特别是非营利性的教学活动则是支持合理使用抗辩的一个传统的基础。尽管法律一并规定了非营利性的和教学性的条件，但却没有讲清楚教学性的合理使用必须同时又是非营利性的。1976 年《版权法》在国会通过的过程表明，立法意图是对普通法上的合理使用加以编纂整理。早先的判例法并未要求一项教学性的合理使用应同时具备完全的非商业性质。同时，即使同时具备了教学和非营利性质也不一定认定为合理使用，对这一点人们不应感到意外。在麦克米兰诉金一案

（MacMillan v. King，223 Fed. 862（D. Mass. 1914））中，法院驳回了合理使用的抗辩，当时一个教师对一本经济教科书的实质部分进行了复制，并给他的学生使用。该作品是一本教科书，它的市场只能体现在教学领域，对该书实质部分的复制，使原告在该市场的利益受到重大损失，被告以这种使用是为教学和非营利目的的抗辩理由不能成立。

同样，在不列颠教学百科全书公司诉克罗克斯一案（Encyclopaedia Britannica Educational Corp. v. Crooks，447 F. Supp. 243（W. D. N. Y. 1978））中，同时出于教学和非营利目的的使用也不足以使合理使用抗辩成立，尽管被告是一个纯教学性的政府公司，而且它所复制的教学材料仅仅是向贫困市民提供教学帮助。被告的抗辩被驳回，原因是它复制了整部作品，而且这部有版权的教学类作品的唯一市场，正是这种复制的目的所在——教学。然而，在前述威廉姆斯和威尔金斯诉联邦政府一案（Williams & Wilkins v. United States，487 F. 2d 1345（Ct. Cl. 1973）中，被告的活动被裁定为合理使用，该案中被告为教学目的大量复制并发行了医学杂志，被告的行为根本不具有营利性，对这种行为的保护超过对版权所有者利益的保护，抗辩理由成立。威廉姆斯和威尔金斯（Williams & Wilkins）受到了严厉的批评。尽管有第 107 条的规定，并同时参酌了法院的部分观点，但此案的裁决仍然是非常孤立的，也许是基于一项鼓励医学的公共政策。非营利的教学使用不能自动适用合理使用，此案应当成为一种警告。参阅马库斯诉罗利（Marcus v. Rowley，695 F. 2d 1171（96th Cir. 1983））。

总而言之，也许对"目的和性质"检验最准确的评价是，获利企图几乎不可避免地无法适用合理使用，在教学、批评或者其他法定的使用中，只要有获利，都将被法院视为"为个人谋利的骗局"。参阅 Wainwright Securities, Inc. v. Wall Street Transcript Corp.，558 F. 2d. 91（2nd Cir. 1977）。

## 第四节　作品的性质

一方面，如果一部作品是一种表格账簿或者是一种供他人使用、注记其他作品内容的空白登记册，那么，法律似乎是预先规定了对这类作品的使用，属于合理使用。但另一方面，对不属于功能性使用，或者不属于供他人改编或编辑使用的一首诗或乐谱，对这类作品进行复制或者表演，被告合理使用的抗辩就不那么容易得到支持。合理使用最难的问题出现在以下两种情况之间，即对极端作品的使用以及该使用所造成的结果。因为，这种使用改变了合理使用标准下作品的性质，特别是被告使用的性质。因此，一部纯教学性作品并不能用来支持对它的使用本身也是教学性的合理使用，因为这种使用本质上与第四项法定标准——使用的经济影响有关。即使作品的性质是教学性的，而被告的使用确实在该作品潜在经济利益的范围内，它就不能适用合理使用。见本章第十节。

作品的性质还与一种默许理论有关。当作者希望为自己的利益而使用时，未必是说该作者希望或同意一项无需付酬的使用。但是如果版权所有者创作了一部目的就是为了让他人以复制的方式使用的作品，在这种情况下，合理使用的抗辩几乎就等于说该作者同意这种使用。因此，在美国建筑师研究所诉芬尼切尔一案（American Institute of Architects v. Fenichel, 41 F. Supp. 146（S. D. N. Y. 1941））中，法院支持了被告合理使用的抗辩，因为"当原告将一种表格账簿推向大众市场时，即暗示了大众的私人使用的权利。这个结论是由一种表格账簿的性质推出来的"。

作品的性质有时要根据作者投入的创造性和原创性予以衡量。一部反映了相当多个性的作品，比起一部纯劳务性和没有多少创造性或原创性的作品，在适用合理使用方面要难得多。在《纽约时报》诉罗克斯伯利数据界面公司一案（New York Times Co. v. Roxbury Data Interface, Inc., 434 F. Supp. 217（D. N. J. 1977））中，原告要求法院发布一项临时禁令，禁止被告出版包含《纽约时报》索引中所有人名目录的名址录，但法院拒绝了这个要求。法院考虑的是《纽约时报》索引的性质以及该索引是否具有原创性或创造性而不是调查《纽约时报》出版该索引的目的。承审地方法官裁定："由于《纽约时报》的索引是一种体力劳动多于原创性或创造性的作品，因此被告在合理使用原则下使用这种作品，要比使用一种创造性作品具有更多的特许……"

在某些案件中，法院裁定那些未发表的作品，如私人文件和信件，在适用合理使用规则时就可能是一个决定性的因素。参阅 Harper & Row, Publishers, Inc. v. Nation Enterprises, Inc., 471 U. S. 539（1985）；Salinger v. Random House, Inc., 811 F. 2d 90（2nd Cir. 1987）。作为回应，美国国会修订了《版权法》第 107 条，规定未发表的作品不应妨碍对合理使用的认定，如果该认定系考虑了有关因素而作出的。

## 第五节　使用的数量比例和实质内容

从一部长篇小说中复制一句话显然有别于从一首两句诗中复制其中的一句。同样，出版一部具有数千个镜头的电影中的一个画面，显然也有别于对一个影展进行同样的出版，更有别于出版一位肖像艺术家的一幅单独的艺术作品。换句话说，尽管一般原则是"使用的越多，侵权的可能越大"，但人们首先要明确"多"的含义。"多"可以根据使用的实质内容或者使用的数量来衡量。通过这种衡量，大规模地使用《蒙娜丽莎》的背景（假定该画在今天仍受保护，没有进入公有领域），可能不构成侵权，然而尽管是很少但确实使用了其脸部或者其微笑部分，则因进行了质的使用而构成侵权，尽管这种使用的量不大。另外，要弄清对原告的独创作品中受版权保护部分所使用的量，弄清该使用部分占被告整部作品的比例，并把二者区别开来，参阅 Walt Disney Productions v. Air Pirates, 581 F. 2d 751（9th Cir. 1978）。后者可能并不一定成"反比例"。

根据现行《版权法》第 107 条，（判断合理使用时）对质量和数量的衡量都很重要。《版权法》特别规定了应当对有版权作品的量进行衡量，以确定是否为合理使用，见《美国注释法典》第 17 编第 107 条（3）款。而在《1909年版权法》中，对被告作品还要进行反比例的衡量，1976 年《版权法》中可能还保留此种衡量，尽管它已不像过去那样重要，因为国会立法过程表明，《版权法》在"适用合理使用原则方面似乎保持了现行的做法，既未扩大也未缩小"［《众议院文件汇编》第 94—1476 号，司法委员会注释］。因此，尽管被告所使用的仅占原告作品的一小部分，例如只使用了一部重要的文字作品当中的一句话，但却构成了被告侵权作品的主要部分，例如该单句被一家广告公司用于促销广告中。强调这种"搭便车"的方法，显然是要将衡量被告究竟盗用了原告多少劳动，变为衡量被告从原告作品中得到了多少不合理的好处或利益。

尽管数量、质量和反比例中只有前两者在现行《版权法》中有特别规定，但三者均在法院判定合理使用时加以使用。在威廉姆斯和威尔金斯诉联邦政府一案中（Williams & Wilkins v. United States, 487 F. 2d 1345（Ct. Cl. 1973）），法院拒绝对复制比例进行简单的数量衡量。法院裁定，对原告整部作品的使用可根据其他标准判定属于合理使用。简单的数字式衡量既不能肯定亦不能否定合理使用。在罗伯特森诉贝顿、巴顿、德斯泰恩和奥斯本公司一案中（Robertson v. Batten, Barton, Durstine & Osborn, Inc., 146 F. Supp. 795（S. D. Cal. 1956）），被告仅使用了原告歌词的一部分，但由于该部分"非常流行，并且取得了商业上的成功"，法院裁定，这种质的复制足以否决合理使用的抗辩。在米罗波尔诉奈泽一案中（Meeropol v. Nizer, 560 F. 2d 1061（2nd Cir. 1977）），被告逐字部分复制了原告享有版权的 28 封信。全部复制的字数仅为 1956 个，不足被告整部作品的 1%。然而，从质出发，法院发现，由于被告作品的性质，这些信件成为被告作品中非常关键和突出的部分。法院裁定，在适用合理使用中，质的衡量对被告的作品具有重要意义，因此以一种反比例方式适用对质的衡量。

一法院曾裁定，对独创作品的改述既不能避免侵权的指控，也不足以适用合理使用。重要的是，该法院以一种"做与不做，都受指责"的眼光来看待并裁定：在计算侵权与未侵权部分所占比例时，改述的部分应当被算入逐字抄袭的部分之中。参阅 Salinger v. Random House, Inc., 811 F. 2d 90（2nd Cir. 1987）。

## 第六节　对原作者经济市场的影响

尽管所有这些对合理使用所作的各种衡量相互联系，但被告所主张的合理使用对作品所造成的潜在的经济影响会同时引发所有其他方面的衡量。事实上，最高法院曾把这种经济影响说成是"合理使用一个最重要的因素"。参阅前述 Harper & Row, Publishers, Inc. v. Nation Enterprises, Inc., 471 U. S. 539（1985）。如果被告所主张的合理使用具有营利性，那么至少对作者的经济市场就造成潜在的影响。同样，如果原告作品具有引导、暗示或要求复制的性质，尽管（被告）可能以同意理论为辩解，但以此认为原告作品包含了复制的要求，并指出作者的潜在市场未受到减损的想法是十分荒谬的。见本章第四节。

同样，不论从质的方面还是从量的方面，或者以一种反比方式计算出来的复制比例，都与原作者潜在市场的评估密切相关。在这个意义上说，确实是复制越多，侵权的可能也越大，似乎大家对下面这点都没有争议，即如果原告要销售他的作品，那么，别人把他的作品复制越多，他自己的销售就会相应地减少。因此，尽管这在对是否合理使用作评估时可能是最重要的一个因素，也是最间接的一个因素，因为对作者产生经济影响的某些行为，必须要经过法院的最终认定，才可以确定是否侵犯了作者的权利。

有时，一部大作的很小一部分可能构成其经济上的"核心"，对其侵权，尽管比例很小，也无法适用合理使用。参阅前述 Harper & Row, Publishers, Inc. v. Nation Enterprises, Inc., 471 U. S. 539（1985）。但是，在米罗波尔诉奈泽一案（Meeropol v. Nizer, 560 F. 2d 1061（2nd Cir. 1977））中，法院裁定，仅看对原告市场的影响是不够的。法院含蓄地指出，这种影响必须与合理使用的其他因素相平衡。

## 第七节 滑稽模仿、滑稽剧和讽刺作品

在乔叟以前，利用前人的作品进行批评就被认为是一种文字技巧。当适用到滑稽模仿、滑稽剧和讽刺作品时，对合理使用的衡量就集中在作品的性质和创作意图方面，这些因素超过了对使用作品的数量、质量或者质量标准的衡量，也不论所使用的作品在被告作品所起的作用如何，或考虑其他方面。这种衡量不是简单地看使用了多少，而是看使用的目的是什么以及使用的目的是否合理。参阅 Campbell v. Acuff-Rose Music, Inc., 510U. S. 569（1994）。

很多年以来，在判断滑稽模仿是否属于合理使用而合法时，似乎取决于滑稽模仿作品的作者在使用原作时，是否超出了使人们"联想起"原作的必要限度。参阅 Berlin v. E. C. Publications, Inc., 329 F. 2d541（2nd Cir. 1964）。在沃尔特·迪士尼公司诉空中海盗一案中（Walt Disney Productions v. Air Pirates, 581 F. 2d 751（9th Cir. 1978）），法院认为，对滑稽模仿作品的衡量与实质性的衡量有关，即需要确定所使用的部分是否属于实质性使用。这种做法也是考虑到滑稽模仿作品这种艺术形式必须要对原作进行一定数量的使用的特点。这样，问题的关键就变为，被告通过超出必要限度的使用，是否超出了简单的滑稽模仿。（简单的滑稽模仿指仅在必要限度内"回忆或联想起"原作。）

然而，在一场真实的司法杰作中，苏特（Souter）法官所执笔的最高法院在前述坎贝尔诉阿库夫 - 罗斯音乐公司（Campbell v. Acuff-Rose Music, Inc.）一案中的判决，改写了对滑稽模仿作品的衡量。他写道，我们并不看滑稽模仿作品使用了多少原作。滑稽模仿作品是否属于合理使用，取决于它使用原作的目的以及它所产生的作用。法院认为，只要使用的目的是为了滑稽模仿，那么使用的数量并不重要。这主要是因为，很少有作者戏仿他们自己的作品或者许可他人这样去做，这种做法使得对作者的经济利益不存在影响。而一个滑稽模仿作品不会起到替代原作品市场的作用。在坎贝尔（Campbell）一案中法院认为，滑稽模仿是一种名副其实的改造性使用，用以创作出不同风格的新作品。这样它并没有踏入原作者的预期利益范围之内。因此，滑稽模仿作品的作者是否使用了作品的"核心"并不重要。这是因为，首先，一个能给人深刻印象的戏仿作品，就得依赖于原作的实质与"核心"。其次，无论使用的是否是原作的"核心"，滑稽模仿作品并没有从原作者的预期利益中拿走任何东西。最后，戏仿作品或讽刺作品可能会影响市场——以负面评论的方式——但这却不是侵权行为。因为，这个问题的关键不在于戏仿评判压制了市场需求是否合法，而在于戏仿作品有没有以替代品的方式不正当地侵占了原作的市场需求。

苏特法官的方法在 Suntrust Bank v. Houghton Mifflin Co., 268 F. 3d 1257（11th Cir. 2001）一案中得到运用。该案判决认定，小说《飘逝》（The Wind Done Gone）对《飘》（Gone With the Wind）的戏仿并不侵权。尽管该小说"大规模地"使用了原作的人物、关系以及事件。

# 第八节　合理使用与言论自由

近年来，《第一修正案》在众多侵权案件中被被告当作一种抗辩的理由。当然，在涉及与公共利益有关的事情，或者是批评或滑稽模仿时，这种要求最为强烈。批评家或滑稽模仿者在使用他人原作部分时经常说，根据合理使用原则、《第一修正案》或者结合两者，他们有权这样做。

对这种抗辩的一种反驳是，《第一修正案》并不是版权的例外，因为作为一项宪法原则，它受着另一项宪法原则，即"版权条款"的制约。然而这种反驳过于简单，被大多数法院和评论者拒绝，理由至少有两个：第一，宪法的字面解释显示，既然《第一修正案》是对宪法和"版权条款"本身的一种修正，该修正即应遵守；第二，即使《权利法案》和宪法被视为一个整体，也应优先考虑《权利法案》中所包括的特别保护。如果不这样做，那么，在宪法规定的诸如"商业条款"的一般性权限内，赋予当事人自由行事的权利，将给该修正案所授予的权利带来彻底摧毁的危险。

有人通过思想－表达两分法提出对《第一修正案》合理使用权利的要求，这一点倒更容易被反驳者接受。鉴于《第一修正案》禁止对传播思想进行任何限制，法院裁定，只要版权的行使限制在某一特定的表现而不是思想本身即不违宪。然而，有时公共利益是如此重要以致当特定作品仅转达思想时，版权即告丧失。在时代公司诉伯纳德·吉斯公司一案（Time Inc. v. Bernard Geis Associates, 293 F. Supp. 130（S. D. N. Y. 1968））中，赞普鲁德（Zapruder）所拍摄的肯尼迪暗杀事件电影胶片，因太重要而被判决限制其版权的要求。也许此案被认为思想与表达合为一体。一般来说，法院认为思想与表达之间的界线是解决要求适用《第一修正案》的一个方便和可操作的方法。参阅 Sid & Marty Krofft Television Productions, Inc. v. McDonald's Corp., 562 F. 2d 1157（96th Cir. 1977）。最高法院驳回了在版权和言论自由之间的潜在冲突，因为合理使用和思想－表达二分法构成"建立言论自由的保障。"参阅 Eldred v. Ashcroft, 537 U. S. 186（2003）。

对援引《第一修正案》而提出的要求还要根据一项推理原则作出判定。在这方面，法院避开了有关宪法中的批评权与合理使用的争论的陷阱，坚持认为进行这种批评与合理使用应当是合理的。在报道与公共利益有关的事件时，超过合理的限度而使用了较多数量的有版权作品，会被判定超出合理使用的范围。参阅 Zacchini v. Scripps-Howard Broadcasting Co., 433 U. S. 562（1977）。确实，思想—表达两分法表明，即使清楚地涉及了《第一修正案》的权利，例如前总统的回忆录，如果少量的使用便能够传达同样的思想和事实，并且能够满足《第一修正案》所保护的利益，那么《第一修正案》就不能超越版权的利益。此外，现行的合理使用的特殊规定也动摇了《第一修正案》的概念，或者与版权冲突，或者形成其自身的特权，例如公众人物的例外。参阅前述 Harper & Row, Publishers, Inc. v. Nation Enterprises, Inc., 471 U. S. 539（1985）。事实上，版权的内容是中性的，其观点是，它与《第一修正案》没有内在的冲突。参阅 Universal City Studios, Inc. v. Corley, 273 F. 3d 429（2nd Cir. 2001）。

为反对适用《第一修正案》，版权人有时避开将版权定义为一种财产权利，因它不受言论自由的约束。在涉及欺诈或剽窃案件时，法院驳回了许多根据言论自由提出的抗辩，因为被告并不是在行使言论自由，而是未经授权进行传播，企图利用他人作品获利。参阅 United States v. Bodin, 375 F. Supp. 1265（W. D. Okla. 1974）。

# 第九节　复　　印

《版权法》第107条关于合理使用的规定，特许在某些情况下为课堂使用可对有版权作品进行多份复制。然而该法并未对这种可允许的复制作出明确限定。同样，第108条也规定了对版权所有者专有权利的一项限制，允许图书馆对某些作品进行复制。它还引申出允许在推定的合理使用的情况下，他人有权在有复印机的图书馆里复印。如果该复印机上标明了某种版权通告，图书馆即可免除任何版权责任。

在某种程度上复印被认为是版权的一种例外，无论把它视为合理使用还是对版权专有权的一种限制。在1976年《版权法》的制定过程中这个问题曾引起国会多次讨论，但最终也没有得以解决。然而，在修改《版权法》时，出版商、作者和教学机构之间达成了一项协议，标题是"关于非盈利教学机构为课堂教学复制的指南的协议"，该协议由国会发表。与此同时，国会还发表了一项涉及音乐作品的类似协议。

该协议允许在以学术目的使用时对作品的部分内容进行有限的复制。该指南规定，这种复制必须有一定量的限制并且是读者自发行为。这个规定表明不允许对整部作品进行复制，并且只有因时间的限制而无法采取其他替代方法时方可进行多份复制。该指南强调合理使用不能替代对有关材料的购买。尽管该协议未成为法律，但由于反映了立法者的意图和对原有问题作出了特别的解答而具有权威性。

关于图书馆的复印，第 108 条也重复了同样的规定。图书馆和档案馆被允许对作品制作一份复制件，只要这种复制不具有商业利益。然而，这种规定严格限制于替代被损坏的作品或者是通过其他方法无法获得的绝版作品。最后，图书馆将因以下前提条件而免去任何责任，即只要图书馆的复印机附有警告复印可能受版权法约束的通告。

## 第十节　功能等值测试或转型使用测试

合理使用含有一种测试的意思，这种测试要确定被告的作品是否起着有别于原作的功能，是否妨碍、毁损或是不正当地降低原告的预期目的。但是，这种测试并未被明确地阐明，特别是在侵权被指控具有经济影响，而该影响又不清楚的时候。在这种情况下，对法院来说，根据两部作品的"功能"或者"内在目的"，用这些更抽象的词汇，提出功能等值测试问题，倒是一种很有吸引力的变通方法。一项因复制原作而被指控为侵权的行为，它的预期功能可能会超过教学性的和非营利的意图。参阅 Marcus v. Rowley，695 F. 2d 1171（96th Cir. 1983）。

这种测试是要找出原作和侵权作品的功能。它不要求详细调查经济上的影响，因此，当对这些问题的推测无法解决时，它才是有用的。二部作品的功能，如"娱乐""滑稽模仿"或是"教学性的"，确定这些概念的特征远比确定一部二次作品是否妨碍了原作的商业前景要容易得多。因此，法院把注意力导向了合理使用的核心：侵权是为了合法目的，是否与受版权法保护的原作无关。如果新的用途是转型——为满足一个毫不相关的市场创造一个新的作品——而不是取代，从而排挤市场对于原始作品的需求，那么它就可能是合理使用。这是最高法院在坎贝尔诉阿库夫 – 罗斯音乐公司（Campbell v. Acuff-Rose Music，Inc.，510 U. S. 569（1994））一案判决的主旨。见前述第七节。

功能等值测试的好处，除了能避开对经济影响推断的判定，还在于它排除了对原作和侵权作品须具有相同媒体或者具有其他特征的要求。它所要求的仅仅是它们体现着相同的功能，而不是具有共同的传播形式或方式。因此，对《飘》所作的音乐改编，尽管它以舞台剧的形式在歌舞厅里进行表演，与原作的半严肃体小说或是后来被演绎成的电影有多么不同，只要它与原作具有相同的功能——娱乐，它就不能适用合理使用。参阅 MetroGoldwyn-Mayer, Inc. v. Showcase Atlanta Cooperative Productions, Inc., 479 F. Supp. 351 ( N. D. Ga. 1979)。

但是这种测试也有不利的地方，即在比较明确的时候它几乎可以自动得到答案。在法院界定有版权作品的功能较宽泛时，很容易发现被指控作品也具有同样的功能，并因此驳回其合理使用的抗辩。在法院界定有版权作品的功能较窄时，则很容易使合理使用得以成立。因此，这种测试有些以结果为导向。

# 第二十四章
# 所有权

## 第一节　版权及其物质载体

有形物与其所负载的版权之间存在着根本的区别，这对任何创作作品都不例外，即便是图腾柱上最原始的艺术创作也是如此。因此，法院在涉及往来信件的诸多案例中都裁定，尽管有形物的财产所有权从写信人转到收信人手中，但只要能证明该信件出自写信人之手，那么复制该信件内容的权利及其版权就仍然属于写信人。参阅 Folsom v. Marsh, 9 F. Cas. 342（C. C. D. Mass. 1841）（No. 4901）。同样，在张伯伦诉费尔德曼一案（Chamberlain v. Feldman, 89 N. E. 2d 863（N. Y. 1949））中法院也裁定，尽管马克·吐温（Mark Twain）手稿的受让人在法律上拥有该手稿的所有权，但受让人无权提出版权要求，也无权复制和出版手稿内容。这一区别与首次销售原则密切相关，即销售转移了物质载体的所有权，但没有转移其所负载的版权。联邦第九巡回法院在幻景版本公司诉阿尔布开克 A. R. T. 公司（Mirage Editions, Inc. v. Albuquerque A. R. T. Co., 856 F. 2d 1341（96th Cir. 1988））一案中裁定，画册的购买人将图片剪下后裱在瓷砖上并再次销售的行为，侵犯了画册作者的版权。但是这一裁决忽略了事实，如第七巡回法院后来在李诉 A. R. T. 公司（Lee v. A. R. T. Co. 125 F. 3d 580（7th Cir. 1997））一案注意到的，裱在瓷砖上的图片本身作为一物质载体，虽然远离了原作者的继续主张，但是这对他的版权不会有任何威胁。这是因为，裱在瓷砖上的图片，尽管属于书籍购买者的财产，但购买者如没有获得原作者的允许，就不能对其进行进一步复制。作者有权在未来授权的任何复制行为中获利。

销售创作作品时，推定转移的不仅是物质载体，同时也包括版权这一旧规则，实际上已经在 1976 年的法案中被推翻。根据《版权法》第 202 条的规定，有形物的出售并不意味着版权的转让；同样，版权或其任何专有权的转让，也不等于有形物的出售。第 204 条规定，任何有关版权转让的协议均须书面签署方可生效。

## 第二节　多人主张作者身份

在下面两种情形下，版权所有权就有些复杂了。第一种情形，一部作品的素材出自多人之手，或者一部作品由不同作者创作的不同内容（如作曲和作词）组成，这样就会产生合作作品问题。《美国注释法典》第 17 编第 101 条。第二种情形，作者创作的作品用于他人的出版，作者本人是雇员或独立的承约人，这样就会产生雇佣作品问题。《美国注释法典》第 17 编第 101 条。还有一些由多位作者创作的作品，它们既不是合作作品，也不是雇佣作品，我们可称之为集体作品或汇编作品。《美国注释法典》第 17 编第 101 条。此外，利用以前作者作品创作的作品称为演绎作品。《美国注释法典》第 17 编第 101 条。对所有这些作品的所有权，普通法和以前的法律条文都没有作过明确区分，因此出现了一些问题。1976 年《版权法》就是要解决这些问题。

法律上所作的这种特殊规定，对多人主张作者身份这种情况加以区分，决定着重要的法律问题。如果一位曲作者在 1990 年谱了一首曲，而一位词作者在 2000 年填了一首词，那么，他们作为独立或合作作者，或者一方或双方作为雇佣作品雇员的不同身份，就可能决定着何时版权保护期届满；如果一方提出终止版权许可，是否就有效地终止了整个作品（或者只是终止由该方独立创作的那部分作品）的许可？以及如果发生纠纷，双方各自应承担的法律责任如何？如果在上述词曲于 2000 年合作完成时，该词曲作品被认为是新作品，而且作者被认为是合作作者，那么该作品的版权保护期直到最后一位作者去世后的 70 年才会届满。但是，如果双方不被认为是合作作者，则上述词曲被视为各自独立的作品，在各自版权保护期届满（即各自作品的作者去世 70 年）后，分别属于不再受版权保护的作品。

在以前，尽管合作作品的定义重点是第一位作者的意图，但该定义仍不明确。如果第二位作者的创作意图是在第一位作者作品的基础上增加词句、乐曲或任何其他东西，而第一位作者也希望如此，那么由此创作出的最终作品就体现出一部"合作作品"。这一看法在夏皮罗、伯恩斯坦公司诉杰里·沃格尔音乐公司一案（Shapiro, Bernstein & Co. v. Jerry Vogel Music Co., 221 F. 2d 569 (2nd. Cir. 1955) 中最高法院进一步引申为，第一部作品所有权利的受让人的意图是决定最终作品是否属于合作作品的关键因素。但是，根据现行《版权法》，这种看法要一直追溯到作品的最初形式。根据第 101 条，当一部由多名作者创作的作品具备以下特征时，它才是合作作品，即"其意图是把他们的创作部分合并成为一个单一体中的不可分割的或相互依存的部分"。因此，一部合作作品必须是一个由"不可分割的或相互依存的部分"构成的"单一体"。这样看来，决定合作作品的关键因素是作者的意图而不是受让人的意图。此外，这种意图必须是非常具体的，不能是推测的，而且不仅仅是"希望或期望"。立法史上使用"希望或期望"的字眼，是用以描述不具合作作者资格的那些人大脑中的非法推测状态。

根据作者意图确定一部作品是合作作品，其意义是很大的。如前所述，现行《版权法》规定，版权的保护期是作者有生之年加死后 70 年。但合作作品有几位合作作者，直到最后一位作者去世 70 年后，保护期才届满。不过，普通法关于合作作者身份的一些原则是可行的，其中最重要的是关于所有者的权利和义务的原则。从根本上讲，合作作者成为共同的所有者，并因此决定了他们的财产权利和义务。见本章第三节。

如果两位或多位作者创作出一部作品，而他们在各自创作中并没有明确这样做的意图，或者，如果创作的结果不是一部由不可分割的或相互依存的部分构成的单一作品，那么，上述作品可能是汇编作品，也可能是演绎作品。当一部作品不能满足合作作品所要求的意图或单一体条件时，它即属于汇编作品或演绎作品范畴。只要一位作者创作出获得授权的演绎作品，那他就是意图获得版权的作者，而不用考虑原作者在创作作品和所有权方面的意图。参阅 Schrock v. Learning Curve Intern., Inc., 586 F. 3d 513 (7th Cir. 2009)。假定某位作者获得许可，通过使用第一位作者的作品，创作出一部演绎作品，那么该第二位作者就是该演绎作品的作者，第一位作者仍对其原作享有权利。在第一位作者去世 70 年后（假设没有雇佣作品的期限），其受版权保护的作品就进入公有领域；对于演绎作品来说，由演绎作者创作的那一部分内容，在该第二位作者去世 70 年以后，也将进入公有领域（同样不涉及雇佣作品）。

如果一部作品不是合作作品，也不是演绎作品，而是由多名作者创作作品组合而成的，那么在排除了它是雇佣作品的情况下，则是汇编作品。汇编作品是将其他现有的材料合并在一起而形成的具有独创性的创作作品。如果汇编作品的组成部分可以独立存在，也就是说，它们是受版权保护的作品，那么该汇编作品就是一部集体作品，即汇编作品中的一类。将各个独立部分最终合并为一部汇编作品的作者，就是这部汇编作品版权的所有者，但他却不是各个组成部分版权的所有者。当然，一部汇编作品可能仅仅是他人制作的资料和信息的合成体。每一份单独的资料可能不属于创作作品，因此不受版权保护。但是，如果各个组成部分是独立存在的可享有版权的作品，如一本百科全书中的一篇独立文章，或者是一本选集中一个独立的小故事，那么，该组成部分的作者将享有单独的权利。

《版权法》第 201 条规定了汇编作品作者和各部分稿件作者各自拥有的权利。汇编作品作者有权出版其集体作品，并享有该作品的版权；他可以修改该集体作品，也可以在该集体作品的续编中出版其他稿件，条件是它们同属一部丛书。但是，电脑数据库是由多个集体、原始作品所组成的新作品，而不单是由属于同一系列的后来集体作品组成，尽管数据库"标记"了每一个作品，使原始编排在网络上明显地得以保留。参阅 New York Times Co., Inc. v. Tasini, 533 U. S. 483（2001）。除非各部分稿件的作者明确将各自享有的版权转让，否则他们仍享有集体作品中所使用的其作品的版权。根据第 404 条，汇编作品作者在汇编作品载有统一的版权标记后，没有对各部分稿件载有单独的版权标记，不会对各部分稿件的撰稿人构成侵害。事实上，《版权法》并没有要求对每一部分稿件载有单独的版权标记。

雇佣作品是指：（1）雇员在其受雇范围内创作的作品，或者（2）特别委托或定制的作品。《美国注释法典》第 17 编第 101 条。该条规定对符合雇佣作品条件的特别委托或定制作品的种类作出如下限制：（1）作为集体作品的创作部分；（2）作为电影或其他音像作品的一个组成部分；（3）译文；（4）补充作品（如序言、编后记、插图、例证）；（5）编辑作品；（6）教学课文；（7）试题；（8）试题解答材料；（9）地图集。最高法院在非暴力创作团诉里德一案（Community for Creative Non-Violence v. Reid, 490 U. S. 730（1989））的判决，提供了 1976 年《版权法》在此方面的文字解释。该判决指出，除上述类型外的其他作品，即使是特别委托或定制的，甚至当事双方明确同意是雇佣作品的，也不能被视为雇佣作品。显然，只有在下述两种情况下，一部作品才是雇佣作品：第一种情况，该作品属于第 101 条规定的九种类型之一，而且是特别委托作品，并有书面协议；第二种情况，作者是一名雇员。作者是不是雇员，完全由传统普通法关于代理机构的条件确定，即雇主是否拥有控制权。参阅前述非暴力创作团诉里德一案（Community for Creative Non-Violence v. Reid）。

确定雇佣作品资格的主要意义在于：（1）有关版权所有权的全部权利都属于雇主，其版权保护期为出版之年起 95 年，或从创作之年起 120 年，以首先到期的期限为准，以及（2）雇佣作品的真实作者无权终止雇主的所有权。当然，如果作者当时只是他本人版权所有权的转让人，那么他将拥有终止权。见本章第四节。

## 第三节　合作作者的权利

合作作品各个合作作者之间的相互关系与普通的任何私人财产的共同所有人之间的相互关系十分接近，只是知识财产方面有一些特殊的限制。例如，每一位所有人都有权为了个人目的使用这一财产，但却无权阻止其他所有人使用该财产。同样，任何一位所有人都不能实施损耗、挥霍或损害该财产价值的行为。由于存在这些相互关联的权利，如果这种使用把其他合作作者排除在外，或者损坏了该财产的某一部分，每一位合作作者都有义务向其他合作作者说明从使用该财产中所获得的任何益处。这是因为知识财产不同于有形财产，如果不能有效地排除其他合作作者对合作作品进行重大使用，那么任何一位合作作者就根本无法使用，除非完全私下使用。

因此，共同拥有财产的所有人之间不允许进行账目核算的传统规则，在版权背景下就发生了改变。对其他财产而言，允许共同所有者使用该财产，而不必进行账目核算，是因为每位共同所有者均可以按自己的某种方式使用该财产。但知识财产并不像有形财产那样可以进行多种使用。例如，将有关权利出售给曲作者或戏曲作者之后，合作作者就永远不再有权进行上述出售了。在这种意义上讲，知识财产的市场远比其他财产要小，而且就各种使用的范围而言，知识财产市场无论在空间上还是在时间上都缺乏弹性和适应性。因此，版权法允许使用衡平法上的救济，包括要求账目核算，这在有关财产法的其他领域中是不允许的。

## 第四节　所有权期限

自从 1790 年《版权法》以来，国会就一直在增加版权的期限。似乎没有任何宪法限制去制约国会决定版权期限的权力。"确定理性的经济刺激……是国会而非法院的主要任务。"参阅 Eldred v. Ashcroft, 537 U. S. 186（2003）。根据 1909 年《版权法》，授予作者的版权所有权保护期为 28 年。在保护期届满的最后一年，作者有权再续展 28 年。因此，作者排除他人使用其作品的期限最长为 56 年。根据现在的《版权法》，版权保护期延长到作者有生之年（前提是作者有自然人资格，而且其作品不是雇佣作品）加上死后 70 年。《美国注释法典》第 17 编第 302 条（a）款。如果是合作作品，版权保护期则为最后一位去世的作者有生之年加死后 70 年。《美国注释法典》第 17 编第 302 条（b）款。

对雇佣作品而言，版权保护期为首次出版之年起 95 年，或从创作之年起 120 年，以二者首先到期的期限为准。创作日期限定为作品固定于有形载体的日期。《美国注释法典》第 17 编第 302 条（c）款。

对不署名作品和笔名作品而言，其版权保护期与雇佣作品同为 95～120 年。《美国注释法典》第 17 编第 302 条（c）款。但是，在上述 95～120 年期限内的某一时间，如果与该作品版权有利害关系的任何人，向版权局指明一位或一位以上真实作者的真正身份，那么，该不署名作品或笔名作品将"不再适用"上述保护期计算方法。在这种情况下，版权保护期就回复到一般的版权期限，到指明的作者死后 70 年届满。因此，假设一部作品以笔名作者的身份创作并首次发表于 1980 年，这名作者于 1981 年去世，其版权保护期到 2075 年即届满。但是，假如某位与该版权有"利害关系"的人，在 2051 年指明作者的真实身份，那么，该作品就将失去版权保护，进入公有领域。如果这个人被认为与版权无利害关系，那么，尽管作者的身份已经暴露，但版权所有者至少在理论上还可享受 24 年的版权保护。

另一方面，假设一位 1 岁的孩子在 1981 年创作并发表了一部作品，但他在 97 岁，即 2077 年时，自愿向版权局指明其作者身份以试图维持其版权，那么，他将不会如愿。原因是，《版权法》规定，这种要求的提出必须在版权保护期内完成，而不是在保护期届满之后。

即使上述这位神童以自己的名字创作作品，但如果他不遵守《版权法》的另一条规定，他也会面临失去版权的危险。根据第 302 条（e）款，在作品出版之年起 95 年以后，或者从创作之年起的 120 年以后，以二者首先到期的时间为准，版权保护即告终止。在这两种情况下，通常认定作者已经去世了 70 年，除非与该版权有利害关系的人在版权局登记一份关于作者生死状况的声明。因此，版权所有者及其法律顾问要注意这一条款的运用，这一点变得越来越重要，显然，这样做的目的就是防止其他人使用这种法定推断。因为第 302 条允许登记一份声明，说明作者去世或在世状况。所以，与版权有利害关系的人，在 95 年或 120 年到期时，应该去登记上述声明，这对防止不到期就终止版权保护是很有必要的。

## 第五节  转让的终止

1976 年《版权法》中最重要的条款之一，即第 203 条，允许已将其权利售出的作者，在上述权利售出 35 年后，提交其打算"收回（recapture）"其权利的通知，"收回"其权利。虽然该终止条款是一项重大变革，但它不适用于任何版权所有权的转让，特别是不适用于创作雇佣作品的作者。实际上对所有其他版权所有权的转让而言，作者均有权收回独立创作的、以不适当的价格出售或转让的作品。

显然，转让终止条款是为了保护作者的权利。他们可能在早期专业生涯中已将其作品出售，但后来发现他们的作品已经价值倍增了。人们普遍认为，许多作者都蒙受了损失——作者在未成名之前，没有足够的资格为其作品开价，因此买主能够（而且至今仍然能够）很便宜地买到其版权。为了解决这一问题，国会决定授权作者有权在 35 年后使这种出售失效，但雇佣作品作者无此项权利。

根据第 203 条，在授权转让之日起 35 年后的 5 年期间内，作者可以终止任何形式的转让，无论该转让是专有的还是非专有的。对出版权的转让而言，转让终止的 5 年期限，从授予出版权之作品出版之日起 35 年后算起，或者从授权之日起 40 年后算起，以二者中先到期者为准（这给作者提供了更有利的保护，因为他们可能在很早以前就出售了其出版权，但直到很多年后，才真正发表）。为了保证在 5 年期限中的某个时间使其终止生效，作者必须向受让人提交一份通知。通知中应注明终止的生效日期，这一日期应在作者选定的 5 年期限内，递交通知的时间不得早于生效日期前 2 年，也不得晚于生效日期后 10 年。

作者的这项终止权不得以任何方式被剥夺（当然，根据作者遗嘱的授权是不能终止的，原因很明显，遗赠物不是国会所指的那种利用性转让）。换言之，即使一位风险型的出版商试图从一位年轻作者手中购买其原稿，并且在购买协议中规定，该作者放弃其终止权，该放弃也无效。

《版权法》对于作者去世后由哪位亲属拥有同作者在世时相同的终止版权转让权利这一问题，作出了具体规定。从根本上讲，作者尚存的配偶可拥有作者的 1/2 所有权和同等的版权终止权；作者的子女或子孙有权平分另外 1/2 的所有权。如果作者无子女，其配偶即拥有全部所有权。同样，如果作者配偶已去世，其子女分享全部版权的终止权。然而，终止利益必须通过半数以上同意才能行使。《美国注释法典》第 17 编第 203 条（a）款（2）（A）、（B）、（C）项。这一点同样适用于合作作者，必须过半数合作作者同意方可终止版权转让。《美国注释法典》第 17 编第 203 条（a）款（1）项。

如果有三位合作作者，则必须有两位同意方可终止。假设一位唯一的作者去世了，留下他的妻子和三个孩子，那么，这三个孩子不能提出终止，这是因为，他们只享有 1/2 的终止权；但妻子加上三个孩子中的任何一位就可以提出终止。原因是一位孩子的权利加上妻子的 1/2 的权利，就超过半数。如果是两位合作作者，其中一位已去世，留下几个孩子，情况与上述类似。在世作者和任何一位在世的孩子一起，就取得过半数利益。从另一方面看，在世的孩子加在一起，也不足以超过其合作作者取得过半数利益，因此不能有效地行使终止权。

这里需要指出的是，即使是根据 1909 年《版权法》，作者也有机会收回其版权利益，因为作者在第二个 28 年期限内仍享有复归的利益（reversionary interest）。事实上，与 1976 年《版权法》相比，这种复归权多少有些自动生效的含义，因为 1976 年《版权法》还要求，在行使终止权之前需提交确认终止的通知。从这个角度看，1976 年《版权法》似乎有些退步了。但从另一方面看，版权法在实现保护作者利益这一目标方面，更具保护性和有效性，特别是：（1）根据 1909 年《版权法》，尽管在第二个 28 年期限内版权自动复归作者，但前提是作者必须先提出续期申请，否则复归权即告丧失；（2）整个保护期较短。

或许 1909 年《版权法》最重要的一条就是，如果作者在第一个 28 年期限届满时仍在世，那么，他可以在第二个 28 年期限内转让其复归利益。但这项规定已被修改，原因是最高法院认为，这种"显失公平"的转让是不能被接受的。对于可能的伤害，作者显然得不到保护。参阅 Fred Fisher Music Co. v. M. Witmark & Sons, 318 U. S. 643（1943）。根据现行《版权法》，无论是否显失公平，都不能进行上述转让。

任何转让必须根据第 203 条进行。对许可他人依据其作品创作演绎作品的原作者而言，他对演绎作品不享有终止权。因此，假如某位出版商授权一位作者将一部小说改编成剧本，那么，在该小说出版 35 年之后，小说的原作者可以终止并免去其出版商所享有的小说版权。但是，由该小说创作的剧本则不受原作者终止权的限制。《美国注释法典》第 17 编第 203 条（b）款（1）项。

根据 1909 年《版权法》，作者去世后出版的作品及大多数汇编作品，都被视为雇佣作品。这意味着，汇编作品各部分稿件的作者，在第二个 28 年期限内，不能获取复归利益，而且实际上他们已经将两个保护期限一并卖给了汇编作品的所有者；续期申请对买主是有效的。汇编作品的所有者在第二个 28 年期限内，享有全部权利，就如同雇主现在就拥有全部雇佣作品一样。根据现行《版权法》，除雇佣作品以外的所有作者，包括汇编作品各部分稿件的作者和其作品在其去世后出版的作者之代理人，在上述的 5 年期限内，均可对作品的买主提出终止版权（《美国注释法典》第 17 编第 203 条），同时他们的作品还可受到在其去世后 70 年内的版权保护。

## 第六节　雇佣作品

雇佣作品区别于其他作品最重要的一点是，它们不适用终止条款。《版权法》明确规定，雇佣作品的作者，在 35 年后，不享有终止向雇主转让的权利。换言之，拥有雇佣作者创作作品的雇主，在作品出版后 95 年或从创作之年起 120 年届满后，以二者首先到期的期限为准，不再拥有完整的版权。《美国注释法典》第 17 编第 302 条（a）款。

尽管在本章第二节中已经讨论了有关多名作者享有版权的雇佣作品的一般概念，但是由该法律条文的定义所产生的诸多细节问题仍然值得注意。只有符合前述两种情形中的一种时，一部作品才是雇佣作品。在实际存在雇佣关系的情况下，出于版权的目的，作者在受雇范围内所创作的作品都算作雇主的作品，特别是在下述意义上尤为如此，即作者无权终止其雇主的所有权，雇主完全拥有该作品 95 年或 120 年的版权保护。对于第二种情形，雇佣作品必须同时符合下述三项基本要求：作品必须经 "特约或委托"，作品必须属于第 101 条第（2）款规定的九类作品中的一类，而且当事各方必须以书面形式认可该作品是雇佣作品。《美国注释法典》第 17 编第 101 条。

第一种情形比较明确，由比较容易理解的普通法条文来确定作品的性质。参阅 Community for Creative Non-Violence v. Reid, 490 U. S. 730 (1989)。第二种情形在根本上是法定的，要求完整地运用上述法律条文，并理解雇佣作品定义背后所包含的意图。从现行《版权法》及其立法历史上看，有一点是显而易见的，那就是，除作者不享有终止版权的权利这个一般原则外，雇佣作品的定义是比较狭义的。因此，下述做法是对《版权法》的误解，即《版权法》允许出版机构或其他企业使用空白条款和格式合同，仅凭借出售合同中有作者同意为雇主创作作品的陈述，就把任何从作者那里购买了版权的作品，改变为雇佣作品。

正是为了防止这种不公平交易，终止条款便应运而生。因此，不是仅凭作者同意为雇主创作作品的一纸协议，就可以决定作品的性质。如果允许这样做，将有悖于第 203 条（a）款（5）项的规定，即 "尽管有任何相反的约定"，作者仍享有终止权。由此看来，正是作品的性质和当事各方的真实关系，而不是一纸协议（该协议有可能违反第 203 条（a）款（5）项的规定），决定了作品是否属于雇佣作品。还要注意的一点是，版权法对雇佣作品的要求是，该作品实质上必须是特别委托或定制的，也就是说，该作品在交给买主之前，必须如合同中所规定的那样，属于特别委托或定制作品。

例如，期刊的出版商可能希望从投稿人手中购买整个版权保护期的版权。他们可能在征购手稿协议中规定，所有登载作品都是雇佣作品。但是，如果这些来稿在交给出版商之前，未说明是特别委托的稿件，那么仅通过在出售合同中插入这样一项声明，试图将作者的创作作品变成雇佣作品的做法将违反法律规定。换言之，一件作品是否属于雇佣作品，要在委托创作时决定而不是之后。与此情况相类似，联邦第二巡回法院裁决时称，在版权转让中，例如书面签署才能生效的排他性许可，不能请求溯及其自称更早的口头协定。参阅 Davis v. Blige，505 F. 3d 90（Cir. 2007）。对那些未经特别委托而创作的手稿，或者是在特别委托或定制之时，尚未就雇佣作品一事达成一致的情况下，试图将这些手稿变成雇佣作品的做法是违法的。但是，期刊或报刊的出版商显然拥有其职员创作的作为雇佣作品的版权，因为他们是出版商的雇员。

## 第七节　现存作品

现行《版权法》与1909年《版权法》存在根本不同的特性，由此在实施过程中出现了这样一个问题，就是如何对待现存版权作品（preexisting copyrighted works）的保护期。许多作品不受制定法版权的限制，因为根据1909年《版权法》，这些作品尚未"出版"；然而突然之间，它们又被引入1976年《版权法》范畴，因为它们已被固定在有形载体上，这样上述问题就更加严重了。因为现行《版权法》大量地减少了普通法版权所涉及的领域，并将许多以前属于普通法调整的内容置于联邦法调整范围之内，因此必然产生这样的问题：根据1976年《版权法》，这些作品的保护期究竟多长。

关于现存作品的两个基本问题是：（1）受普通法保护的作品从来不受联邦版权的限制，但突然之间被引入《版权法》范畴；（2）受联邦版权法保护的作品，其期限是两个28年而不是作者的终生。

许多作品受普通法版权保护，但不受1909年《版权法》的限制，这主要是因为，根据《版权法》对"出版"一词的狭义定义，这些作品不被认为是"已出版"了，因此从理论上讲，这些作品永远受普通法的保护。无论作品是否"已出版"，但由于这些作品已固定于有形载体上，因此属于1976年《版权法》范畴，这样作者的永久保护期望就破灭了。由此看来，国会面临的问题是，对从前享有永久保护的作品，如何采取公平手段授予联邦保护，并最终使保护期届满。这些作品的多数作者已去世70多年了，如果按照《版权法》的字面规定，这些作品早已进入公有领域。鉴于联邦政策与个人期望之间的冲突，国会最后确定的公平解决办法是，对这些作品和新创作的作品一视同仁，即在作者去世后的70年保护期届满。不过《版权法》规定，从1978年1月1日起的25年（即到2002年12月31日），这些作品的版权期限将不会届满，这是为了保护其作者在《版权法》生效之前已去世70多年的那些作品。《美国注释法典》第17编第303条。显然，如果将《版权法》不加区别地运用于那些作品和其他作品，那么这些作品将得不到任何保护。因此，25 年的最低期限的保护虽然武断，但看起来是一个合理期限。

事实上，25 年的保护期并不完全是武断的，这是因为 1976 年《版权法》有一条附加条款，它规定，如果以前受普通法保护的作品在第一个 25 年期限届满之前出版了，那么，这些作品一共享有 70 年的保护期（一直到 2047 年 12 月 31 日）。《美国注释法典》第 17 编第 303 条。由于作者在《版权法》生效之前早已去世，因此其作品可能马上到期或即将到期。为了鼓励这类作品的出版，国会对所有这些作品适当地增加了一项与作者死后 70 年同样的条款，但前提是，所有者在 2022 年 12 月 31 日之前的某个时间出版该作品。

对那些早已受联邦 1909 年《版权法》保护的作品，也有类似的问题。某些受 1909 年《版权法》保护的作品可能正处在第一个 28 年保护期，有些则可能处在第二个 28 年保护期的后期。对这两类作品应一视同仁，因为对其所有者而言，他们的期望是一样的。另一方面，对这些现存有版权作品与新作品一视同仁——作者去世后 70 年届满——将会打破一些人的期望。因为根据 1909 年《版权法》，他们可享有两个 28 年期限，但根据新制度，保护期被缩短了。

对这些受 1909 年《版权法》保护的早期作品的处理办法，我们把它称作现代化手段。国会认为，在 1909 年《版权法》中所确定的 56 年保护期，是对当时作者平均寿命的合理估计。70 年代的统计数据表明，作者的寿命是在 70 ~ 76 岁。因此，当国会选定 75 年（1998 年改为 95 年）作为合理保护期限时，国会只是对现存版权保护期作了调整，无论是处在哪一个 28 年期限，都规定了 75 年（现在为 95 年）的保护期。那些处在第一个 28 年期限的作品，其所有者期望作品在第一个 28 年保护期届满时届满，这一点没有变化，其作品仍在 28 年后届满，同时还享有另外 47 年（现为 67 年）的第二个保护期——一共是 75 年（现为 95 年）保护期。那些处在第二个 28 年期限的作品，从第二个期限开始计算的 47 年（现为 67 年）为第二个保护期限——一共是 75 年（现为 95 年）保护期。《美国注释法典》第 304 条（a）款、（b）款。

但是应当注意的是，现行《版权法》仍调整受 1909 年《版权法》保护的作品而创设的终止期间，包括延长期限的最后 39 年以及普通作品终止权利基本条款的约束。因为在立法时，这些作品的终止期间已经过去，因此创设了一个 20 年的终止期间。《美国注释法典》第 304 条（c）款、（d）款。

一些从未受美国版权法约束的现存外国作品，依据第 104 条 A 款"恢复"了作品的期限。最高法院已经裁决这一源自公共领域中的巨大变化符合宪法。参阅 Golan v. Helder，132 S. Ct. 873（2012）。

# 第二十五章
# 手续要求

## 第一节 登 记

版权保护不同于专利保护，尤其不同于商标保护，它是自动生效的。当作者将其作品固定于有形载体时，他就自动享受联邦版权保护。《美国注释法典》第17编第102条（a）款。没有必要通过检索以前的作品来取得任何机构的批准或办理注册登记手续。这种获取保护的便利与版权的性质相关联：因为版权保护只是为了阻止复制行为，而不是为了防备因巧合而独立完成的创作。所以，政府机构没有必要对这一保护是否妥当作出裁决。而对专利保护而言，它禁止对产品或工艺过程的模仿，无论是独立开发还是仿制。只要作者没有复制受保护的作品，他就可以按照自己的意愿创作任何作品。而且即使他的作品与受保护的作品一模一样，只要他是独立完成的，而不是抄袭，那么也没有必要去检索以前的作品以确信该作品具备所必需的独特条件，也没有必要告知他人该作品是受保护的。同样，因为建立这样一个作品库没有什么明确的利害关系，所以没有必要通过要求作者在享受版权保护之前登记其作品的方式汇总过去的作品。所以说，版权与专利权有两点不同之处：受保护的利益和寻求的目标。这样，审查作品的必要性就不存在了，而且注册登记的必要性也不明显了。

尽管如此，还是有一定的登记程序可循。而且还有关于样品交存要求的规定，即在作品出版并登记3个月之后，作者要将其作品的复制品交存于国会图书馆。

在现实中，登记和样品交存要求不是强制性的。不进行登记和交存，无损于现存的版权，版权保护仍然存在。《美国注释法典》第17编第408条（a）

款。但是，登记和样品交存具有重要的法律意义，最重要的一点是，"诞生于美国的作品"在版权所有者进行版权登记前不得提起侵犯版权的诉讼。《美国注释法典》第17编第411条（a）款。但是，只要在诉讼前完成登记，即使登记是在发现侵权问题之后进行的，仍有权起诉。尽管如此，原告没有在提起诉讼之前在美国登记作品，仍可作为被告在侵权诉讼中的抗辩。然而，最高法院认为，登记不是一个管辖的规定，所以，仅仅因为某些成员还没有注册自己的作品并没有剥夺法院解决该类争议的司法管辖权。参阅 Reed Elsevier, Inc. v. Muchnick，130 S. Ct. 1237（2010）。

然而，如果不及时进行版权登记，将永久丧失一些权利。登记是获取一定补救的前提条件。首先，在登记之前因侵权带来的法定损失是不可补偿的，除非在该作品首次出版以后3个月内已进行了登记。《美国注释法典》第17编第412条（2）款。其次，在上述情况下，律师费也是不可补偿的。《美国注释法典》第412条。根据第405条（a）款（2）项，登记的另一项重要功能是：它可以补救因在已发行的复制件上遗漏版权标记而产生的后果，但仅限于在1989年3月31日，即《伯尔尼公约实施条例》生效日之前发行的作品。

登记要求作为侵权诉讼的前提条件，引发了两个重要问题。第一，版权局可能会拒绝版权登记。事实上，是否属侵权行为这一问题，可能正是导致版权局否决要求登记的作品享有版权的原因所在——例如，一部作品所采用的新技术本身是否属于版权保护的内容还不能确定。在这种情况下，要求在诉讼之前进行版权登记，将使人陷入一种左右为难的困境：任何人都不能就尚未明确是否受版权保护的作品提起侵权诉讼，而作品未能通过版权登记也正是基于同样的原因。根据早期的法令，补救办法就是起诉版权局，以此来强制性地登记。参阅 Vacheron & Constantin-Le Coultre Watches, Inc. v. Benrus Watch Co., 260 F. 2d 637（2nd Cir. 1958）。根据1976年《版权法》第411条，尽管版权局拒绝给予登记，但只要作者将此事通知了版权局，作者仍可以起诉侵权人。

登记要求引发的第二个问题是新技术进步问题，尤其是实况转播的问世。根据第411条（b）款，只要在首次转播后的3个月内完成登记，这种转播就如同首次出版一样受到保护。但与某些有形作品的出版不同的是，实况转播节目的生命是短暂的，在侵权发生之前给予禁令救济远比在转播3个月后要求赔偿损失更为重要。就声音的实况转播而言，无论其是否伴有图像，根据定义在首次播放之前它是不能进行登记的。因此，《版权法》规定了免去登记要求的禁令救济条款，条件是在转播后的3个月内完成了登记，而且在转播前至少48小时内通知了可能的侵权人。《美国注释法典》第17编第411条（b）款。

例如，就一场锦标赛的转播而言，该节目的（未来）版权所有者在转播前通知有线电视公司有意登记比赛的版权，这将有效地防止有线电视网可能进行的转播。如果有线电视公司坚持按其计划转播这场比赛，则该所有者可根据第411条，在登记之前，事实上可在创作该作品（锦标赛的实况转播）之前提起诉讼，以便禁止可能的侵权。如果没有此项规定，事先登记的要求将使衡平法上的救济成为不可能。

《版权法》有两项交存要求，这两项要求并不严格而且对版权的所有权不产生重要的法律影响。对所有受版权保护的作品有一个通用的交存要求：在出版后的3个月内交存两册"最佳版本（best editions）"，但同时明确规定，交存不是享受版权保护的前提条件。《美国注释法典》第17编第407条（a）款。如果在接到版权局要求交存的通知后3个月内仍未交存，被要求者要缴纳一笔不超过250美元的罚金。《美国注释法典》第17编第407条（d）款（1）项。如果在接到交纳罚金的要求以后，被要求人故意或屡次拒绝交存，则要缴纳一笔2500美元的罚金。《美国注释法典》第17编第407条（d）款（3）项。无论如何，在接到交存要求之前，第407条的规定在任何方面都是非强制性的。

此外，登记本身要求至少交存作品的一件复制品；对已出版的作品而言，则要求交存两册"最佳版本"的复制件。不过，版权局有权修改这些要求，并规定其他要求，例如，对于非常贵重的作品，就要按照第407条（c）款规定的交存要求办理交存。

# 第二节　版权标记

版权标记是一项手续要求，不遵守这一要求曾会产生严重后果，但因其显而易见性，美国的版权法对这一要求逐渐淡化了。现在，除了终止回赎权的不侵权抗辩外，（《美国注释法典》第17编第401条（d）款）对所有在1989年3月31日及其后发行的作品，都完全不强制要求版权标记。然而，对于那些在1989年3月31日前发行而受到1976年《版权法》保护的作品而言，版权标记的确适用，但是法条详细地规定了标记错误或遗漏标记在5年期限内可以进行补正，《美国注释法典》第17编第405条（a）款。

尽管现行《版权法》很少涉及版权标记，但它仍有四项功能：第一，告诫所有者不登载版权标记会导致其对版权的有效放弃，并使对所有者不重要的作品（不重要到所有者不登载标记就出版作品的程度）成为进入公共领域的作品；第二，告知公众该作品享有版权保护；第三，明确了版权所有者的身份；第四，决定了作品的出版日期。

当然，需要版权标记来阻止善意侵权的抗辩时，该标记必须符合《版权法》规定。《版权法》要求，要构成真正的版权标记，必须在一切公开发行的受版权保护的作品复制件上，载有包含下述内容的标记：（1）符号ⓒ，字母 C 在一圆圈内，或者"版权（Copy-right）"字样，或者版权的缩写词"Copr"；（2）作品首次出版的年份（下列作品例外：贺卡、明信片、文具、珠宝饰品、玩偶或实用物品）；（3）版权所有者的姓名，或可识别姓名的缩写词，或众所周知的版权所有者的别名。《美国注释法典》第 17 编第 401 条（b）款。

应该指出的是，一部作品如照片或绘画的简单展示行为，并不一定就是第 101 条规定的出版行为。因此，不同于以前的法律规定，《版权法》并不是一定要求登载标记，除非是"公开"展示。《美国注释法典》第 17 编第 401 条（a）款。根据 1909 年《版权法》，在半公开情况下展示的艺术作品，例如规定普通人士不准进入的艺术画廊，在展示之时却能被视为"出版"，尤其是在没有明文禁止复制或拍照的情况下，没有版权标记可能会损害所有的版权保护。参阅 American Tobacco Co. v. Werckmeister, 207 U. S. 284（1907）。而根据现行《版权法》，一部作品只被社会上的某些人看到，不构成出版；必须超出作者家庭及其社会关系正常范围被社会上相当数量的人看到作品，才构成展示。《美国注释法典》第 17 编第 101 条。

还有一个问题需要注意。作品的"复制品"包括原始作品。因此，一部艺术作品原作在美术馆公开展示，即构成出版，因原作本身也算作复制品。如果因该复制品（这里指原作）没有登载版权标记，那么善意侵犯版权的人，将不承担侵权责任。

# 第二十六章
# 补救措施

## 第一节　禁令救济

对侵犯版权的传统补救措施是衡平法上的救济，它包括预防性禁令救济和永久性禁令救济。尽管在理论上，适用于版权案件的预防性救济标准，与其他实体领域的法律案件并无区别，尤其相较于其他专利法领域来说，版权领域更容易适用预防性救济措施。下面的解释即可证明这一点，即在审判前阶段证明版权有效及发现侵犯版权的证据，远比发现违反其他法律的同类证据，如侵犯专利权的证据要容易得多。也许更重要的是，与专利侵权人不同，版权侵权人跟商标侵权人一样，更像是临时的实体，如果缺少禁令救济，在法院下判或者收取权利金之前，更容易灭失。

国会之所以更乐意对版权制定预防性衡平法救济，另一个可能的解释是，它隐含了这样一种假设，即侵犯版权将自动产生不可弥补的损害。因为一般来讲，不可弥补损害是取得禁令救济的根本原因，所以基于这一假设，对版权案件进行禁令救济比其他案件更为可能。参阅 American Metropolitan Enterprises of New York, Inc. v. Warner Brothers Records, Inc., 389 F. 2d903 (2nd Cir. 1968)；Novelty Textile Mills, Inc. v. Joan Fabrics Corp., 558 F. 2d 1090 (2nd Cir. 1977)。由此看来，虽然没有明确规定版权附带这种假设，但是有迹象证明法院倾向于提出该假设。

《版权法》明确规定，禁令救济是一种"预防或制止侵权行为的合理"的方式（《美国注释法典》第 17 编第 502 条（a）款）。尽管事实上获得一揽子永久禁令可能是原告的最终目的，尤其是对那些屡次违法行为而言，但是法院有权以一种合理方式适用救济措施。这尤其适用于善意的侵权人以及有关新技术的案件。

## 第二节　损害赔偿和利润

对侵权行为采取的货币补偿包括三种形式：损害赔偿、利润和法定损害赔偿。根据1909年《版权法》，原告有权提出损害赔偿"以及"利润的要求，这导致法院将其解释为原告可以同时取得这两项赔偿。在汤姆斯·威尔逊公司诉欧文·J. 多尔夫曼公司一案（Thomas Wilson & Co. v. Irving J. Dorfman Co., 433 F. 2d 409 (2nd Cir. 1970)）中，原告得到了自己的实际损失（失去的利润），同时还得到了被告所获取的所有利润。而现行的《版权法》指导思想是避免双重损害赔偿。根据第504条（a）款的规定，原告有权取得实际损害赔偿加上这些赔偿"以外的"利润。第504条（b）款明确规定，只有"在计算实际损害中没有考虑利润"的情况下，版权所有者才可获得实际损害赔偿和利润赔偿。

因此，原告应力求证明其实际损害和利润。如果原告难以确定全部或部分实际损害，那么在已被核实利润的基础上，原告有很大的机会获得较多而且合理的补偿。1976年《版权法》规定，原告只需要确定毛利即可（与《拉纳姆法》所规定的赔偿制度相似，见前面第十八章第二节），这样原告的举证义务就轻松多了。被告则有责任证明其费用开支，以便将毛利扣除，确定净利润。

关于损害赔偿，被告还有责任证明各项利润是如何分配的。根据第405条（b）款，如果被告声称，其所获利润当中有许多并不是因侵权取得的，而是因自己的创作，或使用公有领域的材料，或使用不属于原告的素材而取得的，那么被告就要证明，有多少利润不是因为使用原告作品取得的。在谢尔登诉梅特罗－戈尔德温影片公司一案（Sheldon v. Metro-Goldwyn Pictures Corp., 309 U. S. 390 (1940)）中，查明被告侵犯了原告剧本的版权，被告在制作一部电影时，部分地参考了这个剧本，因此要向原告赔偿利润。然而，利润赔偿额比全部利润减少了80%，这是因为，法院还查明只有20%的利润属于原告的创作。绝大部分利润的产生要归功于许多著名影星在电影中扮演的角色，并且故事本身在很大程度上融进了一个无版权的情节。根据现行的《版权法》，这种方法是比较理想的，但是将毛利润减少到较小的净利润这一证明责任，明确是由被告承担的。

第三种货币补偿形式是法定损害赔偿，原告在最终判决前的任何时候都有权作出选择。根据1909年《版权法》，法定损害赔偿是"选择性"赔偿，可由法院而不是原告酌情作出选择。如果法院把"选择性"理解为，只要不能确定实际损害，即可适用法定损害赔偿的话，那么这种酌情处理方式将导致法院滥用权力。在夏皮罗、伯恩斯坦公司诉 4636 南佛蒙特大街公司一案（Shapiro, Bernstein & Co. v. 4636 South Vermont Ave., Inc., 367 F. 2d 236（96th Cir. 1966））中，法院查明原告的利润和损害低于最低赔偿额，因此，法院没有必要裁定适用法定赔偿来"代替"已经查明的损害数额，原告不应得到任何损害赔偿。

1976 年《版权法》规定，法定损害赔偿只能由原告作出选择。原告有权获得最低 750 美元、最高 3 万美元的赔偿，由法院确定一个"合理"的数额。善意侵权人如果能证明他们不是恶意的，那么赔偿额将降为 200 美元。同样，如果能证明侵权人是故意的，法院则有权要求其支付高达 15 万美元的赔偿，即惩罚性赔偿。在某些涉及出于善意，被告行使某种合理使用版权的案件中，法院有权免除所有赔偿。《美国注释法典》第 17 编第 504 条（c）款（2）项。另一方面，由向客户提供电视或广播节目的机构所提出的不合理的合理使用要求，要加倍支付前三年应付的许可使用费，并附加其他任何损害。《美国注释法典》第 17 编第 504 条（d）款。尽管该法的用语表明由法院来决定法定赔偿数额，但最高法院在菲尔特纳诉哥伦比亚电影电视公司一案（Feltner v. Columbia Pictures Television, Inc., 523 U. S. 340（1998））中裁定，根据《宪法第七修正案》将这个任务交给了陪审团。

## 第三节　没　　收

新的《版权法》第 503 条，对侵权复制品及制造侵权复制品设备的没收（impoundment）和包括销毁的最终处理作了规定。其中（a）款规定了在最终判决前的没收；（b）款规定了永久性处理，包括最终判决后的销毁。

最终销毁或至少没收侵权复制品，或许就是原告寻求最终补救结果的一个重要方面。但在最终判决前没收，则可能是原告更迫切的目标。对难以预料的侵权人而言，如唱片盗版者或无信用的平装本出版商，原告的迫切目的可能就是没收侵权复制品，以防止诉讼久拖不决时侵权复制品再次出现。所以说，第 503 条（a）款对侵权诉讼是至关重要的。

作为预防性禁令救济的一种形式，没收受衡平法基本原则的制约。然而，多年来它还受最高法院颁布的人们并不熟悉的版权裁判规则制约，这些规则曾见于《美国注释法典》第 17 编第 501 条及以下各条。所有这些规定允许对有侵权嫌疑之物品采取预防性查封措施。这些规定在宪法上是有疑问的，因为它们在正式通告前就授权查封。对善意侵权人来说更是如此，而善意侵权人恰恰是《1976 年版权法》特别增加的一类侵权人。然而，最高法院的这些规则现在已经被废除了。

## 第四节　刑事处罚

如果被认定是故意侵权构成联邦犯罪的可判处有期徒刑 1～10 年，这取决于具体的侵权情节以及是否为初犯，罚款数额根据联邦量刑指南来确定。除最近发生的唱片和磁带盗版情况外，根据该规定和以前规定提起的刑事诉讼并不常见。尽管如此，它还是有效地阻止了侵犯版权的行为。尽管只有故意侵犯版权同时出于"商业利益或私人营利目的"才会受到刑事处罚，但是任何在 6 个月内零售总价款达到 1000 美元的行为，都将被认定具有商业目的而承担刑事责任。《美国注释法典》第 17 编第 506 条（a）款。

就查封、没收和销毁处理方式而言，刑事处罚条款的确提供了更宽的补救措施，这些措施对于侵犯版权罪是强制适用的，而不是自由裁量的；而且就处理侵权问题而言，赋予法院更宽的权力。《美国注释法典》第 17 编第 506 条（b）款。另外，现行《版权法》视下述行为为刑事犯罪：欺骗性地进行版权标记，欺骗性地取消版权标记，以及在版权登记申请时对具体事实作伪造说明。《美国注释法典》第 17 编第 506 条（c）款、（d）款、（e）款。

## 第五节　律师费和诉讼费

《版权法》第 505 条规定，任何关于侵权的民事诉讼均由除美国政府以外的一方当事人负担诉讼费。此外，法院还可裁定将"合理的"律师费偿还胜诉一方。这一点不同于《专利法》和《商标法》，这二者只在特定的"例外"情况下才规定律师费。不过，从过去发生的侵权案例看，有一点尚不很清楚，即法院认为究竟多少才是"合理的"费用。事实上，比起专利权或商标权案件，版权案例中律师费补偿问题更为普遍。参阅 Davis v. E. I. DuPont de Nemours & Co., 257 F. Supp. 729（S. D. N. Y. 1966）（2000 小时律师仅收费 15000 美元）。不过，联邦法院根据其他法律条文，在近几年审理的集体诉讼案件中，已经在律师费问题上取得了一些经验。因此，律师费问题在今天已经不是什么难题了。最高法院已表示在任何情况下关于律师费的裁决都严格遵守中立原则。参阅 Fogerty v. Fantasy, Inc., 510 U. S. 517（1994）。

# 第六节　《第十一修正案》的特权豁免

　　和专利法及商标法中的豁免规则一样，各州也受到版权侵权之诉的豁免，参阅前述第九章第五节、第十章第一节、第十七章第八节内容，这项豁免不能根据《第十四修正案》的正当程序条款以州侵权缺少某些行为模式而予以废除。国会企图废除《美国注释法典》第 17 编第 511 条的豁免原则，但似乎没有成功。参阅 Florida Prepaid Postsecondary Educ. Expense Bd. v. College Savs. Bank, 527 U. S. 627（1999）。

# 第二十七章
# 版权法以及各州和联邦法律的协调

## 第一节 优先权

优先权的原则是，鉴于宪法最高条款，联邦版权保护在处理版权领域的问题时，高于任何州的补救规定，而且联邦法律总是有最终决定性。根据这一原则，尽管该原则还很不明确，仍可推定就联邦版权范围内的某些问题而言，如果联邦版权法不加以规定，那么其他联邦及州的法规也不能作出任何规定。任何试图对这些问题作出规定的州法律都会被认为逾越了联邦法律。因此，如果州试图插手已由版权法规定的问题，即违反了优先权原则，是无效的。同样，对于版权法能够规定，但在联邦立法中没有加以规定的那些问题，各州也不能加以规定，因为它违反了优先权原则，也是无效的。1976年《版权法》有一条明确规定，对版权保护明确了联邦优先权的范围。显然，现行的《版权法》较之以前各种法规，在这点上更进一步。《美国注释法典》第17编第301条。但是，这还是不彻底的，因为它没有就是否属联邦法规范畴尚有疑问的所有问题都明确优先权。

《版权法》第301条规定，对各州属下述情况的所有诉讼案件，都确定优先权，是国会的明确意图：

(1) 各州法律授予的权利与《版权法》授予的权利相同，而且

(2) 涉及的作品属于《版权法》所保护的主题。

国会的意图是，对于那些其主题属于《版权法》保护范畴的所有各州法律予以废除。因此，对于上述情况各州所采取的补救措施，从理论上讲，受第301条优先权的制约。

最明显的优先权实例就是普通法的版权保护。有关作者复制有形载体之专

有权的任何州的讼诉理由，明显与联邦规定有冲突，因此受优先权的制约。从这个意义上讲，《版权法》第301条被国会称为"基石"条款；它的首要目标就是取缔普通法版权保护。

不过，一些州的法律条文或普通法的保护，在不涉及上述两个基本原则时仍然有效。如果诉讼案件没有要求复制权、展示权、出版权或表演权，那么该法律条文虽涉及有形载体但仍然有效。例如，盗窃罪的法律就不受优先权的限制，尽管它涉及了受版权保护的原始作品之有形载体。偷窃一本书必然不是复制这本书，因此制裁盗窃的法律就不受优先权的限制。这是因为，它并没有授予与联邦法律专有权相同的权利。同样，一个州的诉讼案件对某位演讲人给予保护，其他人不得复制或表演其即兴演说，这也不受优先权的限制，因为它没有有形载体，不属版权主题范畴。因此，诸多没有有形载体的案件，仍有资格受各州法律保护。这些案件涉及未录制的舞蹈表演、谈话，未录制的实况广播和即兴舞台表演。由此看来，就所有不属于版权主题范畴的案件而言，各州的法律可以授予与版权相同的权利，正如同就属于版权主题范畴的案件而言，各州的法律可以授予与版权不同的权利。

只有当某州试图同时做两件事——既授予与联邦版权相同的权利，又将这些权利扩大到联邦版权范畴内的主题时，才受优先权的制约，因而在法律上无效。实际案件远比这复杂，因为要决定如何界定这些相同的权利并不是件容易的事情，而且版权主题扩大的程度也不是很明确。

例如，受版权保护的主题是在有形载体基础上定义的。《版权法》第102条（b）款明确规定，任何不具有有形载体的构思不属于版权保护范畴。但是，国会并不是有意准许各州对构思授予与版权保护相同的权利（不包括由此产生的《第一修正案》问题），优先权完全是针对属于版权主题范畴的问题而定义的。而法条本身却不支持此结论，因为人们认为该法是允许各州法规保护主题的范畴"不限于固定在任何有形载体上的**表达**"的例证（加黑为作者后加）。

以当事各方关系为中心并带有私人性质的权利，绝不同于版权授予的权利，后者的着眼点是作品本身的性质，因此前者不受优先权制约。所以，保护这些关系的讼诉案件，不同于禁止对受版权保护的作品进行复制，是不受优先权制约的。这些关系包括信托、信用、隐私和名誉。虽然该分界线并不绝对明确，但根据第301条处理绝大部分案件，运用优先权原则还是肯定可行的。

在现行的《版权法》第301条的早期草案中，列举了一些不受优先权限制的具体实例，包括合同违约、信托违约、非法侵犯、强占、侵犯隐私权、诽谤、商业欺诈行为如仿冒或提供虚假说明以及不同于联邦法专有权的侵占。尽管《版权法》的最终文本中没有包括这些实例，但它们很可能体现了不受优先权限制的确切内容。然而，仅仅列举诉讼案件的类型，并不能说明各州的法律究竟有多大权限。例如，只有在下述限度内，侵占案件才不受优先权限制，即州法律没有授予与联邦版权相同的权利。对于哪些侵占行为受优先权限制，哪些不受限制，仍然没有一个明确的规定。同样，只有当商业欺诈行为类似于仿冒或提供虚假说明的情况时，它才不受优先权限制。普通法中制裁不公平商业行为的民事侵权受优先权制约，因为它不同于卖假货，从根本上也不属欺诈行为，而更类似于版权。但具体衡量尺度并不明确。

第 301 条优先权条款的意图是，把西尔斯·罗巴克公司诉施蒂费尔公司案（Sears，Roebuck & Co. v. Stiffel Co.，376 U. S. 225（1964））及康普科公司诉戴 - 布赖特照明公司案（Compco Corp. v. Day-Brite Lighting，Inc.，376 U. S. 234（1964））的结果编进法典，它主张优先权不扩大到不同于版权的诉讼案件，也不扩大到版权主题以外的范畴。没有更多其他行为的简单复制是不受各州法律制约的，因为那正是联邦版权立法的要旨。但是，如果除复制外，还伴随着欺诈行为或其他民事侵权行为，那么各州就可制定相应的法规，因为受管制的不是复制本身而是这种行为——不正当商业行为。

在国际新闻服务部诉联合出版社一案（International News Service v. Associated Press，248 U. S. 215（1918））中，见本章第二节，原告关注的是阻止被告对其新闻信息的一贯剽窃，根据州法律的侵占规定，原告利益得到最高法院的保护。侵占这一民事侵权行为几乎与侵犯版权一样，因为其主题都固定在有形载体——有线新闻报道上，而且其权利与复制权非常相似——销售和发布信息的专有权，至少当新闻仍然是"热门"新闻时是这样。尽管如此，通过认真分析该过失及寻求的补救手段，还是可以把侵占与版权区别开来。在这种情况下，与其说是被告复制，不如说是以一种特殊方式完成复制，被告剥夺了原告所收集的新闻信息的价值。

## 第二节　州的补救措施

许多州的普通法规定，与联邦版权法所保护的利益及主题的规定类似，前者所起的作用也同联邦版权法的作用相似。这些州的规定以多种形式表现出来，包括反不正当竞争、不正当商业行为、侵占及商业秘密等。其中的一些权利可称为精神权利，见本章第四节。在下述意义上，它们涉及知识财产法，即这些规定对同无形财产权发生冲突的行为提供了补救措施。普通法中关于诽谤和侵犯隐私权的民事侵权，也影响到版权保护的利益并相互作用。这里我们不展开讨论（参阅麦克马尼斯著《反不公平贸易行为概论》，第五版/McManis, Chfair Trade Practicesin a Nutshell, 5th ed.），因为它们涉及了普通法中诸多独立内容。但是，认识到联邦法规和各州法规在这些类似的利益上存在重复规定是很重要的，其原因至少有以下两点。

首先，尽管在某些情况下，版权法未能提供保护，或者在联邦保护之外才能依照各州补救的规定，但一个有实质意义的版权法的存在，毕竟使得依照各州的补救规定成为可能。因此，一部作品没有固定在有形载体上的事实——例如马戏表演，虽然没有经过录制，但它明显是表演者很有价值的创作——并不意味着，由于它不受联邦版权的保护，所以其他人就可以自由复制。参阅 Zacchini v. Scripps-Howard Broadcasting Co., 433 U. S. 562（1977）。人们并不能只根据得不到版权补救，或版权补救不充分，就断言没有可行的诉讼理由。人们一定还可以从关于补救的有关州法规中找到依据。

其次，基于优先权原则，如果州法律的侵权行为规定与联邦版权非常接近，那么二者不能共存，侵权不成立。认清各州有关侵权的本质和范畴，对于作出联邦版权保护是否被合法利用的决策是非常必要的。

假冒这种侵权，可以说是某种欺骗行为，与版权不同，它所关注的重点是被告的意图。这不同于版权保护，而更类似于商标权保护，因为被告试图假冒原告之名出售商品——以他人品牌卖假货。如果补救措施是禁止被告出售与原告相似的作品，即禁止被告以欺骗方式伪造原告作品，那么显然，这又类似于版权保护。为了回避联邦优先权的制约，各州的补救规定必须重点考查带有欺骗性的行为。参阅 Sears, Roebuck & Co. v. Stiffel Co., 376 U. S. 225（1964）。

在戴尔诉米尔顿一案（Dior v. Milton, 9 Misc. 2d 425, 155 N. Y. S. 2d 443（N. Y. Sup. 1956））中，被告暗查原告的时装设计并制作该类时装，以不正当方式抢了原告的生意，这属于欺骗行为，因此法院判决此案构成该州法上的侵权。由于时装设计不属于联邦版权保护范畴，所以尽管补救措施限制了自由复制权，但是该州法院仍可作出以上判决。

就补救措施而言，侵占这种侵权与禁止复制是相似的。在国际新闻服务部诉联合出版社一案（International News Service v. Associated Press, 248 U. S. 215（1918））中，最高法院判定，当新闻是"热门"新闻而且具有商业价值时，禁止被告使用原告的有线新闻内容。被告不支付费用而使用该新闻信息，就是侵占属于原告的财产。虽然本案所关注的是当事双方的财产权，但被告的故意行为也是很重要的。本案的结果是，禁止被告复制原告的不受版权保护的新闻内容。从这个结果看，州的法律可能侵犯到了联邦版权保护。但是法院发现，该诉讼案及其补救措施的本质，不是禁止复制，"而只是在发布新闻过程中，延缓被告的参与，而且禁止被告分享原告的劳动成果"。因此，本案的判决仍是合理的，因为该权利保护的本质不是等同于联邦版权的复制专有权，而是禁止不正当竞争行为的保护权，复制起了重要作用但不是决定性作用。

## 第三节　联邦的其他补救规定

原告在版权诉讼中，除了根据各州补救规定外，还可依照联邦的其他补救规定，意识到这一点显然是很重要的。但同样重要的是，不同于各州的补救规定，联邦的其他补救规定是不受联邦优先权限制的，因为它们都是由联邦政府制定的，不可能与国会的意图相矛盾，尽管这些联邦其他补救规定会因侵犯不受版权条款限制的公共领域而与宪法限制相冲突。

因此，州保护某些作品或某些权利，而联邦版权不予保护的条款都是无效的，因为国会之所以对这些作品不予保护或者未规定这些权利，其意图是公众可以自由使用这些作品。根据宪法最高条款，可以看出国会的意图就是国家法律；各州的法规受优先权的限制，否则即违反宪法。显然，如果不是各州法规，而是联邦法规试图保护这些作品或者规定这些权利，那么宪法最高条款的论点就将是不合理的推论。假定联邦法规符合宪法，那么即使国会在版权法中没有作出这些规定，它也没有理由对某些作品不提供保护或者不授予某些权利。

这与《拉纳姆法》第43条（a）款所规定的情况大体是一致的。根据第43条（a）款，可授予作者《版权法》上没有规定的某些权利。在吉列姆诉美国广播公司一案（Gilliam v. American Broadcasting Cos, 538 F. 2d 14. （2nd Cir. 1976））中，原告是英国广播公司所播放的非商业电视系列剧"蒙蒂·派森"（Monty Rython）的作者，他声称被告为插播商业广告而重新编辑其作品的做法，已经使其作品"支离破碎"。虽然欧洲版权法明确保护作者的"精神权利"，禁止歪曲作者的作品，但是美国法律没有明确保护这项权利。不过人们相信在将来这种情况将会大大改善。见本章第四节。

然而法院认为，《拉纳姆法》可能规定了一种补救措施。因播放节目给原告带来的名誉伤害——将原告本人的作品编辑成用于播放的版本是可以起诉的，因为这会导致"产品来源（origin）的错误印象"，违反了第43条（a）款的规定。见第十六章第八节。各州试图提供某些保护的做法，从历史上看与美国版权法是不相容的，因此会面临严重的甚至可能是不可避免的优先权争辩，这一点似乎是显而易见的。

## 第四节　精神权利与《伯尔尼公约》

精神权利是指那些在许多其他国家承认的版权中固有的权利，它们存在于创作智力作品的主体中，而且不同于版权法所规定的财产权。这些权利允许作者在可能伤害其名誉或信誉的情况下，有权反对使用或歪曲其作品，即使他们不再享有版权，甚至是从未享有版权。诸如将黑白影片着色（参阅《美国注释法典》第 2 编第 178 条），艺术作品的毁损或移动（参阅 Serra v. United States General Services Admin. , 847 F. 2d 1045（2nd 1988）），以及将一件作品的部分破坏或作商业销售（参阅 Gilliam v. American Broadcasting Cos. , 538 F. 2d 14（2nd Cir. 1976））等行为通常都涉及精神权利。精神权利还包括表明作者身份权——"父系权"或"母系权"——以及收回权或禁止发行权。在所有这些情况下，作者要求精神权利时通常不再拥有作品本身或不再享有版权。其要求是基于一项不同于版权的、创作本身内在的固有的权利。

多年来美国法律始终拒绝承认精神权利，但随着各种普通法原则的形成，如诽谤、提供虚假说明、不正当竞争、甚至合同，以及联邦法中诸如《拉纳姆法》第 43 条（a）款，各法院通常都支持表面上类似但远远达不到精神权利的要求。见第十六章第八节。目前，美国已成为《伯尔尼公约》成员国，而《伯尔尼公约》要求其签署国承认这些精神权利。参阅《伯尔尼公约》第六条之二（巴黎文本，1971 年）。

我们加入《伯尔尼公约》的联邦法律文件明确指出，该公约不是自动生效的，这意味着，在没有制定实施该公约具体条款的有关法律之前，公约要求的条件不具约束力。在加入该公约之前，精神权利问题一直争论不休。作者群体主张明确规定精神权利，但反对者要求明确否定精神权利。反对者的立场是，现有的各州和联邦补救规定已经符合《伯尔尼公约》的要求，任何其他明确或不明确的补救规定，都是不必要的。更重要的是，反对者坚持认为，现有的、正在扩大的普通法规定早已对精神权利给予了保护。

最终的结果是一个折中方案，即国会宣布，《伯尔尼公约》要求的条件"没有扩大也没有减少一部作品中作者根据联邦法或普通法规定的任何权利——（1）要求作者身份权；或（2）反对有损于作者声誉或名誉的任何对作品的歪曲、割裂或其他窜改行为，或其他诋毁行为"。因此，究竟是联邦或各州立法将规定具体的精神权利，还是联邦和各州法院把《伯尔尼公约》理解为普通法广泛地保护精神权利的指南，还要拭目以待。几个州已经颁布了关于"精神权利"的法规，旨在保护各类美术及图形作品，而且一项联邦法规

1990 年《视觉艺术家权利法》（Visual Artists Rights Act of 1990）已经颁布实施。实际发生的权利扩大问题，不是基于 1988 年《伯尔尼公约实施条例》，因为该条例禁止将《伯尔尼公约》作为承认更多精神权利的基础，而是基于正在出现的有关精神权利的普通法。事实上，《伯尔尼公约实施条例》指出，《伯尔尼公约》的要求，应该由"包括普通法在内的联邦或州的任何其他相应条款"来满足，参阅 1988 年《伯尔尼公约实施条例》；《公法》第 100~568 章第 3 节（a）款（1）项；《美国注释法典》第 102 编第 2853 条。

　　1990 年《视觉艺术家权利法》是创设精神权利的一种尝试，但由于其覆盖面及实体内容的原因，与这个初衷尚有距离。首先，它仅适用"视觉艺术作品"——只占可版权创作作品中的一小部分——主要是美术作品，如果作为印刷复制品发行，发行数量不能超过 200 件，并且要有编号和签名。传统上，精神权利应包括几乎所有的受版权保护的创作作品。其次，更为重要的是，精神权利和经济权利之间的实质区别在于，精神权利不能被卖掉，而作家也不能因此永远失去它们。（事实上，版权终止权是不可转让的，即使通过协议也不行，似乎只有美国的这项权利可以被定性为一种精神权利）1990 年《视觉艺术家权利法》明确允许作者可以"放弃"由该法所保障的权利。因此，转让这类权利不符合《伯尔尼公约》的要求，除非这种"放弃"仅限于过去已经转让了的权利。《美国注释法典》第 17 编第 106 条 A 款❶。

---

❶ 《美国注释法典》第 106 条 A 款中规定："就 1990 年《视觉艺术家权利法》第 106 条（a）款规定的生效日之前创作的视觉艺术作品而言，（a）款所赋予的权利应与第 106 条所赋予的权利并存，且同时终止，但在该生效日该作品的所有权已由作者转让的除外。"——译者注

# 第四编

# 全球知识财产

# 第二十八章
# 国际协定

## 第一节 概　　述

目前美国只参加了极少数直接影响到知识财产的重要多边国际协定。主要的协议是《巴黎公约》（涉及专利和商标），《专利合作条约》（PCT）（处理专利问题），《商标法条约》（TLT）（处理商标问题），《伯尔尼公约》（处理版权问题），《世界版权公约》（UCC）（处理版权问题），《北美自由贸易协定》（处理所有三个领域问题），以及《与贸易有关的知识财产权协议》（TRIPS）（处理所有三个领域问题）。虽然所有国际协定的区别只不过是其所涉及的主题不同，但是它们都具有历史意义和持续重要性。2003 年美国加入了管理商标事务的《马德里协定有关议定书》（以下简称《马德里议定书》），现在已经成为国际商标注册的所谓马德里体系中的一员。

## 第二节 国民待遇和最低标准

知识财产协定的最古老和最完善的特点是国民待遇，从历史角度最好理解。19 世纪提出第一个知识财产条约时，不同国家处于不同层次的经济和文化发展水平，这使得他们在支持条约的覆盖范围、待遇和条款方面存在差异。由于达成所有签字国都能保证的保护水平一致的协议几乎不可能，因而只能达成妥协。

由于无法就跨国可执行的实质性标准达成一致，各签字国留下了两个不确定性。第一个不确定性是互惠，即一个国家可以赋予另一个国家的公民根据其赋予第一个国家公民所能给予的保护，那就是说，出于同样的原因，不可能选择一个无法达到的跨国标准的保护——每一个国家都要对其自身的实体法与其他国家进行评估。第二个不确定性是国民待遇，即一个国家给予另一个国家公民的保护，取决于另一个国家要给予本国国民的待遇。当然，这样做的结果是，这样的条约不保证最低的保护水平，而只享有每个国家的国民待遇。事实上，这种做法可能是完全没有保障（例如，多年来瑞士没有专利保护，但是却完全符合《巴黎公约》，该公约所要求的只不过就是国民待遇）。

这种要求不高且容易做到的国民待遇原则已经成为国际知识财产条约明文规定的一个组成部分，即使该原则其实违背了支持有最低要求规定的跨国协议。因此，连创设了重要的具有跨国知识财产实质内容的《北美自由贸易协定》和《与贸易有关的知识财产协议》，也要求将国民待遇原则纳入相关文件。

## 第三节　非自行执行力和保留

虽然条约可以有自己的法律效力，但是包括大多数知识财产条约在内的许多条约不具有自行执行力。条约的法律效力来源于其实施条例的规定。因此，当事国一般不能依靠条约的规定，而必须依赖实施该条约的条例所作出的规定。例如，《伯尔尼公约》本身并不能作为法律权利的来源，而《伯尔尼公约实施条例》能起到那个作用。此外，国际条约的一个特点是，签署国可以通过所谓的保留，选择退出条约某些部分（缩小与"公约目标和宗旨"的不兼容）。

## 第四节　版权条约

虽然《伯尔尼公约》被认为是一种典型的国民待遇的协议，但多年来，公约每通过一次，新版本就增加一些新的最低标准。尽管实行国民待遇原则，公约现在要求签字国确保某些种类作品的保护期、保护精神权利、保留非常清晰的思想/表达二分法。许多规定，虽然不是全部，允许签署国在通过实施该公约的相关立法时留出相当大的空间。

在加入《伯尔尼公约》之前很多年，美国的出版商通过在美国和一个公约签署国（通常是加拿大）同时出版，走"后门"进入《伯尔尼公约》。因为《伯尔尼公约》仅保护在缔约国首先出版并且必须是首次出版的作品。《伯尔尼公约》的另一个特点是"较短保护期规则"，尽管有国民待遇原则，如果在保护期上存在差异的话，其仍允许公约签署国适用起源国作品较短的保护期。

《世界版权公约》是为了替代《伯尔尼公约》而缔结的，主要受到美国与联合国教科文组织的协助。这并非是一个能够对抗国民待遇的条约，它更近似涉及专利的《巴黎公约》而有别于涉及版权的《伯尔尼公约》，它几乎不要求国民待遇，对版权标记和注册的正式要求允许自由选择。现在它几乎没有什么意义了，因为美国已加入并实施了《伯尔尼公约》。

## 第五节　专利条约

除欧盟外，并不存在一个国际专利条约能让发明人据此获得国际专利。主要的专利条约就是《巴黎公约》，这是一个真正的国民待遇的文件，但其主要的特点和优势是给予 12 个月的优先期，提供给打算在其他《巴黎公约》签署国提交专利申请的申请人。这是一个重要的程序性权利，但是在许多国家仅提出申请要求并公开该发明就会使其在其他国家申请时不合格，因为许多国家要求绝对新颖性（包括穷尽出版物）。除此之外，《巴黎公约》并没有规定特定的期限或权利，或要求公开，或提出专利的任何实质性标准。然而，它确保签署国必须规定强制许可和实施条件——坚持在该国缴纳了罚金处罚后才允许实施一项发明的权利。

《专利合作条约》是一个纯粹的程序性条约，申请人可以保留自己的优先期，并在其他国家提交申请时得以抢占先机。利用《专利合作条约》，申请人可以提交一项专利申请，并在随后的国家和国际"阶段"获得所需尽可能多的公约签署国的专利申请。初始申请是由一个中央机构进行审查，但仅在现有技术的有限范围内，结果就是对可专利性进行评估，而不是作出决定。专利的最终决定要由各成员国作出，只有部分结果由 PCT 审查程序确定。

欧盟成员国间的关系类似于跨国专利体系，因为根据《欧洲专利公约》，申请人可以选择通过一个中央监管机构进行审查，对可专利性作出决定，并发布一项欧洲专利。尽管如此，它仍然有必要正式在每个欧盟成员国单独申请专利。

## 第六节　商标条约

有关商标的主要国际文件是《巴黎公约》，提供给申请人相同的基本优先级优势，根据类似的大多数程序性制度，虽然只是以 6 个月替代专利申请人所享有的 12 个月的优先期。第二个也是最近的协议是《商标法条约》，其中大部分只是协调，并简化了一些国际程序和形式特征，如商标转让记录，最小范围申请以及有关样品的实际尺寸。

除了这两个条约，《马德里议定书》提出了一个美国也参加了的实质性的国际体系。尽管用程序性措辞来表达，其以一种改进形式提供了一个相当于国际商标的体系，因为该议定书的主要成就是在一个母国注册后在所有成员国完成自动登记。多年来，美国一直反对《马德里议定书》，因为除其他事项外，在大多数其他国家仅要求申请而不要求别的。而美国法律规定，并不是简单地申请后便准予登记，还需要实际使用，这就使得美国申请人处于不利地位。同样，马德里体系下的多个注册容易受到"中央攻击（central attack）"而失去注册，如果申请人在其母国的注册被取消的话。《马德里议定书》的提出作为一种解决方案，允许马德里国际注册仅申请不注册，并且结束了"中央攻击"。在 2003 年加入《马德里议定书》之后，美国成为这个国际马德里体系中的一部分。

## 第七节　《关贸总协定》《北美自由贸易协定》和《与贸易有关的知识财产权协议》

《关贸总协定》和《北美自由贸易协定》与很少规定最低实质性条件的传统国民待遇相反。尽管涉及贸易不涉及知识财产，《关贸总协定》《北美自由贸易协定》仍采取实质性的条款处理知识财产。《北美自由贸易协定》包括加拿大、美国和墨西哥，尽管仅延及整个西半球，但它在许多方面走在《与贸易有关的知识财产权协议》前面。在全球化的旗帜下，无论是《北美自由贸易协定》还是《与贸易有关的知识财产权协议》签署国都同意在专利、商标、版权以及商业秘密和反不正当竞争方面的实质性最低标准，尽管发展中国家可暂时延迟履行承诺的机会受到严格限制。《关贸总协定》已构成一个伞式组织，将世界贸易组织（WTO）包括《与贸易有关的知识财产权协议》作为其整体的一部分。反过来，《与贸易有关的知识财产权协议》将大部分《巴黎公约》和《伯尔尼公约》的规定强加在它的成员国，也有一些重要的例外，除了专利、商标、版权相当实质性的最低条款以外。其中最重要的是强制性专利，覆盖了几乎所有的技术领域，就强制许可和实施条件以及计算机程序和数据库保护，作出了非常严格的限制。

## 第八节 《贸易法》特别301条款

调整知识财产的所有国际条约的实施充其量都是模糊的。尽管在一些协议中对协议的实施有规定，但它们要么不确定、未经检验，要么适用时遭遇尴尬。几乎所有情况下，协议的实施留给各国根据自己的立法制度来决定。

也许这样一来，美国就保留了自己以单方面的方式去解决知识财产国际法律纠纷的权利。1974年《贸易法》经过修订，增加了一个特别301条款，授权对外国违反贸易协定的行为给予处罚，甚至没有违反的国家也受到制裁，只要其不公平限制了美国的对外贸易。在1988年的修订中规定了所谓的"超级301条款"，加大了这些刑罚，包括建立了各种观察和优先制裁名单，最终实施贸易制裁。最令人惊讶的是这种情况：就算一个国家完全符合美国认同的国际协定——比如《与贸易有关的知识财产权协议》，美国根据《贸易法》第301条，对在其看来不能提供"适当和有效"知识财产保护的国家，仍保留进行处罚的权利。有人怀疑在这些情况下适用第301条款是否违反《与贸易有关的知识财产权协议》的字面规定，但它看上去肯定违反了《与贸易有关的知识财产权协议》的精神。